2023年度国家出版基金资助项目
"十四五"时期国家重点出版物出版专项规划项目
中国建材工业智能制造研究与实践丛书

中国墙体材料行业智能制造研究与实践

主编 李如燕 何 成

中国建设科技出版社有限责任公司
China Construction Science and Technology Press Co., Ltd.
北 京

图书在版编目（CIP）数据

中国墙体材料行业智能制造研究与实践/李如燕，何成主编. --北京：中国建设科技出版社有限责任公司，2025.9. --（中国建材工业智能制造研究与实践丛书/江源主编）. -- ISBN 978-7-5160-4590-9

Ⅰ. F426.91

中国国家版本馆CIP数据核字第2025TG0736号

中国墙体材料行业智能制造研究与实践
ZHONGGUO QIANGTI CAILIAO HANGYE ZHINENG ZHIZAO YANJIU YU SHIJIAN
主　编　李如燕　何　成

出版发行：	中国建设科技出版社有限责任公司
地　　址：	北京市西城区白纸坊东街2号院6号楼
邮　　编：	100054
经　　销：	全国各地新华书店
印　　刷：	北京印刷集团有限责任公司
开　　本：	787mm×1092mm　1/16
印　　张：	12.75
字　　数：	300千字
版　　次：	2025年9月第1版
印　　次：	2025年9月第1次
定　　价：	**86.00元**

本社网址：**www.jskjcbs.com**，微信公众号：**zgjskjcbs**
请选用正版图书，采购、销售盗版图书属违法行为
版权专有，盗版必究。本社法律顾问：北京天驰君泰律师事务所，张杰律师
举报信箱：**zhangjie@tiantailaw.com**　　举报电话：（010）63567684
本书如有印装质量问题，由我社事业发展中心负责调换，联系电话：（010）63567692

《中国建材工业智能制造研究与实践丛书》

总 策 划：佟令玫（经济日报出版社社长、中国建设科技出版社社长）

顾问委员会

顾　　问：杜善义（中国工程院院士）
　　　　　柴天佑（中国工程院院士）
　　　　　缪昌文（中国工程院院士）
　　　　　瞿金平（中国工程院院士）
　　　　　张联盟（中国工程院院士）
　　　　　彭　寿（中国工程院院士）
　　　　　董绍明（中国工程院院士）
　　　　　钟义信（发展中世界工程技术科学院院士）

主任委员会

主任委员：张广沛（中国建筑材料联合会监事长）
　　　　　王郁涛（中国水泥协会副会长兼秘书长）
　　　　　张佰恒（中国建筑玻璃与工业玻璃协会会长）
　　　　　齐子刚（中国石材协会常务副会长）
　　　　　孙建成（中国混凝土与水泥制品协会特别副会长）
　　　　　徐熙武（中国建筑卫生陶瓷协会副会长）
　　　　　胡幼奕（中国砂石协会执行会长）
　　　　　李卫国（中国建筑防水协会会长）
　　　　　韩继先（中国绝热节能材料协会执行会长）
　　　　　刘能文（中国木材保护工业协会会长）
副主任委员：曾令荣（中国建筑材料工业规划研究院院长/
　　　　　　　　　建筑材料工业信息中心主任）

叶德林（中国建筑卫生陶瓷协会副会长）
范永斌（中国水泥协会副秘书长）
杨晓东（中国砂石协会秘书长）
师海霞（中国混凝土与水泥制品协会副秘书长）
胡希宝（中国建筑防水协会副秘书长）
邓惠青（中国石材协会原副秘书长）
何　进（广东省玻璃行业协会会长）
万永宁（广东省玻璃行业协会原会长）
陈　林（广东省玻璃行业协会秘书长）
刘长雷（中国玻璃纤维工业协会秘书长）
韩玉杰（中国木材保护工业协会总工程师）

丛书编委会

主　　编：江　源（国家智能制造专家委员会委员/中国建筑材料工业规划研究院副院长/建筑材料工业信息中心常务副主任）
编　　委：王孝红（济南大学自动化研究所所长）
　　　　　曾令可（华南理工大学材料科学与工程学院教授）
　　　　　李如燕（上海第二工业大学资源与环境工程学院教授）
　　　　　何　成（上海第二工业大学智能制造与控制工程学院教授）
　　　　　钟　伟（中建西部建设股份有限公司企信部副总经理）
　　　　　刘登贤（四川华西绿舍建材有限公司总工程师）
　　　　　方立波（世邦工业科技集团股份有限公司总经理）
　　　　　许武毅（中国南玻集团股份有限公司工程玻璃事业部原应用技术总监）
　　　　　刘起英（中国玻璃控股有限公司总工程师）
　　　　　陆思远（广东高力威机械科技有限公司总经理）
　　　　　吴士慧（北京东方雨虹防水技术股份有限公司副总裁）
　　　　　李　萍（新明珠集团股份有限公司智能制造与能源总监）
　　　　　韩　文（景德镇陶瓷大学机械电子工程学院院长）
　　　　　张进生（山东大学日照研究院院长）
　　　　　张文进（中国建筑材料研究总院有限公司党委副书记、董事）
　　　　　王　屹（南京玻璃纤维研究设计院有限公司党委书记、董事长）
　　　　　于亚东（中国巨石股份有限公司信息技术中心主任）
　　　　　欧荣贤（华南农业大学教授）

本书编委会

主　　编：李如燕（上海第二工业大学教授）

　　　　　何　成（上海第二工业大学教授）

副 主 编：（排名不分先后）

　　　　　李　翔（上海第二工业大学副教授）

　　　　　刘洪彬（山东天意机械股份有限公司董事长）

　　　　　范小林（成都利马高科有限公司总经理）

　　　　　傅国华（福建泉工股份有限公司董事、副总经理）

　　　　　司政凯（河南海德薇节能科技有限公司总经理）

　　　　　王文财（北京建筑材料科学研究总院智能制造研究院院长）

　　　　　杨　阳（芜湖誉路智能装备有限公司总经理）

　　　　　蔡　杰（中国物资再生协会墙材革新与再生建材工作委员会执行会长）

　　　　　赵　兵（中国物资再生协会墙材革新与再生建材工作委员会副会长）

　　　　　韩冬阳（建筑材料工业信息中心主任助理/中国建筑材料工业规划研究院院长助理）

参　　编：（排名不分先后）

　　　　　崔　鸣（中国物资再生协会墙材革新与再生建材工作委员会秘书长）

　　　　　田　震（上海第二工业大学副教授）

　　　　　马长文（上海第二工业大学副教授）

　　　　　刘　倩（上海第二工业大学教师）

　　　　　卢　欣（山东天意机械股份有限公司研发部经理）

刘杰松（福建泉工股份有限公司经理）

党亚光（北京建筑材料科学研究总院有限公司高工）

张承龙（上海第二工业大学教授）

宋小龙（上海第二工业大学教授）

马　恩（上海第二工业大学副教授）

王瑞雪（上海第二工业大学副教授）

胡　漪（西安银马实业发展有限公司总经理）

郭金良（西安良宇资源利用研究院有限公司总经理）

夏志勇（浙江舜虞达环境科技集团有限公司总经理）

孙京伟（东岳机械股份有限公司董事长）

曾兰基（广西新基建材有限公司总经理）

高建明（山东宏发科工贸有限公司总经理）

于献青（浙江省经济和信息化厅原一级调研员）

茹世祥（山西省数字化转型促进中心原主任、正高级工程师）

王铁柱（辽宁昌和风电设备有限公司北京分公司混凝土专家）

其他人员： 韩晓旭　范新华　柯婷婷　刘治轩　石强伟　吴宇豪
　　　　　王若蒙　郑桉恺　尚君楷　彭紫薇　阎　祺

出版者的话

实现中国式现代化需要出版出力发力

如果你不是在工厂里工作，就会觉得制造业离我们很远，厂房里那些巨型的机器设备和复杂的工艺流程是我们普通人无法想象的。但其实制造业又离我们很近，我们居住的空间内，看得见的门窗、地板、吊顶、瓷砖、卫生洁具，等等；看不见的混凝土、水泥、砂石、保温材料、防水材料……这些无处不在、数不清的建筑材料正是由大量的生产加工企业经过各种不同工艺流程制造完成的，并被用于社会生活中的各类场景中，构成了可以给我们带来安全舒适体验的生活和工作空间。由此可见，社会生活与制造业的发展息息相关，而作为制造业重要组成部分的建材行业的高质量发展，也必将助力人民实现对美好生活的向往。

我国制造业的基础很好，是世界上唯一一个拥有联合国产业分类当中全部工业门类的国家，拥有41个工业大类、207个工业中类、666个工业小类，形成了比较独立完整的产业链体系。我国已成为世界第二大经济体、第一工业大国、第一制造大国，在国际分工的格局中，成为全球产业链中不可或缺的重要环节。

从制造大国向制造强国迈进离不开智能化。我国拥有支撑智能化的巨大互联网基本盘，截至2022年，我国网民人数已达10.67亿，成为全球规模最大的网络社会。从2012年到2021年，我国数字经济年复合增速达15.9%。移动物联网发展已经实现了"物超人"，物联网连接数量超过人联网数量，已建成全球规模最大、技术领先的光纤宽带和5G网络，形成全球规模最大、应用广泛、创新活跃、生机勃勃的网络社会。这些阶段性成果是我国推动网络应用从虚拟到实体、从生活向生产跨越的重要基础。

建材行业作为我国传统制造业的重要组成部分，进行智能制造数字化转型十分迫切。通过出版相关图书，实现建材行业最新成果转化，促进建材工业与信息化、智能化技术在更广范围、更深程度、更高水平上实现高质量融合发展，是我们策划《中国建材工业智能制造研究与实践丛书》的初衷。

"明者远见于未萌，知者避危于无形"。智能化的书最令人担心的就是"一旦出版就已落伍"，因此我们对这套丛书的前瞻性或超前性提出了特别要求，希望这套书可以帮您预见未来，可以带领您前行几步，可以告诉您一些您不知道的，达到"启发"的目的，所以我们在丛书名里加上了"研究"两个字，希望本书可以收录一些在实验室阶段的研究工作成果，这些成果虽然充满未知，但是有方向感。丛书名里的"实践"二字，则希望通过这套书充分展示行业成功的智能化案例，让这些"干货"可以再次用于指导实践，让更多企业照着做就可以，最终协助更多企业创造更多社会价值。

《中国建材工业智能制造研究与实践丛书》有幸入选"十四五"时期国家重点出版物出版规划项目和2023年度国家出版基金项目。在立项之初，我们提出了"坚持正确导向，代表国家水平，体现创新创造"的目标要求、坚持"一主线、两延伸、三融合"的编写原则。"一主线"指的是要以智能制造工艺过程中关键核心技术为主；"两延伸"指的是我们对于智能制造的理解要向前端和后端适度延伸，并且应该包括机器智能和平台智能两部分，既要牢牢把握住关键技术这个核心，也要向前端的需求分析、客户信息、订单处理、原材料采购和后端的营销、仓储、物流、服务等环节延伸，以体现机器智能和平台智能的完整性；"三融合"指的是工艺技术与新发展理念的融合、工艺技术和智能技术的融合、工艺技术与先进案例的融合。

如今，这套丛书在众多院士、专家、教授、专业技术人员和行业协会、建材企业的共同努力下陆续出版面世，作为服务建材行业的专业出版机构，我们深感欣慰。欣慰的是，丛书的出版适逢党的二十大胜利召开后的春天，也正是全国上下深入学习贯彻习近平新时代中国特色社会主义思想和党的二十大精神，并以中国式现代化全面推进中华民族伟大复兴的重要历史时期。出版的意义格外重大。

中国式现代化离不开建材产业的现代化，建材产业的现代化更离不开每一家企业的现代化，而智能化又是当下每一家企业实现现代化的重要路径之一。

实现中国式现代化需要出版出力发力。希望《中国建材工业智能制造研究与实践丛书》能够发挥好"十四五"时期国家重点出版物出版规划项目的优势，让专业图书更好发挥产业价值，真正惠泽行业企业，助力建材行业在实现中国式现代化的道路上行稳致远。

经济日报出版社社长、中国建设科技出版社社长
《中国建材工业智能制造研究与实践丛书》总策划

丛书序言

随着新一轮科技革命和产业变革深入发展，智能制造正引领全球制造业发展变革的方向，成为全球制造业科技创新制高点和全球经济发展新引擎。党的二十大报告提出，"推动制造业高端化、智能化、绿色化发展"，并将其作为建设现代化产业体系的一个重要着力点。作为制造强国建设主攻方向，智能制造是制造业实现质的有效提升和量的合理增长的有效途径，能够推动制造业产业模式和企业形态根本性转变，对于加快建设现代化产业体系、巩固壮大实体经济、促进我国产业迈向全球价值链中高端具有重要意义。

建材行业是支撑国民经济发展的重要基础原材料产业，发展智能制造是实现建材行业"宜业尚品，造福人类"发展战略的重要举措。近年来，我国建材行业智能制造取得了积极进展和明显成效，通过开展试点示范、培育系统解决方案供应商、探索建立标准体系等方式在智能制造领域取得了快速发展及明显成效，智能制造装备和先进工艺在建材行业不断普及，关键工艺流程数控化率大大提高。一是智能制造数字化转型政策不断完善，工业和信息化部发布了《建材工业智能制造数字转型行动计划（2021—2023年)》《原材料工业数字化转型工作方案（2024—2026年)》《建材行业数字化转型实施指南》等文件，对推动建材行业智能制造的发展起到了积极作用。二是智能制造标准成为建材行业推动智能制造的主要抓手，工业和信息化部发布了《建材行业智能制造标准体系建设指南》，成立了建材行业智能制造标准工作组，制定了一批建材行业智能制造标准。三是探索出一些具有代表性和示范效应的智能工厂，有多家建材企业入选智能制造试点示范项目。四是智能制造关键共性技术上取得了一定的创新突破，先进控制系统、工艺仿真优化等技术的应用逐步普及，工业互联网、人工智能、5G、云计算、大数据等新一代信息技术与建材制造技术的融合逐渐显露。

同声相应，同气相求。中国建设科技出版社联合众多院士、专家、教授、专业技术人员和行业协会、科研院所、建材企业，编写了《中国建材工业智能制造研究与实践丛书》，涵盖水泥、玻璃、建筑卫生陶瓷、混凝土、防水、机制砂石、玻璃纤维、石材、绝热节能材料等分册，对建材行业各细分领域智能制造发展现状、智能制造关键核心技术、生产工艺智能化应用、典型案例等展开系统地分析和阐释，针对建材工业各细分领域智能制造的发展路径提出许多前沿观点和建设性参考，并提出需要学界和业界进一步探索的问题，为建材行业智能制造发展贡献智慧力量。

独木不林，单弦不音。本丛书付梓面世凝聚了各方心血，是众多作者多年研究成果与工作经验的总结，充分展示了各领域关于智能制造研究与应用的最新成果和前沿进展，具有很高的学术前瞻性与工程实践性。丛书入选"十四五"时期国家重点出版物出版专项规划项目，并获得2023年度国家出版基金资助，不仅体现了国家对建材行业科技创新的高度重视，也彰显了建材行业有识之士的责任和担当。中国建设科技出版社为编辑出版精心谋划、鼎力投入，各位作者凝心聚力进行高水平创作，在此谨致谢忱。

期待《中国建材工业智能制造研究与实践丛书》的编撰、发布和应用，能够为从事建材工业智能制造的理论研究者、政策制定者和实践探索者提供良好的借鉴，促进行业管理部门、科研院所、广大企业之间的交流，助力智能制造人才培养，引领广大科技工作者协力推动智能制造重大科技创新和推广应用，为发展新质生产力，推进新型工业化，实施网络强国、数字中国、人才强国战略作出贡献。

国家智能制造专家委员会委员

前　言

作为建筑工程领域的基础性材料，墙体材料在广泛应用的同时，长期面临资源消耗大、能效水平低、生产自动化与管理智能化程度不高等挑战。当前，随着我国新型城镇化进程的加快、高质量发展战略的深化以及"双碳"目标的全面推进，传统墙体材料行业正面临着前所未有的绿色转型与智能升级双重压力。因此，加快推进墙体材料产业的智能制造进程，不仅是破解行业发展瓶颈的关键路径，更是提升产业核心竞争力、实现绿色低碳可持续发展的必然选择。

智能制造作为一种以数据为驱动、以技术为支撑、以系统集成为特征的先进制造模式，已成为推动各行业数字化转型和高质量发展的关键力量。智能制造通过数字化工艺精准调控、智能化装备迭代升级、网络化系统高效协同以及可视化决策智能分析等关键技术手段，构建从原料采购到产品出厂的全流程智能化管控体系，从而显著提升生产效率、产品质量和资源利用率，逐步构建覆盖产品全生命周期的数字化、网络化和智能化管理体系，从原材料准备到生产加工，再到仓储物流和售后服务，形成全方位的智慧化管控体系。在这一过程中，产业链上下游的协同、工艺与装备的集成优化以及数据驱动的科学决策已成为提升企业核心竞争力的关键。

在国家政策引导与市场需求升级的双轮驱动下，墙体材料行业正加速向信息化与工业化深度融合的智能制造模式迈进。依托自动化控制系统、工业物联网、大数据平台及人工智能等技术的融合应用，生产过程实现了更精准的控制、更高效的运行与更全面的管控，产品性能更加稳定。

本书以墙体材料产业智能化转型为主线，聚焦行业的现实需求与发展前沿，系统阐述了烧结砖、蒸压加气混凝土砌块、非蒸非烧类材料等主要产品的智能制造关键技术、典型工艺应用、装备智能化水平及信息系统建设，并结合实践案例进行了深入剖析。本书立足行业发展实际，紧跟前沿技术发展脉络，全面探讨了智能感知、大数据、工业互联网、人工智能等现代信息技术在墙体材料制造中的深度融合与应用路径，为产业智能化转型提供系统性参考。

墙体材料行业的智能制造转型是一项系统性工程，既要对传统生产模式进行深度重构，更要求企业具备前瞻性的战略布局与扎实的实施能力。如何因地制宜探索适配路径、如何实现技术创新与管理机制的深度协同、如何推动标准体系与安全规范的持续完善，仍是行业亟待破解且需长期探索的核心课题。随着智能制造技术的深度融合与规模化应用，墙体材料行业将逐步迈向更高水平的智能化阶段，形成以绿色化、集成化、柔性化为特征的先进制造模式。本书不仅致力于构建知识性与工具性并重的参考体系，更旨在成为驱动墙体材料行业智能制造理论革新、工程实践升级与产业生态协同的桥梁，赋能行业智能化升级。本书通过理论总结与案例引导相结合的方式，既为从业者、科研人员、管理者及政策制定者提供了兼具指导性与前瞻性的决策参考，也为一线从业者提供了可复制、可落地的实操思路与方法。

本书由上海第二工业大学李如燕、何成主编。参加本书编写工作的其他主要人员如下：第1章（李如燕、柯婷婷）、第2章和第3章（何成、李翔）、第4章（范小林、王文财、党亚光、田震、刘治轩）、第5章（司政凯、马长文、杨阳、吴宇豪）、第6章（傅国华、刘杰松、王文财、刘倩、卢欣、石强伟）、第7章（马长文、王若蒙）。

限于编者水平，书中难免有漏误及不当之处，敬请广大读者不吝指正。

编　者

2025年6月

目 录

| 1 | 墙体材料行业智能制造概述 | /1 |

1.1 墙体材料行业现状　　/1
1.2 墙体材料行业生产制造现状　　/2
1.3 墙体材料行业智能制造现状与发展趋势　　/5

| 2 | 墙体材料智能制造基础 | /17 |

2.1 墙体材料智能制造工艺基础　　/17
2.2 墙体材料智能制造技术基础　　/25

| 3 | 墙体材料智能制造系统构成体系 | /38 |

3.1 墙体材料智能化工厂　　/38
3.2 墙体材料产业链智能化管理　　/45
3.3 墙体材料智能制造的应用　　/52
3.4 墙体材料智能制造存在的问题及解决方案　　/56
3.5 墙体材料智能系统发展方向　　/57

| 4 | 烧结墙体材料智能制造 | /60 |

4.1 概述　　/60
4.2 烧结墙体材料工艺介绍　　/61
4.3 智能控制的装备数字化及生产自动化　　/66
4.4 烧结墙体材料生产智能制造 SCADA 系统　　/93

| 5 | 蒸压加气混凝土墙体材料智能制造 | /98 |

5.1 概述　　/98

5.2	生产工艺介绍	/100
5.3	蒸压加气混凝土墙体材料智能制造基础建设	/110
5.4	智能控制的装备数字化及生产自动化	/116
5.5	蒸压加气混凝土墙体材料生产综合监控与生产管控系统	/120
5.6	蒸压加气混凝土墙体材料智能优化系统	/128

6 非蒸非烧墙体材料智能制造 /131

6.1	概述	/131
6.2	挤压轻质墙板生产智能化方案	/132
6.3	混凝土砌块生产智能化方案	/140
6.4	非蒸非烧墙体材料生产智能化方案	/146

7 墙体材料智能制造典型案例 /159

7.1	轻质墙板生产线数字化解决方案	/159
7.2	精益生产智能制造云服务平台	/161
7.3	蒸压砖智能制造生产线	/167
7.4	烧结墙体材料DCS系统工艺控制及集中管理智能制造	/174
7.5	蒸压加气混凝土智能制造案例	/176

参考文献 /181

1 墙体材料行业智能制造概述

1.1 墙体材料行业现状

墙体材料是建筑行业中用于构建建筑物内外墙体的主要材料，是建筑材料的重要组成部分，在建筑物的结构性能、保温隔热、防火、防水、隔声等方面起着至关重要的作用。作为建筑产业中的基础性大宗材料，从古代文明开始，经历了漫长的演化进步，从使用泥土、石块等天然材料，到烧制砖、石材的广泛应用，再到水泥、混凝土、钢材等工业化材料的出现，最后到蒸压加气混凝土（AAC）、石膏板、复合墙板等高性能材料的普及。随着建筑行业的快速发展以及人们对建筑质量和环保要求的不断提高，墙体材料行业在经历了长时间的技术革新与产品更新换代后，逐渐朝着智能化、环保、节能和可持续发展方向迈进。目前，智能材料、环保材料、3D打印材料等成为发展趋势。

墙体材料按照其原料和工艺的不同，大致可以分为传统墙体材料和新型墙体材料。传统墙体材料主要包括黏土砖、混凝土砖等，这些材料因资源丰富、生产工艺成熟、成本低廉而得到广泛应用。然而，这些传统墙体材料在生产过程中往往伴随高能耗、高污染的现象，且在隔热、隔声等性能方面存在一定局限性。新型墙体材料则以环保、节能、可持续性为设计理念，代表性材料包括轻质隔墙板、蒸压加气混凝土板、复合墙体板等。这些新型墙体材料通常具备更优的性能，如优异的隔热隔声性能、较低的表观密度、较高的抗压强度等，已在现代建筑中得到广泛应用。

近年来，墙体材料行业在政策、技术、市场、行业竞争等多方面的推动下发展迅速，主要表现在以下几个方面。

(1) 政策引导

我国一直致力于在建设领域中推广应用新型墙体材料，支持墙体材料行业形成涵盖原料精准制备、坯体成型切割、干燥（蒸压）养护、窑炉优化控制、质量自动检测、智能包装物流、自动卸车码垛、污染排放控制等环节的集成系统解决方案。政府部门通过出台一系列墙体材料行业相关政策，鼓励绿色建筑，鼓励使用以煤矸石、粉煤灰、工业副产石膏、建筑垃圾等大宗固废为原料的新型墙体材料、装饰装修材料。

(2) 技术创新

技术创新使墙体材料在智能、环保、多功能性等方面取得了突破性进展，节能材料、环保材料、再生材料、高性能复合材料和多功能材料等得到广泛应用。这些新型墙体材料不仅注重性能的提升，还强调与环境的和谐共生、资源的循环利用以及智能化技术的集成，其具有轻质、保温、隔热性能，符合现代低碳节能的建筑需求。此外，预制装配技术、绿色建造技术、3D 打印技术、智能化施工技术等成为主流。墙体材料生产正朝着自动化、智能化的方向发展，生产效率和产品质量得到了显著提升。

(3) 市场需求变化

中国是全球最大的建筑市场，墙体材料行业在国内经济中占据重要地位。根据国际建筑协会（ICMA）2023 年数据，全球墙体材料市场规模已突破 2.1 万亿美元，其中亚太地区占比超 45%，中国以 38% 的全球市场份额居于主导地位。在每年 25 亿平方米的新开工建筑需求驱动下，全国墙体材料年消耗量突破 10000 亿块标准砖，已形成完整的产业链体系，涵盖原材料供应、生产加工到终端应用全环节。当前市场处于"烧结+非烧结"共存的格局，烧结类材料仍占据主导地位（占比约 60%），年用量达 6000 亿块。非烧结材料加速替代传统产品（占比 40%），其中主要包括混凝土砌块（30%）、蒸压加气混凝土砌块（60%）、功能板材（10%）。

(4) 行业竞争加剧

墙体材料市场潜力巨大，导致行业竞争愈发激烈。企业在追求生产规模的同时，越来越重视技术和创新的投入，智能制造、绿色生产等新兴技术正在不断推动行业转型升级。在新型墙体材料方面，创新产品层出不穷，例如，太阳能墙体、隔热墙体、自清洁墙体等新型墙体材料不仅具有更高的能效，还能有效降低环境影响，满足绿色建筑对墙体材料的高标准要求。企业也在不断加大研发投入，提升产品质量与市场竞争力。此外，政府大力推动资源综合利用政策出台，进一步引导墙体材料企业加大废弃物的利用，推进绿色制造和环保技术的应用。墙体材料行业已成为中国最大的固体废弃物综合利用行业，年利用各类废弃物超过 1.35 亿吨，节约能源 3200 万吨标煤。

整体来看，城市化进程的加速是推动墙体材料行业发展的主要动力。随着城市化水平的提高，建筑行业对墙体材料的需求不断增长，市场规模也随之扩大。同时，随着人们对居住环境舒适度的要求提高，对墙体材料的质量、性能和环保性也提出了更高的要求。未来智能墙体材料和绿色建筑将成为未来建筑行业的主流趋势，墙体材料行业也将不断迎来技术和市场的双重变革。

1.2 墙体材料行业生产制造现状

墙体材料作为建筑行业的基础性材料，其生产工艺的成熟度、规模化程度和创新能力直接影响建筑行业的质量、成本和可持续发展。墙体材料的生产技术创新是推动行业发展的关键力量。从最早使用的自然材料，到欧洲中世纪的砖块制造，到工业革命时期水泥和混凝土技术的诞生，再到现代轻质和智能材料的发展，每一阶段的技术创新都极大地促进了墙体材料行业的进步。21世纪以来，墙体材料的发展更加注重高性能和智能化，自愈合混凝土、智能调温材料等新型材料的出现，为建筑行业带来了前所未有的变革。

现代墙体材料的生产特别注重可持续发展，通过低碳排放生产工艺和回收材料来减少对环境的影响，推动了建筑行业向更加环保和节能的绿色方向发展。在快速发展的建筑行业中，墙体材料的生产正面临着传统生产模式的挑战与转型的机遇。

1992年，国务院发布了《关于加快墙体材料革新推广节能建筑的意见》，明确提出了淘汰实心黏土砖、推广新型墙体材料的政策目标，这一政策的出台标志着我国墙体材料行业进入了一个全新的发展阶段。传统的实心黏土砖等建筑材料由于消耗土地资源、高能耗等因素已经无法适应节能社会的发展，逐渐退出了历史舞台。为推广应用新型墙体材料，保护土地资源和生态环境，节约能源，促进循环经济的发展，各级政府根据当地实际情况制定了一系列条例和政策。在"九五""十一五"等时期，新型保温墙体材料得到了快速发展，并逐渐向小城市、城镇、农村以及工业建筑等领域延伸。在各地和各有关部门的共同推进下，我国墙体材料的革新和推广工作取得了积极进展。

特别是在"十二五"期间，我国发展新型墙体材料工作紧密围绕相关法规政策，大力推动节能、节地、利废的新型墙体材料发展，着力推动产品结构调整和产业优化升级，并加大了淘汰落后产能的工作力度。

以浙江省为例，该省在"十二五"期间超额完成了各项目标任务，新型墙体材料开发利用总体水平在全国保持了领先地位。无论是转型升级步伐的加快、落后产能淘汰工作的加强，还是城乡推广应用市场的拓展、绿色发展成果的显现以及基金调控杠杆作用的发挥，都取得了显著的成果。

（1）转型升级步伐进一步加快

2015年，浙江全省新型墙体材料产量达到了307亿块标砖，新型墙体材料生产占比达到83.5%，比2010年分别增加25.02%和4.67%。全省涌现了一批规模大、生产工艺和技术装备水平先进的生产企业，产品质量、经济效益良好。共建立省级示范线15条，培育省级龙头企业22家，有20家企业共获得了50件发明专利和实用新型专利。

（2）落后产能淘汰工作进一步加强

在"十二五"期间，浙江省先后制定实施了《全省2010—2012年烧结砖行业整合改造控制计划》和《2013—2015烧结砖行业整合改造控制计划》，累计关停淘汰黏土烧结砖企业486家，淘汰落后产能140亿块标砖，淘汰率达到42.3%，超额完成"十二五"规划和省政府下达关停黏土烧结砖瓦窑的任务。

（3）绿色发展成果进一步显现

通过《新型建筑工业化与新型墙体材料转型升级》等重大课题研究，编制技术标准《绿色墙体材料技术指南》等，促进了新型墙体材料行业的绿色发展。"十二五"期间，全省累计生产新型墙体材料约 1400 亿块标砖，保护耕地 12.89 万亩[①]，节约标煤 142.4 万吨，利用各类废弃物资源 2.77 亿吨，分别减少二氧化硫和二氧化碳排放 1.2 万吨和 356 万吨，完成了能耗下降 20%的任务。

（4）基金调控杠杆作用进一步发挥

"十二五"累计征收墙改基金比"十一五"增长 42.17%，返退墙改基金同比增长 70.12%，省级下达各地墙改基金扶持计划同比增长 91.80%，有效带动社会投入新型墙体材料产业的资金达 64.07 亿元，同比增长 1.69%。

虽然行业各方面的发展有所改善，但浙江省在"十二五"期间依旧存在以下问题：

（1）行业废弃物资源化利用率有待提高，相关部门对墙体材料行业消污纳废政策扶持不足、支持力度不够，企业缺乏相应技术支撑。

（2）行业龙头企业少，低水平重复建设、低端产品产能过剩现象突出，落后产能淘汰和"低小散"企业整治难度加大。

（3）企业清洁生产、节能减排意识比较薄弱，绿色发展任务艰巨。

（4）新型墙体材料创新发展滞后于建筑方式变革的要求，符合新型建筑工业化、绿色建筑要求的新型墙体材料发展缓慢。

（5）农村地区推广应用新型墙体材料的政策和机制需要进一步完善。

"十三五"期间，我国墙体材料行业的发展紧密围绕国家相关法规政策，取得了显著成效。这一时期，墙体材料行业在技术创新、产品结构调整、产业升级以及环保要求方面均取得了积极进展。

首先，行业通过产品结构、规模结构、技术结构和节能减排的调整，促进了新型墙体材料的健康发展。重点扶持了一批规模大、工艺先进、技术水平高的新型墙体材料生产企业，同时推动了绿色新型墙体材料产品和技术的发展，并促进了节能利废的非黏土类新型墙体材料的开发。

其次，技术创新成为行业发展的重要驱动力。新型墙体材料不断涌现，满足了不同建筑场景和需求，如轻质高强、保温隔热、防水防火等性能优异的墙体材料，已成为市场需求的重要方向。同时，政府部门出台了一系列政策鼓励绿色建筑和环保型墙体材料的使用，提高了行业的环保标准。

墙体材料的生产规模主要受市场需求、技术进步和原材料供应等因素的影响。随着建筑业对墙体材料的需求逐步增大，尤其是对于节能、环保和高性能墙体材料的需求提升，墙体材料生产的规模开始向大规模生产发展。大型企业通常具备更强的研发能力和生产标准化水平，能够在更短的时间内推出符合市场需求的高质量新产品。这些企业通过规模效应降低了单位产品的生产成本，提高了市场竞争力。而小型企业由于技术和资金的限制，难以实现生产标准化，成本难以压缩，因此逐渐被大型企业的竞争压力所挤压，最终导致产业集中化，大型企业占据市场主导地位。

---

① 1 亩≈666.67 平方米

政府部门通过出台一系列政策，不仅促进了墙体材料行业的绿色发展，也提高了行业的环保标准。企业需要不断加强技术研发和环保投入，以满足日益严格的环保要求。

"十四五"期间，我国墙体材料行业的发展重点在于推动绿色化、信息化、智能化，以提升产业链现代化水平。这一时期，墙体材料革新工作被视为推进生态文明建设和建筑业绿色发展的重要举措，同时也是实现"双碳"目标、落实生态环境保护和高质量发展的关键行动。

国家"十四五"产业政策以及其他相关政策为墙体材料行业的发展提供了有力保障，鼓励采用能源节约型材料，推动行业的绿色发展和转型升级。甘肃省"十四五"发展规划特别强调了墙体材料产业的绿色化、信息化、智能化发展，以及提升产业链现代化水平的重要性。

墙体材料行业的发展方向注重绿色化与智能化，政策支持、技术进步和低碳要求共同推动着行业的转型升级和可持续发展。固体废弃物利用（如粉煤灰、建筑垃圾等），开发轻质环保材料（如陶粒砌块、纤维石膏板等）成为行业发展的重点。同时，各地政府开展"无废城市"建设，鼓励提高固废掺配比例，尽量减少填埋，减少天然资源消耗。

综上所述，墙体材料行业的生产现状正呈现出向大规模、自动化、绿色环保和定制化发展的趋势。生产过程中的智能化、环保技术和质量控制手段的引入，不仅提高了生产效率和产品质量，也为满足市场多样化的需求奠定了基础。随着技术的不断创新和市场需求的变化，墙体材料生产模式还将继续演进，以适应未来建筑行业对高性能、绿色可持续墙体材料的需求。

1.3 墙体材料行业智能制造现状与发展趋势

1.3.1 墙体材料行业智能制造现状

智能制造通过融合新一代信息技术与制造技术，实现生产过程的自动化、柔性化、智能化和高度集成化，是现代制造业的重要发展方向。智能制造具有提高生产效率和质量、降低生产成本、满足个性化需求等优势，在技术创新融合、定制化柔性生产、数字化应用、绿色制造等方面推动产业转型升级，实现高质量发展。

2015年起，我国启动了智能制造试点示范项目，并在2016年开始实施智能制造综合标准化项目。截至目前，共有307个智能制造试点示范项目和509个智能制造标准化项目在全国范围内实施（表1-1）。

表 1-1 相关政策法规

时间	文件名称	主要内容
2015-07	《关于积极推进"互联网+"行动的指导意见》	智造赋能工厂转型升级
2016-04	《机器人产业发展规划（2016—2020年）》	明确机器人"十三五"发展布局
2016-07	《"十三五"国家科技创新规划》	发展新一代信息技术及重点领域
2016-08	《装备制造业标准化和质量提升规划》	2020年重点领域标准体系日趋完善提升
2016-09	《智能制造发展规划（2016—2020年）》	至2025年，智能制造体系逐渐建成
2016-09	《智能硬件产业创新发展专项行动（2016—2018年）》	2018年我国智能硬件产业明显突破
2017-07	《新一代人工智能发展规划》	至2020年，人工智能产品突破，领域优势明显，融合环境皆优化
2017-08	《制造业"双创"平台培育三年行动计划》	行动计划促制造"双创"，建资源富集高效协同新生态
2017-11	《关于深化"互联网+先进制造业"发展工业互联网的指导意见》	推动工业互联网建设，促进新一代信息技术与制造业融合转型
2017-11	《高端智能再制造行动计划（2018—2020年）》	至2020年，推动建百家高端再制造示范，规模达2000亿元
2018-04	《关于推动工业企业"上云"的实施意见》	推进云计算应用，促制造企业转型，助力中小企业"上云"
2018-05	《工业互联网发展行动计划》	至2020年年底，建成工业互联网体系，推动企业上云，培育工业App
2018-10	《国家智能制造标准体系建设指南（2018年版）》	至2019年，制修订超300项标准，完善智能制造体系
2018-12	《关于加快推进虚拟现实产业发展的指导意见》	至2025年，我国虚拟现实产业实力跻身全球前列
2019-03	《关于促进人工智能和实体经济深度融合的指导意见》	推动人工智能与制造业融合，促进产业升级、高质量发展
2019-06	《新一代人工智能治理原则——发展负责任的人工智能》	提出八条发展原则，规范指导智能制造、人工智能应用
2019-08	《国家新一代人工智能创新发展实验区建设工作指引》	推进人工智能应用示范、政策试验及基础设施建设
2019-11	《关于推动先进制造业和现代服务业深度融合发展的实施意见》	至2025年，深化信息科技应用，促进两业融合，支撑制造业高质量发展
2020-04	《关于深入推进移动物联网全面发展的通知》	推动移动物联网创新，深化在工业等多领域数字化应用
2020-07	《国家新一代人工智能标准体系建设指南》	至2023年，初步建立人工智能标准体系，推进重点行业应用
2020-09	《建材工业智能制造数字转型行动计划（2021—2023年）》	至2023年，建材行业信息化成果丰硕，培育多家供应商及创新平台

续表

时间	文件名称	主要内容
2020-01	《中国共产党第十九届中央委员会第五次全体会议公报》	至2035年，核心技术突破，现代化经济体系基本建成
2020-12	《工业互联网创新发展行动计划（2021—2023年）》	全会公报推动智能制造等细分领域安全企业及产业链提升
2021-01	《交通运输部关于服务构建新发展格局的指导意见》	培育交通产业链优势，加强自主创新，突破关键技术
2021-01	《关于促进养老托育服务健康发展的意见》	推进信息技术与智能硬件应用，促进养老托育用品数字化转型
2021-12	《"十四五"智能制造发展规划》	规划提出智能制造"两步走"，2025年重点企业初步应用智能化
2021-12	《关于加快传统制造业转型升级的指导意见》	推动传统制造业高端化、智能化、绿色化转型，提升竞争力
2022-01	《建材行业智能制造标准体系建设指南（2021版）》	至2025年，制定超40项标准，推动智能制造标准广泛应用
2022-09	《关于开展2022年度智能制造试点示范行动的通知》	落实规划，遴选优秀场景，建设示范工厂，推进智能制造发展
2023-12	《关于加快传统智能制造业转型升级的指导意见》	加快数字赋能，推动智能制造，实施多领域深度融合措施
2024-02	《产业结构调整指导目录（2024年本）》	鼓励增材智能制造等，助推产业优化升级
2024-06	《国家人工智能产业综合标准化体系建设指南（2024版）》	至2026年，提升标准联动，促进人工智能产业高质量全球化发展
2024-09	《智能制造典型场景参考指引（2024年版）》	依规划部署，打造智能制造"升级版"，推进制造业数智化转型

墙体材料智能制造是利用先进的自动化、信息化和智能化技术，实现对墙体材料生产过程的精确控制和高效管理。如图1-1所示，可理解为通过大数据、云计算、物联网和人工智能等新一代信息技术，实现制造过程的数字化、网络化和智能化，从而提高制造的质量、效率和灵活性，降低制造成本和资源消耗，并增强制造的创新能力和核心竞争力。

智能制造在墙体材料行业的应用，不仅限于生产设备的自动化，还涵盖了信息技术、数据分析与决策支持系统的深度融合。随着大数据、云计算、物联网、人工智能等新一代信息技术的广泛应用，墙体材料的生产过程越来越依赖于数字化和智能化技术。智能化设备在提高生产效率的同时，还能够实时监控生产数据，进行预测性维护，减少设备故障率，降低生产成本，主要体现在以下几个方面。

（1）数字化转型

墙体材料企业通过物联网技术和传感器将生产线与数据平台连接，采集生产过程中

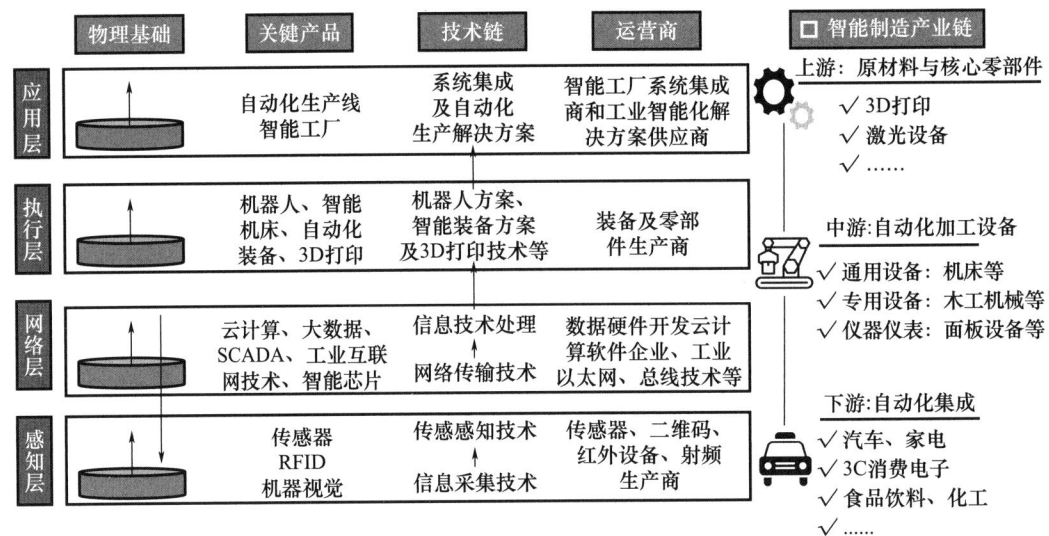

图 1-1　墙体材料智能制造产业链分层图

的各类数据，实时反馈给决策层。这使得生产过程更加透明，管理层可以基于实时数据进行生产调整和决策，优化资源配置，进一步提高生产效率。

（2）自动化与智能化

随着工业机器人、自动化成套生产线的推广，墙体材料生产的各个环节，尤其是砖坯搬运、成型、切割等工艺，已经实现了自动化。通过机器人搬运、自动检测、自动包装等技术，不仅提升了生产效率，还降低了人力成本，保障了生产的高质量标准。

（3）智能化控制系统

各类智能控制系统正在广泛应用于墙体材料生产过程中，以提高质量稳定性。例如，在蒸压加气混凝土的发泡工艺和蒸养过程控制中，智能化系统通过数据采集、传感器反馈、数据分析与优化调度，确保了材料的均匀性、稳定性和精准度。这些控制系统能够自动调整生产工艺，减少人工干预，提高生产过程的自动化程度和精度。

（4）智能制造平台

工业互联网技术的发展，使得墙体材料行业开始逐步构建智能制造平台。这些平台将企业内部的生产、管理、供应链等各环节的数据进行融合，通过大数据分析和云计算技术，实现整个生产过程的智能优化。借助云平台，企业能够实时监控各生产环节的状态，及时进行设备诊断和维护，同时还能对生产数据进行深度分析，为后续的生产调整、产品优化和决策支持提供有力的数据支撑。

综合以上信息技术，墙体材料行业智能制造的全生命周期将贯穿数字化、自动化和智能化技术；生产模式柔性化、网络化和个性化生产将成为制造模式的新趋势；生产组织全球化、服务化和平台化模式将成为产业组织的新方式。

此外，政策的逐步落实，进一步加快了墙体材料行业的智能化转型步伐。尤其是《建筑节能与绿色建筑发展规划》的出台，政府鼓励企业采用先进的智能制造技术推动产业绿色发展，特别是在墙体材料生产中的能源节约与低碳排放方面。通过财政补贴、税收优惠等方式，政府为墙体材料行业的智能化升级提供了资金支持，帮助企业解决初期投资压力，降低转型成本。

目前，根据工艺不同，我国墙体材料产品可以归纳为烧结类墙体材料、蒸压加气混凝土以及非蒸非烧类墙体材料三大类。

烧结类墙体材料，如烧结砖和烧结砌块，已有悠久的使用历史。尽管现代建筑中对其依赖有所减少，但由于其具有强度高、耐久性好、防火性强、吸声隔声等特点，烧结类墙体材料在农村和特定建筑项目中依然广泛应用。随着生产工艺的进步，烧结类墙体材料的生产也在向智能化、绿色化转型，通过自动化窑炉、智能温控技术、自动化生产线等手段，极大地提高了生产效率和节能效果。

蒸压加气混凝土是一种轻质、多孔的墙体材料，通常使用硅质材料和钙质材料，加入气体发生剂，经加压、高温蒸养处理后得到。其具有质量轻、保温隔热性能好、耐火性强，容易加工和施工的特点，常用于轻质隔墙、建筑保温层以及高层建筑的非承重墙体等。

非蒸非烧类墙体材料种类比较多，如免烧砖、混凝土砌块及板材等。这类墙体材料不需要高温烧结或高压蒸养，通过压机成型并自然养护或低温处理即可成品，工艺相对简单。非蒸非烧类墙体材料的生产方式符合我国对节能环保建筑材料的要求，在农村建筑、城镇改造中逐渐占据较大市场份额。随着建筑业的发展和环保要求的提高，需要加快推进智能制造在行业中的应用，提升墙体材料的质量、性能和附加值，以满足市场和社会的多样化需求。

为适应我国现代建筑业对绿色低碳和高效生产的需求，烧结类墙体材料、蒸压加气混凝土以及非蒸非烧类墙体材料都在积极向着节能、环保和智能制造的方向转型。

"十四五"以来，我国提出《建筑节能与绿色建筑发展规划》。烧结类墙体材料已逐渐从传统黏土砖转向更节能、环保的改良产品，以应对环保要求和资源紧缺的压力。窑炉技术也在向智能化、绿色化的方向转型，如自动化窑炉、智能温控技术和自动化生产线的应用。自动化的干燥、烧结工艺，同时智能监控窑炉温度的变化以优化烧结过程以及使用机器人搬运砖坯等，都可提高生产效率和产品质量，降低能源消耗。

蒸压加气混凝土智能制造的应用主要体现在自动化配料、发泡工艺控制、成型与蒸养过程的智能化控制等方面。生产中使用的自动搅拌系统、精确的蒸压加气剂配比控制系统、智能切割设备等都能确保材料的均匀性和尺寸的精准性。此外，智能蒸压养护控制系统可以根据产品规格自动调整蒸养参数，提高生产效率等。

非蒸非烧类墙体材料因其低能耗和环保特性，市场份额在稳步增长。智能化设备可实现高效自动化生产，全自动化成型机和智能原材料配比系统可进行配方精确控制。通过在线质量检测系统提高产品的合格率，减少废品率和人为误差。此外，生产线可以实时监测生产数据，自动调整配料和压制强度，以确保产品的一致性和质量。

尽管智能制造为墙体材料行业带来了巨大的潜力，但在实际应用过程中仍面临一些挑战。首先，智能制造技术在墙体材料生产中推广应用还远远不足，部分技术仍处于研发阶段，尤其是大规模应用时，可能出现稳定性和适应性问题。其次，智能制造设备和系统的初期投资较高，对于盈利能力比较差的墙体材料行业，尤其是对于中小企业来说，资金压力较大。再次，墙体材料行业智能制造对高技术人才的需求不断增加，而行业人才的储备尚显不足，导致技术创新和应用面临人才瓶颈。最后，数据安全和隐私保护问题，也是企业在推进智能制造过程中不得不面对的重要问题。

展望未来，墙体材料行业的智能制造必须继续发展和完善，技术的不断创新将进一步推动行业升级。从生产流程的自动化、智能化到全生命周期的数字化管理，墙体材料行业将迎来更加高效、环保、定制化的生产模式。同时，智能制造将在提升产品质量、降低成本、节约能源、减少废弃物排放等方面发挥重要作用。

1.3.2　墙体材料行业智能制造发展趋势

随着新技术的不断突破和应用，墙体材料行业将在提升生产效率、优化资源利用、减少环境污染以及提高产品质量等方面，推动整个行业的转型升级。在人工智能大力发展的时代，墙体材料行业的智能制造正在迈向更加智能化、绿色化、定制化的新时代。

墙体材料行业的工业化过程，是与信息技术同步发展、紧密融合的过程。整体而言，信息化、网络化和智能化带来的变革主要经历了以下四个阶段。

第一个阶段是20世纪60年代至80年代末，自动化技术的发展使得墙体材料工业生产制造水平得到了大幅度提升。这一时期，随着科技的迅速进步和工业自动化的发展，行业迎来了前所未有的发展机遇。自动化设备和流水线生产的引入，使工厂实现了精准、高效的自动化控制、检测和调节，同时大幅减少了人工操作的烦琐与误差，生产效率和产品质量得到显著提升。

通过借助自动化系统，能够优化资源利用，精确控制原材料的使用量，从而节省材料成本并确保产品质量。同时，自动化设备的高效运转显著降低了单位产品的能耗，减少了生产成本。还在很大程度上改善了工人的工作环境，许多生产过程涉及危险和高强度的工作，如混凝土搅拌和浇筑等。引入自动化设备后，工人不再需要直接参与这些高风险操作，降低了工伤的发生率，减少了工人暴露在粉尘、噪声等有害环境中的时间。

第二个阶段是20世纪90年代至20世纪末，墙体材料行业经历了技术的初步变革，智能制造技术逐步进入行业的视野。虽然这个时期的智能制造技术尚未成熟，但已经开始对墙体材料的生产工艺、生产效率及产品质量产生深远的影响。该阶段墙体材料智能制造技术的应用和发展，主要体现在自动化设备、计算机辅助设计（CAD）以及信息化系统的引入。

早期行业主要依靠手工记录和管理各类生产、销售和库存数据。这种方式效率低、易出错。随着自动化设备的引入，墙体材料生产工艺进入一个新的阶段。砖块和砌块生产中的自动化切割、搬运、堆叠等设备逐步取代了人工操作，大幅提高了生产效率。但墙体材料的生产依然面临着较大的技术瓶颈，特别是在生产过程中自动化程度较低，部分传统设备仍以人工干预为主，生产效率和产品质量难以得到根本性的提升。

CAD 技术于 20 世纪 90 年代中期开始在墙体材料的设计和生产中应用。这一技术使得墙体材料的设计更加精确和高效，尤其是在产品形态、规格以及生产工艺等方面。通过 CAD 技术，设计师能够模拟和优化墙体材料的结构和外观，进行材料的物理性能分析，甚至预测不同设计方案对生产过程的影响。

CAD 技术还为墙体材料企业提供了更加灵活的设计能力，能够根据客户需求快速定制不同规格、性能的墙体材料，满足市场对个性化和定制化墙体材料的需求。此外，CAD 技术也为墙体材料的生产流程优化提供了有力支持，通过对设计的精准控制，减少了生产过程中的浪费和错误，大幅度提高了生产效率和产品质量。

随着信息技术的持续进步，计算机技术和基础数据管理软件在墙体材料生产中逐渐占据主导地位，推动了各类生产数据的电子化管理。企业通过建立数据库系统，实现了对原材料、库存、生产进度和设备状况等关键信息的电子化存储。这一信息化管理的初步应用，不仅有效减少了人工操作中的失误，还显著提高了数据的准确性和可靠性，为企业的生产决策和管理优化提供了更加可靠的支持。

进入 20 世纪 90 年代末期，随着人工智能和数据处理技术的发展，部分企业开始探索如何将智能化技术引入墙体材料的生产过程中。一些前沿企业开始尝试引入人工智能算法、机器学习等技术，进行生产过程的优化和智能化控制。这一时期的应用主要体现在设备的自动调节、生产线的远程监控和系统自我优化等方面。企业意识到智能化对于提升生产效率和产品质量的重要性，并逐步为后续的智能化转型奠定基础。

第三个阶段是进入 21 世纪后，基于信息化、网络化和智能化的综合集成技术开始在建材行业得到广泛关注，并显著提升了行业的生产效率。通过自动化和智能化设备，企业能够实现连续、高效的生产。智能化系统可以实时监控原材料的使用情况，减少浪费，从而优化资源利用，降低生产成本。综合集成技术能够对生产过程进行全面监控和优化，确保产品质量的一致性和稳定性的同时，还可以根据市场需求调整生产计划，提供个性化的产品和服务，提高客户满意度和市场竞争力。

第四个阶段是 2015 年后，行业开始大力发展智能制造。为解决传统墙体材料生产方式存在的生产效率低、能源消耗大、环境污染严重等问题，智能制造应运而生。智能制造包括在生产流程中引入自动化生产线、人工智能、物联网、大数据分析等先进技术，实现更高水平的定制化生产和提高资源利用效率。同时，随着智能制造理念的发展，越来越多的企业开始建设智能工厂，不仅可以提高生产效率和产品质量，还可以降低能源消耗和环境污染程度，实现可持续发展。

"十四五"时期墙体材料行业智能制造的重点发展方向总结如下。

（1）提高装备智能化水平

提高装备智能化水平是墙体材料行业智能制造发展的重要方向之一。将信息技术和智能技术融入装备，这一过程旨在推动墙体材料工业向数字化、柔性化和智能化转型升级。

在实现装备智能化水平提升的过程中，需要加快墙体材料工业智能制造成套装备的创新发展和产业化，即重点推进自动化成套装备的研发和示范作用。这些装备包括工业机器人、智能传感器、自动控制系统、智能仪器仪表和在线检测设备等，与此同时，不断深化智能感知、知识挖掘、工艺分析、在线仿真和人工智能等技术的集成。

（2）推进智能生产及关键工艺流程数字化

推进智能生产及关键工艺流程数字化是墙体材料行业实现智能制造的重要环节之一。通过加快建立以数字化车间和智能化工厂为代表的现代生产体系，提升生产工艺和生产线的数字化控制水平，实现生产过程的自动化、智能化和绿色化，从而促进生产管理过程中各环节的精细化管理，提高产品质量，稳定生产工艺，实现节能降耗。

数字化车间通过采用先进的信息技术和自动化设备，实现生产过程的全程监控和数据采集。智能化工厂则通过集成智能控制系统、工业互联网和大数据分析，实现从设计、生产到管理的全面智能化。在数字化车间和智能化工厂中，各种生产设备、传感器和控制系统相互连接，形成一个高度集成的生产网络，可以实时监测和调整生产参数，确保生产过程的高效运行和产品质量的稳定。其中，数字化控制是实现智能制造的重要基础。通过引入先进的自动化控制系统和智能控制技术，采用 PLC（可编程逻辑控制器）和 DCS（分布式控制系统）等先进控制系统，可以实现生产设备的自动控制和协调运行，同时依靠先进的控制算法和智能控制技术，可以实现生产工艺的优化和智能化调整（图 1-2）。

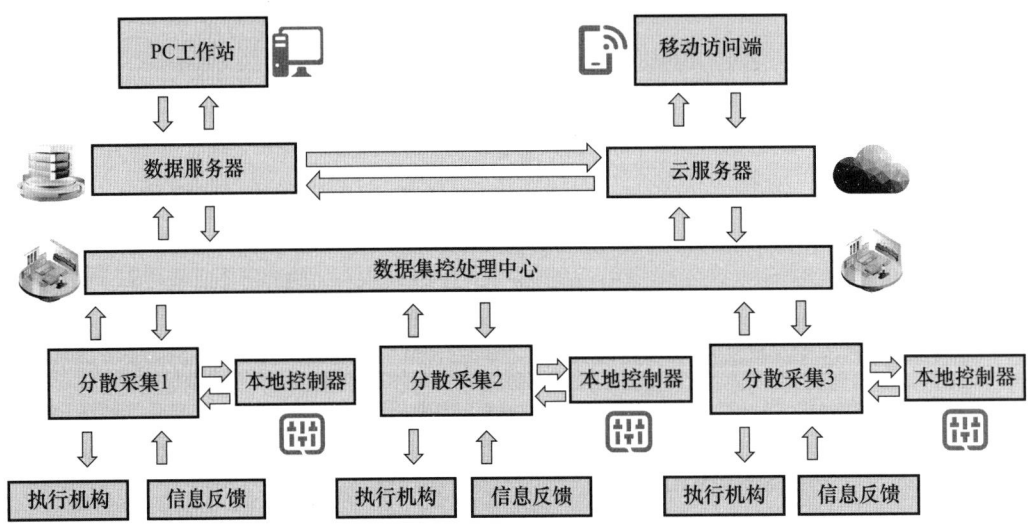

图 1-2　数据采集及物联控制图

智能制造的一个重要特点是人机智能交互和柔性敏捷生产。利用机器人和智能化设备，实现人机协同作业，提高生产效率和灵活性。而柔性制造系统的发展使生产线能够快速调整和切换，以满足市场对个性化和多样化产品的需求。

在智能制造的发展过程中，需要将智能装备、智能控制、智能传感和在线检测等技术进行综合集成应用。智能装备和智能控制系统实现了生产过程的自动化与智能化，使得生产过程能够智能调控；智能传感技术提供了实时监测与数据采集；在线检测技术确保了产品的高质量。通过这些技术的集成应用，生产过程得以全面智能化和数字化，推动墙体材料行业向智能制造迈进。

（3）大力发展工业机器人

大力发展工业机器人是推动墙体材料行业转型升级、改善工作环境的重要措施之一。通过加强前瞻布局，明确墙体材料行业机器人技术发展的趋势，重点突破关键核心技术以及产业化路径。

首先，墙体材料行业的生产制造过程中存在着劳动力密集、劳动强度大和受生产环境影响大等问题，需要研发并推广适用于制造、安装、检测和物流等生产环节的建材行业工业机器人及核心智能测控装置技术。这些机器人能够替代单调、频繁和重复的人工作业，同时解决在窑炉等危险、恶劣环境下的作业问题。

其次，墙体材料行业的特殊性要求工业机器人具备高度的灵活性和智能化水平。其中，智能感知与决策能力的提升是关键。研发先进的传感器和智能算法，使机器人能够在复杂多变的生产环境中进行精准操作和智能决策。此外，标准化、模块化的接口和通信协议的发展应用，确保机器人与现有生产设备无缝集成，实现协同作业。

展望未来，工业机器人在墙体材料行业的推广应用具有巨大的潜力和发展空间。通过加强前瞻布局，明确发展步骤，突破关键技术，组织产学研用共同攻关，将能够推动墙体材料行业的智能转型，实现产业升级和可持续发展。

（4）深化"互联网+"在墙体材料行业的应用

随着科技的不断发展和互联网的普及，"互联网+"已经成为推动各行业转型升级的重要战略。首先，贯彻落实"互联网+"行动计划，意味着需要创新生产制造和产业组织方式，实现产品设计、制造、销售、采购和管理等生产经营各环节的企业间协同，形成网络化企业集群和生态链，这样的协同制造生产方式将推动整个产业链的协同发展，降低成本，增强市场竞争力（图1-3）。

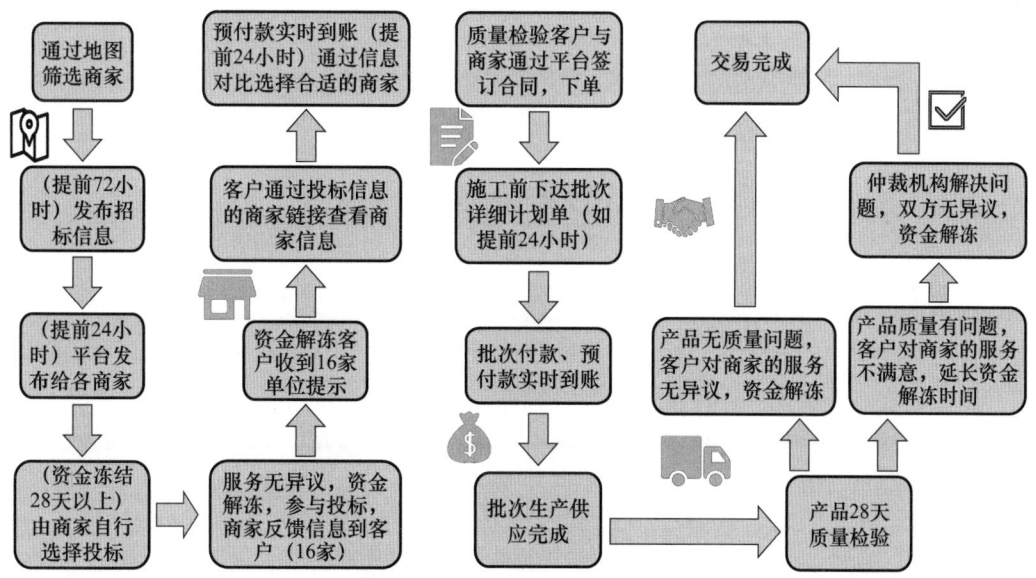

图1-3　互联网交易流程模式之一

其次，推动工业互联网建设，包括加快推进物联网、工业大数据、传感器和射频识别（Radio Frequency Identification，RFID）等技术在生产领域的集成创新和应用。实现生产、管理和营销过程的网络化、智能化和现代化，使得整个产业的运行效率和管理水平得以提升。同时，加快推进电子商务在墙体材料行业的应用，促进实体购销渠道和网络购销渠道互动发展，实现线上线下融合，提升企业供应链管理水平，满足消费者个性化需求。

此外，行业龙头企业在这个过程中可以以供应链管理为重点，增强与产业链下游企业的协同能力，促进产品分销和售后服务水平的提升，引领整个行业向智能化和服务化方向发展，带动更多中小企业跟进，推动整个行业的可持续发展（图1-4）。因此，深化"互联网+"在墙体材料行业的应用是当前墙体材料行业转型升级的重要举措。加快整合和优化产业链，可持续增强墙体材料行业的发展和竞争优势。

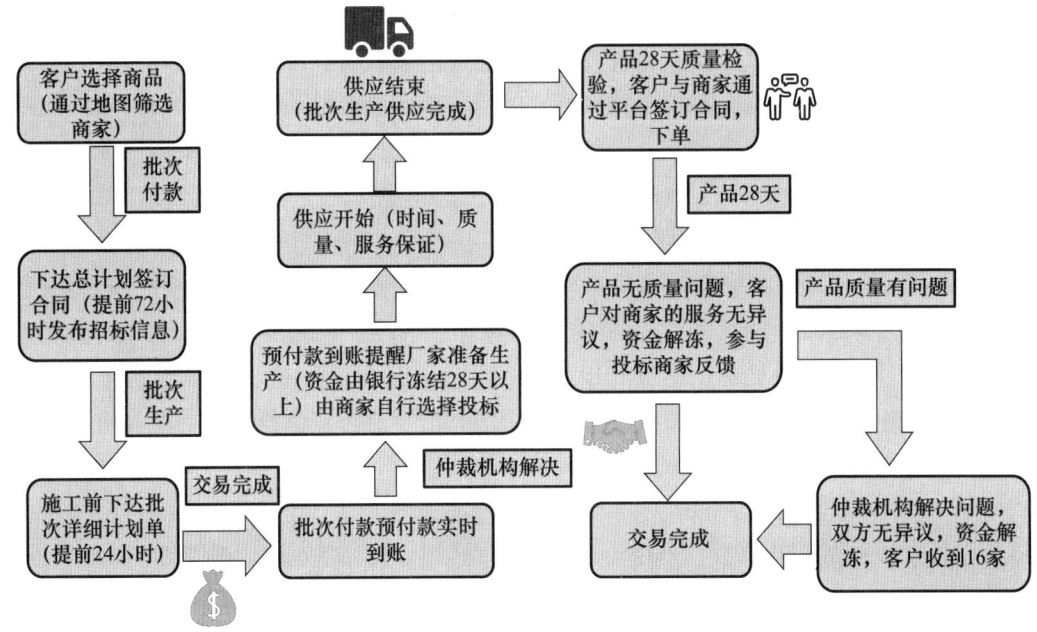

图1-4　互联网交易流程模式之二

（5）推动智能物流发展

经济全球化和科技的进步使智能物流成为推动建材行业发展的重要引擎之一。通过逐步建立与现代物流相适应和协调发展的物流信息化体系，大幅提高物流设施和设备水平，将为建材行业带来新的发展机遇和挑战。

首先，建立物流信息化体系可以逐步推动智能物流的发展。通过信息化手段，在实现物流的透明管理和精准监控的同时，提高物流运输的效率和质量，实现物流全程可视化和智能化管理，从而提升企业的竞争力。

其次，在建材智能物流领域，需要推动物流追踪与物资管理、智能调度与储运、无人搬运与智能码垛等新技术的应用。重点推广应用卫星定位技术、GPRS（General Packet

Radio Service）技术、GIS（Geographic Information System 或 Geo-Information System）地理信息技术、智能交通技术、物联传感技术和网络通信与数据处理等技术，有助于实现物流运输的精准定位和智能调度。

另外，借鉴先进的仓储自动化解决方案，通过自动化仓储系统实现货物的快速分拣、存储和装载，提高仓储运营效率，满足市场需求。总体来说，通过建立物流信息化体系，提高物流设施及设备的智能化水平，发展仓储自动化等措施，进一步实现建材行业物流运输的精准管理和高效运作，为建材行业的可持续发展提供有力支撑。

（6）提升节能减排水平

全球气候变化日益严峻，节能减排已成为各国共同面临的挑战和责任，加大对主要耗能、耗材设备和工艺流程的信息化改造力度，建立健全资源综合利用效率监测和评价体系，提升资源能源供需双向调节水平，已成为当前推动节能减排工作的重要举措之一。

提升节能减排水平的关键一环是对主要耗能、耗材设备和工艺流程进行信息化改造。墙体材料作为能源消耗较大的行业之一，其生产过程中的耗能设备和工艺流程对能源资源的利用效率有着直接影响。信息化改造可以实现对生产过程的全面监控和精细化管理，减少能源浪费。

因此，通过加大对主要耗能、耗材设备和工艺流程的信息化改造力度，建立能源管理中心管控平台，健全主要污染物排放监测和固体废弃物综合利用信息管理系统，可以有效提升行业的节能减排水平，实现经济效益与环境保护的双赢。

（7）开展智能制造共性技术创新

科技在不断进步，工业生产也在不断转型升级，智能制造已经成为现代工业发展的主要趋势。在实现智能制造的过程中，共性技术的创新至关重要。共性技术涵盖了多个关键领域，包括工艺参数建模技术、优化控制技术、生产过程在线检测监测技术和管控集成技术等。

首先，工艺参数建模技术是智能制造的基础。通过开发高精度的工艺参数建模方法，利用机器学习、数学建模等技术，建立复杂生产工艺的精准模型，从而更好地理解和预测生产过程中的变化和影响因素，持续改进生产流程。

其次，优化控制技术的应用是实现智能制造的关键。设计能够实时调整和优化生产过程的控制系统，根据实时数据对生产参数进行动态调整，再结合先进的算法和控制理论，构建智能化的控制系统，以确保在不断变化的条件下实现最佳效率和质量。

同时，管控集成技术的应用也是智能制造的重要环节。通过整合生产过程中的各种信息系统，如企业资源计划（Enterprise Resource Planning，ERP）系统、制造执行系统（Manufacturing Execution System，MES）等，实现数据的共享和协同工作。

然而，尽管智能制造为墙体材料行业带来了巨大的发展潜力，但在智能化转型过程中，行业仍面临诸多挑战。技术成熟度不足、初期投资成本高昂、人才短缺以及数据安全等问题，都是影响智能制造推广的关键因素。为了克服这些挑战，企业必须采取有效的应对策略，推动智能制造顺利落地。

加强技术创新。许多智能制造技术仍处于研发阶段，尤其是一些关键技术如人工智能、物联网、传感器系统以及大数据分析技术在实际应用中的稳定性和成熟度尚不足。解决这一问题的核心是加大技术研发投入，推动技术突破与创新。墙体材料企业应加强与科研机构、高等院校的合作，形成产学研一体化的创新平台，促进新技术的快速落地和技术积累。同时，企业应通过试点项目，在小范围内进行技术验证和优化，积累经验后再逐步扩大应用范围，减少技术推广过程中的不确定性，统一技术要求和应用规范，有助于提高技术的成熟度和稳定性。

优化资金投入模式。初期投资成本是制约智能制造发展的瓶颈。智能化生产线和相关设备的采购、系统升级以及员工培训等初期投入相对较大，特别是对中小企业而言，这无疑增加了转型的难度。对此，政府应加强对智能制造领域的资金支持，通过财政补贴、税收减免等措施，降低企业在转型过程中的财务压力。企业也应考虑逐步推进智能化改造，采取分期实施的方式，将资金投入分散到各个阶段，减少一次性投入的风险。对于中小企业来说，可以通过与大型企业或技术供应商的合作，共享技术和设备资源，减少资金投入。借助合作的力量，企业能够在技术引进和应用过程中减少风险，提升转型的可行性。

提升人才培训质量。随着智能技术的普及，行业对高技术人才的需求日益增加，尤其是在人工智能、大数据分析、自动化控制等领域的专业人才严重匮乏。而墙体材料行业本身长期以来依赖传统制造模式，许多现有员工的技能和知识背景无法完全满足智能制造的需求。解决这一问题的途径是：通过加大对现有员工的培训力度，提升员工的智能制造技术水平和实践能力。此外，吸引外部高端人才也是解决人才短缺的重要途径。可通过出台优惠政策，吸引更多具备高技术背景的人才进入行业，为行业的技术升级提供必要的人才支撑。

强化数据安全管理。智能制造离不开大数据、云计算以及物联网技术的支撑，这些技术要求大量生产数据的采集、存储和分析，如何确保这些生产数据的安全性和隐私性，已成为企业面临的重要问题。一旦数据遭到泄露或攻击，可能会造成企业的技术机密泄露，甚至影响市场竞争力。因此，企业需要建立严格的数据安全管理体系，实施多层次的安全保护措施，如数据加密、身份验证、访问控制等技术手段，确保数据在传输和存储过程中的安全性。同时，与专业的云计算和大数据服务供应商合作，选择具有完善安全保障的技术平台，定期进行安全审计和风险评估，及时发现潜在的安全隐患，采取有效的应急措施，防止数据泄露或丢失。

综上所述，通过加强技术创新、优化资金投入模式、提升人才培训质量和强化数据安全管理，企业可以有效应对墙体材料行业面临的挑战，推动智能制造的顺利实施。政府在政策支持、标准化建设和人才引进等方面的积极作为，将为行业的智能化发展提供强有力的保障。通过全社会的共同努力，墙体材料行业的智能制造将迎来更加广阔的发展前景。

2 墙体材料智能制造基础

2.1 墙体材料智能制造工艺基础

2.1.1 烧结墙体材料智能制造工艺基础

我国每年新开工建筑面积约为25亿平方米,墙体材料用量巨大。烧结类墙体材料是墙体材料的主要组成部分,占总量的50%~60%。随着国家推进建筑节能和装配式建筑,各类板材以及各种功能复合的新型墙体材料在未来将会有大幅增长空间。烧结空心砌块等墙体材料,是我国当前墙体材料行业的主力之一。其中,多孔砖和空心砌块主要用于承重墙和非承重墙,空心砖则多用于隔墙和填充墙。

烧结类墙体材料的制备工艺中,物理化学变化过程集中发生于高温烧结阶段,该阶段所使用的主要工艺设备是高温窑炉。墙体材料经过高温烧结后,可获得各种需要的物理化学性质。一般烧结工艺包括原料粉碎、配料成型和干燥烧结三个主要阶段,具体的工艺参数和设备选型因产品种类、产量规模和原料特性而定。烧结多孔砖、砌块和装饰条板均属于通过烧结工艺生产的墙体材料产品。

由于烧结普通砖性能单一,资源、能源消耗大,国家在墙体材料革新中提出了禁止生产和使用黏土实心砖的要求,并优先发展新型墙体材料。这一政策并非一刀切,而是分阶段、分地区实施的。例如,早在2005年,全国170个城市就已全面禁止使用实心黏土砖;到2010年,这一禁令已扩展到了所有城市。此外,国家还通过税收优惠、补贴等政策鼓励新型墙体材料的发展。

在这一政策推动下,广大砖瓦企业加速了企业改造,提高了生产技术和装备水平,逐步转向生产多孔砖、空心砖和空心砌块等节能环保产品。我国烧结制品的质量、水平、档次也因此得到了显著提升,同时促进了企业的工艺技术进步和行业的发展。然而,部分中小企业仍面临技术落后、资金不足等问题,行业整体转型升级仍需进一步推进。

我国目前主要烧结砖瓦相关制品品种及规格见表2-1。为规范行业发展，中华人民共和国国家质量监督检验检疫总局和中国国家标准化管理委员会相继发布了《烧结多孔砖和多孔砌块》（GB/T 13544—2011）、《烧结空心砖和空心砌块》（GB/T 13545—2014）、《烧结墙体材料和泡沫玻璃单位产品能源消耗限额》（GB 30526—2019）等一系列标准。这些标准对产品的尺寸、强度、耐久性以及能耗等方面提出了明确要求，推动了行业向高质量、低能耗、环保型方向发展。例如，《烧结墙体材料和泡沫玻璃单位产品能源消耗限额》的实施，显著促进了行业节能减排目标的实现。

表2-1 我国目前主要烧结砖瓦相关制品品种及规格

分类	品种	规格/mm	孔洞率/%	孔型
烧结砖瓦产品	承重多孔砖或保温砖	240×115×90 240×115×115 240×180×115 240×180×90 240×240×90 216×190×90 190×190×90 180×180×90	28~35	矩形、条孔
	非承重空心砖、保温砌块、复合保温砌块	240×240×115 190×190×90 290×290×150 300×200×115 300×240×150 240×180×180 240×175×115	40~47 40~42 40 40~45 50 52 45~53	矩形孔、圆形孔
	空气砌块、复合保温砌块	190×190×190	40~50	矩形孔
	装饰板	300×300×15 300×605×15 217×1520×40 267×1520×40		
	普通砖	240×115×53		
	烧结瓦	400×240 360×220 320×320 250×250		

目前，国外烧结砖的生产主要采用真空挤出成型、人工干燥和隧道窑烧成工艺，而我国烧结砖的生产则有显著差异。国内仅有数百家企业采用了与国外较接近的先进生产工艺技术，这些企业通过引进国外技术装备并进行消化吸收，逐步实现了技术升级。然而，绝大多数企业仍在使用非真空或低真空挤出成型、自然干燥和轮窑烧成工艺，且原料制备工艺简单、粗糙，各工序主要依赖人工控制，窑炉大量余热未被充分利用。

根据行业现状，我国烧结砖企业采用的工艺大体可分为三种类型：传统工艺（非真空挤出、自然干燥、轮窑烧成）、半自动化工艺（低真空挤出、人工干燥、隧道窑烧成）和先进工艺（真空挤出、人工干燥、隧道窑烧成）。其中，传统工艺仍占较大比例，尤其是在中小型企业中；而大型企业则逐步向自动化、智能化转型。烧结砖工艺类型与企业生产规模如图 2-1 所示。

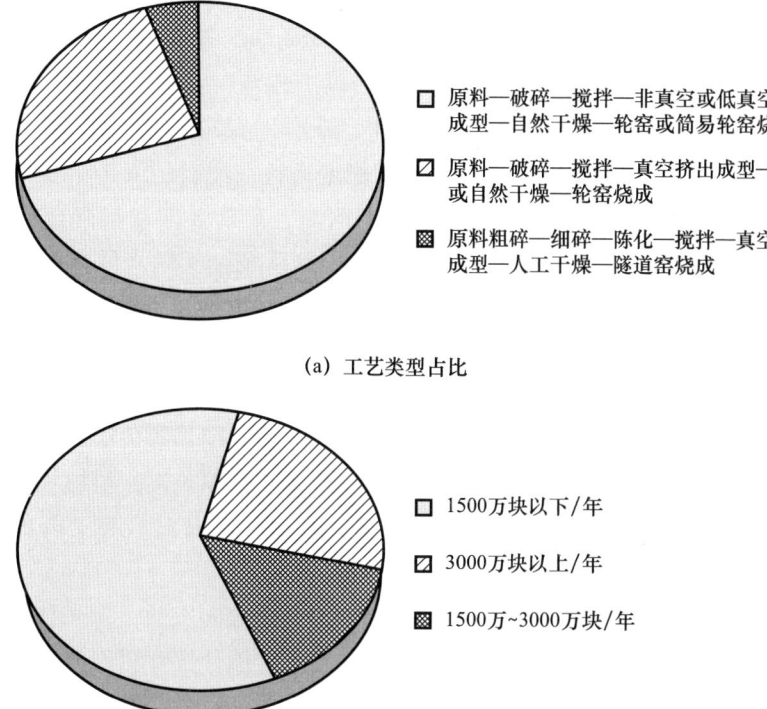

图 2-1 烧结砖工艺类型与企业生产规模

我国墙体材料装备整体上处于成长期。在引进国外先进制造技术的基础上，国内企业深入开展自主创新，不断提高技术研发水平，提升设备加工能力。目前，大型化、专业化和综合化已成为行业的主流发展方向。具体表现为以下六个方面的转化：

① 高耗能向低耗能转化：节能窑炉和余热回收技术的应用显著降低了能耗。

② 重型向轻型转化：轻质高强材料的研发和应用减少了墙体材料的质量。

③ 低强度向高强度转化：通过优化原料配比和工艺参数，提高了产品的强度。

④ 体积由小块向大块转化：大尺寸砌块和板材的应用提高了施工效率。

⑤ 原料由毁田向造田、利废、保护环境和低碳转化：利用建筑垃圾、污泥等废弃物生产墙体材料，实现了资源循环利用。

⑥ 装备由小型向大型方向转化：大型挤出机、自动化码坯系统等设备的应用提高了生产效率。

当前，烧结制品的装备技术水平提高较快。烧结高档保温隔热砌块、装饰砖、广场地砖、板材的生产应用得到了国内外用户的广泛认可，但适配其产品生产制造的成套技术和设备尚需从欧美等发达国家进口，且没有一家外商能独立完成全套生产线的成套承包式服务，用户建设风险较大。

在国内，烧结制品装备的规模化应用与技术升级呈现显著进展。中型挤出机（如 JKB60/60、50/45 型）及大型挤出机（如 JKY70/70、JKY75/75 型）已形成系列化装备体系，前者适配中等产能需求，后者单机产能可达 3000 万块/年以上，配套的真空系统技术成熟，为高密实度坯体成型提供保障。与之协同的湿式轮碾机、高速细碎对辊机、筛式圆盘给料机等预处理设备日臻完善，全自动码运装备、自动上（下）架机组系统及机械手的应用，推动成型与转运环节向少人化、精准化演进。平吊顶宽断面隧道焙烧窑（4.6m、6.9m、9.2m、10.3m 等规格）实现稳定运行，配套的人工干燥室与室式干燥室技术解决了自然干燥效率低、受气候制约的问题，窑炉热效率提升至 65% 以上，干燥合格率达 98%。大型生产线普遍集成计算机控制系统，实现从原料配比到烧成曲线的全流程数字化监控，关键参数自动调节响应时间不大于 5s，生产稳定性较传统工艺提升 40%。

机械加工能力与制造水平的提升为装备性能优化奠定基础，五轴加工中心、数控电火花机床等高精度设备在大型企业的应用，使挤出机螺杆、模具等关键部件的加工精度控制在 0.05mm 以内。专用工装与耐磨材料研究取得突破，碳化钨涂层螺杆寿命较普通螺杆延长 2 倍，高铝瓷窑车衬砖抗侵蚀性能提升 30%，国产化替代显著降低设备维护成本与依赖度。

烧结制品装备正沿大型化、自动化、专业化、成套化方向发展，未来技术攻关聚焦多元领域。针对城市建筑垃圾、污泥及工业废弃物处理，需开发专用破碎筛分装备与窑炉协同处置技术，推动固废掺配比例提升至 70% 以上，配套智能化窑炉控制系统以实现烟气成分实时调节与能耗优化；高孔洞率（>45%）烧结保温砌块的市场扩容，亟待突破大长径比螺杆设计、多级真空排气结构及高精度模具制造技术，形成从挤出成型到切割加工的成套装备解决方案；针对工业废弃物破碎装备耐用性不足、窑炉烟气治理装备性价比低等薄弱环节，需加快耐磨合金材料、低温催化技术的工程化应用，开发适配中小型企业的一体化环保设备，推动烟气排放稳定达标与设备投资成本下降 40%。这些技术的融合与突破，将构建"原料处理—成型加工—烧成控制—环保治理"的全链条智能化装备体系，助力行业实现生产效率提升 30%~50%、固废综合利用率超 70% 的目标，推动烧结制品产业向绿色化、高端化转型。

2.1.2 蒸压制品墙体材料智能制造工艺基础

蒸压制品是指以硅质材料（石英砂、粉煤灰、矿渣、尾矿砂等）和钙质材料（如石灰、水泥等）为主要原料，经加水搅拌、成型（如浇注发泡、压制等），再经高压饱和蒸汽养护（174~203℃，0.8~1.6MPa）制成的多孔或密实硅酸盐建筑制品。

蒸压工艺赋予制品的关键特性有：
① 高强度：水热合成反应生成水化硅酸钙、水化铝酸钙等致密结构。
② 高耐久性：结构致密（孔壁亦然），抗冻融、耐候性好，干缩小。

③ 尺寸稳定性好：水化反应基本完成，后期干缩小。

④ 性能均一：工业化生产，质量稳定可控。

发展蒸压制品墙体材料可保护耕地（替代黏土砖），并可大规模利用工业固废（如粉煤灰、炉渣、矿渣、尾矿、副产石膏等），缓解土地占用与环境污染问题。

1. 主要蒸压制品墙体材料品种

（1）蒸压加气混凝土（AAC）

蒸压加气混凝土是指以硅质材料（如石英砂、粉煤灰等）和钙质材料（如石灰、水泥等）为主原料，经发气、浇注成型、切割、蒸压养护制成的多孔硅酸盐混凝土制品（包括砌块、板材等）。

蒸压加气混凝土的核心性能优势为：

① 轻质性（400~800kg/m³）：降低建筑自重、结构荷载与基础造价，便于运输施工，提高抗震性。

② 优异的保温隔热性：导热系数 $\lambda = 0.10 \sim 0.20$ W/（m·K），封闭微孔结构可有效阻热传递，显著降低建筑能耗。

③ 良好的隔声性：100mm 厚墙的隔声能力为 35~40dB，200mm 厚墙可达 45~50dB。

④ 足够的抗压强度（A2.5~A7.5+）：满足非承重墙及低层承重墙要求（强度质量比高）。

⑤ 尺寸精确且施工便捷：工厂化切割（误差 ±1~±2mm），砌筑效率高（薄灰缝），墙面平整。

⑥ 优异的耐火性能（A 级不燃）：100mm 厚墙的耐火极限大于等于 4h。

⑦ 良好的可加工性：可锯、刨、钻、钉，便于管线开槽埋设。

⑧ 环保性：利用工业废料，生产能耗较低，无有害物质释放，废弃物可回收。

⑨ 吸湿调湿性：多孔结构有助于调节室内湿度。

我国 AAC 装备技术发展情况：

① 成熟度高：具备全流程自动化生产线设计制造能力；切割精度为 ±1mm（达国际先进水平）；蒸压釜余热回收普及率大于 80%。

② 智能化与自动化：PLC/DCS 控制覆盖超过 90% 新线（配料误差 ≤0.5%）；机械手脱模/码垛渗透率大于 60%，人工成本降低 40%。

③ 大型化与高效化：单线年产能达 50 万 m³（全球领先）；余热梯级利用降蒸汽能耗 25%，养护周期缩至 8~10h。

④ 绿色制造领先：固废（粉煤灰/尾矿）替代率 >70%；粉尘收集率 ≥99%，废水回用率 >95%。

⑤ 国际竞争力：占全球中高端装备市场约 35%，出口 60 多个国家和地区；主导 ISO 相关国际标准制定。

（2）蒸压砖

蒸压砖是以硅质材料（如粉煤灰、砂、尾矿、煤矸石等）和钙质材料（如石灰、水泥等）为主原料，掺加石膏和骨料，经坯料制备、压制成型、蒸压养护制成。蒸压砖的主要类型有蒸压灰砂砖和蒸压粉煤灰砖。

蒸压砖的核心性能特点是：

① 强度高且稳定：水热反应生成致密的胶凝结构（常见强度等级 MU10～MU25）。

② 耐久性好：结构致密，吸水率较低（小于 20%），抗冻性（F15、F25 等）、耐水性、耐腐蚀性（优于黏土砖）好。

③ 体积稳定性较好：干燥收缩值小（≤0.5mm/m），开裂风险较低。

④ 保温隔热性能较好：导热系数 $\lambda=0.8～1.0W/（m·K）$，优于普通黏土砖。

⑤ 防火性能好：A 级不燃。

⑥ 环保利废且节能：大量利用工业废料，免烧结，节能 50%～70%。

⑦ 外观规整且施工便捷：尺寸偏差小，与砂浆黏结性好，可砍可锯。

我国蒸压砖装备技术发展情况：

① 高度成熟与规模化：具备年产数千万至数亿块标砖的全系列大型自动化生产线。

② 核心装备国产化：高效原料处理设备；大吨位高精度全自动液压压砖机（如 1100t、1300t）；大型蒸压釜（$\phi \geq 2m$，$L \geq 30m$）配热能回收；PLC/DCS 精准控制系统。

③ 节能环保集成：余热利用（预热原料等）；自动化降耗；核心价值为可大规模消纳工业固废。

④ 适应性强且性价比高：适应不同原料配比与产品规格；国产装备性能满足要求且成本优势显著。

（3）蒸压水泥纤维板（AC 板/CCA 板）

蒸压水泥纤维板是指以水泥、硅质材料（如石英粉、硅灰等）和纤维素纤维（木质/合成纤维）为主原料，经制浆、成型、预养护、蒸压制成的硅酸盐建筑板材（现代产品无石棉）。

蒸压水泥纤维板的核心性能特点：

① 优异的物理力学性能：高强轻质（体积密度 $1.0～1.8g/cm^3$），抗弯、抗冲击、韧性好；尺寸稳定性极佳；抗冻融性好。

② 卓越的耐久性：A1 级不燃，耐火极限高；防潮耐水（吸水率低），耐腐蚀，抗虫蚁，耐候性好（室内外适用）。

③ 良好的施工性能：易于锯、钉、钻、刨、粘接；质量相对较轻，可干作业快速安装（如龙骨系统）；表面平整，装饰性强（可涂刷、贴砖、覆膜、喷涂等）。

④ 环保与安全：原料环保（无石棉），生产过程可控，使用安全（无有害物），废弃板材可回收利用。

⑤ 多功能性：广泛用于外墙挂板（幕墙/保温装饰一体板基材）、内墙隔断、吊顶、LOFT 楼层板、地板基材、防火门芯板、烟道板、家具台面板等。

我国 AC 板装备技术发展情况：

① 技术体系完整：高精度自动配料；流浆法/抄取法成型机；万吨级自动压机（20000～30000t）及高压蒸养釜（≥0.8MPa）；全自动切割/砂光/堆垛系统（精度

±0.5mm）。

② 核心优势：PLC/DCS智能控制降人工大于50%；余热回收降低能耗30%，废水回用大于95%；柔性生产（单线产能500万㎡/年，可生产厚度为4～40mm的板）；关键设备100%国产化。

③ 行业地位：装备出口30多个国家和地区，占新兴市场70%；技术达到国际先进水平，支撑我国成为全球最大的AC板生产国（年产能大于10亿㎡）。

2. 应用对比与发展趋势

在"双碳"目标与建筑节能政策的推动下，新型墙体材料应用占比突破82%（住房城乡建设部2023年数据）。蒸压加气混凝土（AAC）与蒸压砖作为黏土砖的主要替代品，应用差异显著。其中AAC在市场中占主导地位（渗透率达68%，2023年数据），主要原因有两个方面：一是核心驱动，轻质，保温性能优异，完美契合节能建筑与高层化需求；二是优势延伸，工业化施工提升装配式效率，降低结构造价（5%～10%），减少对熟练工人的依赖，固废利用率高（大于60%）符合绿色发展导向，全生命周期成本及隐性收益（减负、缩工期）更优。

蒸压砖应用收缩。蒸压砖受限于自重大（1600～1900kg/m³），其保温性能相对较弱[导热系数λ=0.8～1.0W/（m·K）]，应用逐步集中于低层承重结构。蒸压砖生产企业需向多孔砖、空心砖、复合保温砖或与AAC结合的方向转型。

AC板主要作为外墙挂板、保温装饰一体板基材、内隔断、吊顶等装饰围护材料，极少用作单一墙体。

AAC与其他墙体材料的关键性能对比见表2-2。

表2-2　AAC与其他墙体材料的关键性能对比

材料名称	干密度/（kg/m³）	导热系数/[W/（m·K）]	砌体抗压强度/MPa	干缩值/（mm/m）	抗渗性	可加工性
AAC	400～800	0.10～0.20	2.5～7.5	≤0.5	好	好
空心黏土砖	1200～1400	0.64	7.5～20.0	≤0.8	差	差
混凝土空心砌块	1200～1400	1.02	5.0～10.0	较大	差	差
蒸压砖	1600～1900	0.8～1.0	10～25	≤0.5	一般	好

3. 结论

综上所述，蒸压制品墙体材料中蒸压加气混凝土、蒸压砖、蒸压水泥纤维板产品各有优势，多以工业废料（如粉煤灰、煤矸石、炉渣等）为原料，有利于资源综合利用和固废处理，符合国家绿色环保政策导向。而蒸压砖本身自重大、保温效果相对较弱、应用中对基础要求高、抗震性能相对较差、运输成本高、不利于建筑节能等弊端逐步显现出来，不利于应用在高层建筑，应用逐步缩小至低层承重墙体材料领域，众多企业需要向生产多孔砖、空心砖、复合保温砖或与蒸压加气混凝土结合的方向转型，以提高产品附加值和节能性能。蒸压纤维水泥板主要用作外墙挂板、保温装饰一体板基板、内墙隔断、墙面吊顶等部分墙体的装饰围护材料，很少单独作为单一墙体材料使用。在工艺装备方面，蒸压砖的前端生产工艺与烧结砖相对接近，蒸压养护工艺与蒸压水泥纤维板及蒸压加气混凝土砌块的工艺有部分相似。国家大力推广建筑节能、绿色建材，蒸压加气混凝土作为轻质、保温、抗震性能优异的代表性墙体材料，符合未来建筑发展方向。因此，在本书中选取蒸压加气混凝土为典型墙体材料重点论述，而蒸压砖与蒸压水泥纤维板的相关内容不再说明。

2.1.3 非蒸非烧墙体材料智能制造工艺基础

在复合墙体材料的生产工艺过程中，往往会使用到各类金属和塑料，这类材料在墙体材料的生产使用过程中主要发生物理变化，即形态变化，而很少发生化学变化。多数情况下，生产工艺属于机械加工或热加工工艺过程。现有多种复合的墙体材料，例如，玻璃纤维水泥板、纤维水泥板复合保温板、聚苯复合保温石膏板、外保温复合墙体、模板内置保温板系统、砌体夹心保温复合墙、CL建筑体系、SW建筑体系、保温砌模现浇钢筋混凝土网格剪力墙、聚氨酯喷涂保温墙体、EPS模块外保温墙体、蜂巢轻质墙体、复合保温砖和复合保温砌块墙体、纤维水泥硅酸钙板与轻钢龙骨整体浇注轻质墙体、建筑外墙木纹披叠板复合保温墙体、现浇混凝土空心无梁楼盖、保温、隔热、隔声、屏蔽、建筑保温装饰一体化墙体材料。

非蒸非烧墙体材料的生产以物理成型与功能复合为核心，其工艺过程涵盖机械加工、热压复合、模具成型等技术，主要通过骨料级配优化、界面黏结处理及多层结构设计，赋予墙体保温、隔热、隔声等多元性能。这类材料包括石膏基制品、纤维增强复合板材、装配式模块化墙体等，生产中较少涉及高温烧结或蒸压养护的化学变化，而是依赖原料混合、模具成型、自然干燥或低温固化等物理过程，具有生产周期短（通常≤24h）、能耗低（仅为烧结工艺的1/10～1/5）、适配工业化建造的显著优势。例如，石膏砌块以建筑石膏或脱硫石膏为原料，经配料搅拌（水膏比0.6～0.8）、立模成型（单次成型12～15块）、自然干燥（含水率≤5%）制成，生产中通过添加玻璃纤维（掺量1%～3%）提升抗折强度（≥3.5MPa），并通过控制干燥曲线（升温速率≤5℃/h）将收缩值控制在≤0.3mm/m，以避免墙体开裂；纤维水泥复合保温板则采用"两浆一芯"热压工艺，外层纤维水泥防护层（厚度10～15mm，抗压强度≥15MPa）与中间EPS保温芯材经0.5～1.0MPa压力复合，层间黏结强度≥0.15MPa，抗冲击性能较单一材料提升3倍，适用于外墙外保温系统。

在装备技术方面，非蒸非烧墙体材料生产线正朝自动化、精密化方向发展。石膏砌块成型装备如山东运来全自动机组，配备智能配料系统（计量误差≤0.3%）与液压顶升脱模技术，单次成型效率提升至2min/批次，成品合格率≥98%；复合墙板生产采用成组立模振动线（如国产化EBAWE装备），伺服电机驱动振动系统（频率20～100Hz可调）确保坯体密实度均匀（密度变异系数≤5%），配套数控切割机实现±1mm精度的定长截断；智能化检测环节引入视觉机器人（分辨率12μm/pixel），可自动识别0.2mm以上的表面缺陷，检测效率达200块/h。然而，该领域仍面临技术瓶颈：工业副产石膏中氯离子（须≤0.01%）、有机物等杂质易导致制品泛霜和强度衰减，需依赖磁选除铁、水洗脱氯等预处理技术；有机-无机复合界面因热膨胀系数差异（如EPS与水泥基材料相差5倍）易开裂，需通过界面粗糙处理（拉毛深度0.5~1.0mm）和功能砂浆过渡层（弹性模量≤10GPa）提升黏结强度；此外，产品规格与装配式建筑模数的兼容性不足（如石膏砌块规格达12种），亟待建立以100mm为基准的模块化设计体系，推动生产线多规格快速切换（切换时间≤15min）。

未来，非蒸非烧墙体材料工艺将聚焦低碳化、功能集成化与生产智能化：通过免胶复合技术（机械锁扣替代胶黏剂，碳排放降低20%）和固废高掺量配方（脱硫石膏掺量≥90%）实现绿色制造；融合相变储能材料（潜热≥150kJ/kg）开发智能调温墙板，满足建筑室内温度波动≤3℃的舒适需求；借助数字孪生技术实时模拟原料流变性与模具填充过程，将工艺调试时间缩短50%，推动从"经验驱动"向"数据驱动"转型。这类材料凭借生产能耗低、施工效率高（干法作业较湿法作业快3倍）的优势，正成为建筑工业化的核心载体，其技术突破将加速墙体材料产业从单一结构材料向多功能集成部品的升级，助力绿色建筑与循环经济目标的实现。

2.2 墙体材料智能制造技术基础

2.2.1 数字化：提升墙体材料生产精度与效率

数字化制造是智能制造的第一个基本范式，也称为第一代智能制造。20世纪50年代，以数字化为主要特征的信息技术开始应用于制造业，逐步推动制造业由自动化向数字化转变。数字化制造的整个过程是在数字化技术和制造技术融合的背景下，依靠虚拟现实、计算机网络、快速原型、数据库和多媒体等支撑技术，根据用户的需求，对产品信息、工艺信息和资源信息进行数字化描述、分析、决策和控制，进而快速生产出满足用户要求的产品。

数字化制造的主要特征表现为：

① 在产品方面，数字技术在产品中得到广泛应用，形成以数控机床等为代表的"数字一代"产品。

② 在制造方面，大量应用数字化装备、数字化设计和数字化建模与仿真，同时辅以信息化管理手段。

③ 集成优化：生成过程通过信息化管理和网络互联，实现各环节和系统的高度集成与优化。

自20世纪80年代以来，我国企业逐步推广数字化制造技术，涵盖设计、制造和管理过程的数字化改造，引入数字化控制系统和制造装备，推进企业信息化进程。例如，在墙体材料行业，数字化生产线、车间和工厂陆续建成，标志着我国数字化制造进入快速发展阶段。

数字化设计与仿真是智能制造的基础环节。它通过计算机辅助技术、系统集成技术等手段，使企业从依靠资源要素竞争向依靠创新能力竞争的方向转变。数字化设计与仿真技术的核心在于通过数学建模和仿真方法，实现产品开发全过程的数字化。在墙体材料行业，这一技术已广泛应用于原料配比优化、烧结过程模拟、产品性能预测等方面，显著提高了生产效率和产品质量。

数字化设计与仿真的应用主要包括企业计算机辅助设计、数字化仿真及其相应文档的设计，其核心在于支持企业的产品开发全过程、创新设计、相关数据管理和开发流程优化等。归纳起来就是：产品建立模块是基础，优化设计是主题，数据化技术是工具，数据管理是核心。

现代数字化设计一般需要经过设计仿真分析—结果评估—优化设计等步骤。在墙体材料行业中，设计师可以通过仿真分析评估原料配比、烧结温度等工艺参数的合理性，并根据仿真结果进行优化设计，以提高产品质量和生产效率。

如图2-2所示，在模具开发过程中，用户通过"模具报价方法"进行"模具报价或签订订货合同"，此环节依托"用户信息""事例库""报价参数"三个数据模块。完成后进入"编制模具进度计划"，并衔接至右侧的"模具并行设计流程"，该流程包含"工艺设计""结构设计""详细设计""模具加工"等环节，且各环节间通过"不断协调"确保模具设计的准确性与可行性。

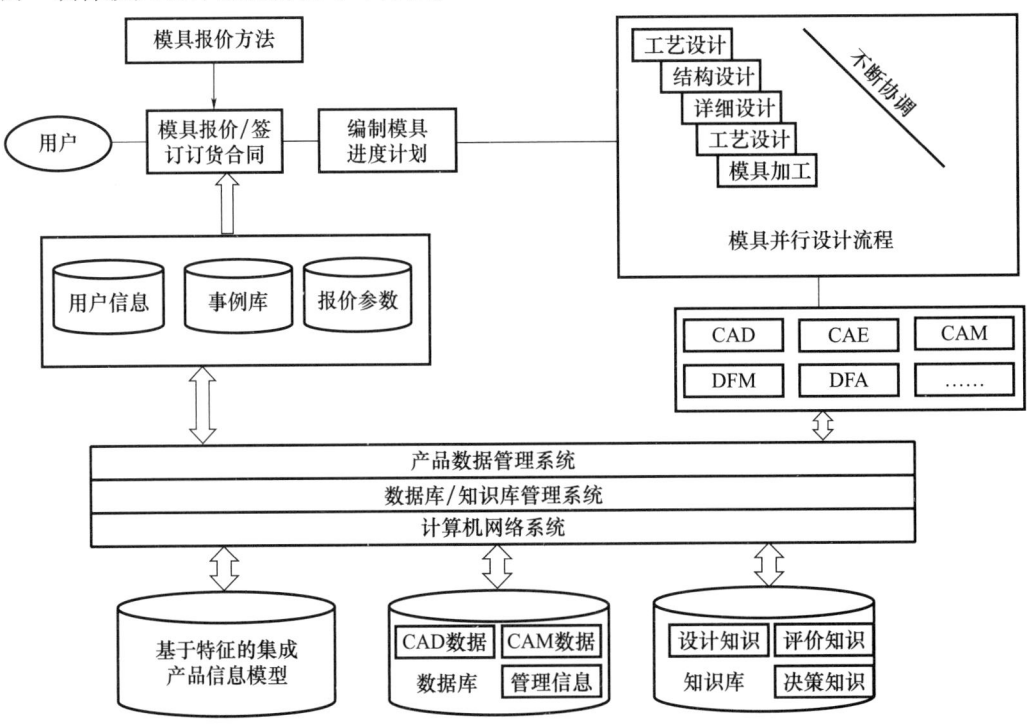

图 2-2　并行工程管理系统在产品开发过程中的应用

"产品数据管理系统"借助"数据库/知识库管理系统"和"计算机网络系统",连接多个关键数据模块。左侧是"基于特征的集成产品信息模型",中间是含"CAD数据""CAM数据""管理信息"的数据库,右侧是储存"设计知识""评价知识""决策知识"的"知识库"。这些数据模块与上方的"CAD""CAE""CAM""DFM""DFA"等技术工具相连,形成从数据支持到技术应用的完整链条,确保模具设计与制造的高效运行。该图清晰呈现了模具开发从报价、计划编制到并行设计,再到依托数据管理与技术工具实现开发的全过程,体现了现代模具开发中信息与流程的高度集成,有助于理解模具开发的系统化运作机制。

随着计算机在制造型企业中的普及,计算机辅助工艺过程设计(CAPP)的应用逐渐成为可能。CAPP不仅为提高工艺文件的质量和一致性提供了强大支持,还显著缩短了生产准备周期。通过将烦琐的工艺设计从手工模式转变为依靠计算机辅助的模式,企业能够将广大工艺技术人员从重复性劳动中解放出来,转向更高价值的创新工作。这种技术的必要性已被越来越多企业认可,尤其是在竞争日益激烈的市场环境中,选取适合企业自身生产与管理环境的CAPP系统显得尤为重要。合理部署CAPP系统,不仅能够充分发挥其在工艺优化中的优越性,还能为企业后续数据的集成化管理奠定良好基础。

在墙体材料行业中,CAPP的核心是借助计算机软硬件和支撑环境,通过数值计算、逻辑推理和智能判断,优化原料配比、烧结工艺参数等关键工艺过程。传统手工工艺设计存在效率低、质量不稳定且难以优化的难题,在CAPP系统中得到了显著改善。这种系统能够快速生成优化的工艺方案,不仅提升了生产效率,还通过科学的工艺路线设计降低了生产成本。

在当今制造环境下,企业正从传统的大规模生产模式向定制模式转型。快速化和个性化生产需求促使企业在CAPP系统的基础上,通过产品数据管理系统(PDM)实现跨部门、跨流程的统一管理。此外,企业还需要基于订单驱动,通过与ERP系统集成,将管理与生产信息无缝衔接。制造过程管理作为产品形成的关键环节,贯穿了计划、设计、制造和管理的全过程,对产品质量、上市时间以及生产成本起着决定性作用。它能够协调复杂的工艺信息,确保生产的高效性和一致性。

制造过程管理覆盖规划和工程两个阶段。在规划阶段,CAPP系统通过工艺计划工具、仿真优化工具和质量控制工具,为生产过程制定详细的技术方案。而在工程阶段,企业则可以通过与CAD、PDM、ERP等系统的集成,实现工艺数据的统一监控和高效管理。利用这些技术,企业不仅能够优化工艺设计,还能显著提升生产的灵活性和响应速度。

另外,自动化控制系统(如挤出机、窑炉控制系统)是现代墙体材料制造的重要组成部分,其硬件和软件部分协同工作,为企业实现高精度自动化生产提供了技术支持。这些系统的核心是计算机控制装置,能够通过合理配置系统软件和硬件,精确处理输入、数据运算、插补以及输出信息。这种灵活性使得自动化控制系统可以通过更新控制软件,轻松适应不同生产需求,从而帮助企业生产出高质量的墙体材料产品。

图 2-3 展示了机床计算机数控系统的工作架构。计算机数控系统是核心,处理并存储加工指令,以数字化精确控制加工,依据程序指令计算各轴参数。控制面板是人机交互界面,将操作意图转化为电信号。输入输出装置实现与外部的数据传输。

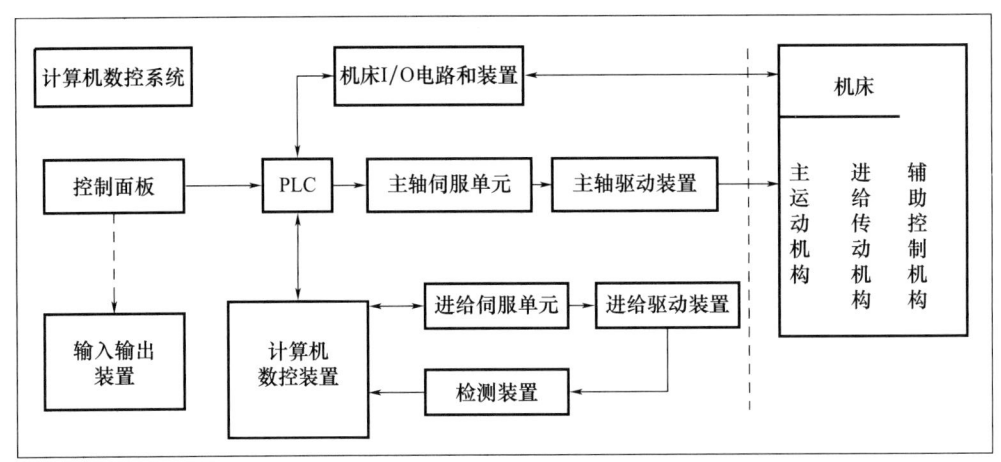

图 2-3　机床计算机数控系统的工作架构

PLC 进行逻辑控制与信号转换,接收信号并处理后,向主轴伺服单元等发送指令,协调各部分工作。计算机数控装置细化指令,确保准确传达。

主轴伺服单元与驱动装置控制主轴,满足不同加工工艺对转速、转向等的要求;进给伺服单元与驱动装置控制进给轴,按预定轨迹和速度运动,检测装置反馈信息形成闭环控制,保证精度。机床 I/O 电路和装置实现信号转换与传输,保障机床协同运行。

机床执行机构包括主运动机构(负责切削)、进给传动机构(实现进给)和辅助控制机构(涵盖冷却、润滑等),它们在数控系统和 PLC 控制下运作,保障机床运行与加工质量。

制造执行系统(MES)是 20 世纪 90 年代由美国管理界提出的概念,旨在优化从订单下达到产品完成的全过程管理。MES 通过高效的信息传递和实时响应能力,可及时处理生产中发生的事件,减少非增值活动,提升企业的按时交货能力和物料流通效率。在墙体材料行业中,MES 的模块化设计包括订单管理、物料管理、过程管理、生产排程、质量控制、设备管理等,这些模块协同工作,为企业提供精准的生产监控和操作指导,从而提高生产回报率并优化资源利用。

企业资源计划(ERP)是以供应链管理为核心的一套企业管理系统。ERP 整合了企业管理理念、业务流程、基础数据及信息技术,支持企业对人、财、物、信息、时间和空间等资源的综合平衡与优化管理。在墙体材料行业中,ERP 系统主要用于生产计划的制订和物料需求计划的优化。例如,ERP 系统可以根据市场需求和客户订单,制订生产计划并自动计算所需的物料数量,确保物料及时到位,避免生产延误和库存短缺。

数字化是智能制造在墙体材料生产领域的基础和关键。通过实时采集和管理生产数据，数字化技术显著提升了生产的精准性和效率。数字孪生技术作为一种先进工具，通过虚拟模型与实际生产系统的实时同步，进行生产工艺的模拟与优化，减少了试错成本和中断风险。这种技术支持企业在生产前进行详细的分析与预测，并在生产中动态调整，进一步提高资源利用效率。

数字化管理覆盖了墙体材料从原材料供应到成品交付的全流程。例如，在烧结类墙体材料生产中，数字化管理系统实时监控窑炉温度和气氛，自动调整生产策略以确保烧结质量；而在蒸压加气混凝土生产中，系统优化发泡比例和蒸养条件，提高生产效率和一致性。通过集成生产计划、设备运行和质量检测等多维数据，企业实现了全面的生产可视化和优化，降低成本的同时提升了产品质量。

数据采集与实时监控是数字化的核心，生产线通过传感器实时获取关键参数数据（如温度、压力、湿度等），并传输至中央控制系统进行分析。这种实时反馈机制确保了生产的稳定性和一致性。例如，在非蒸非烧墙体材料的生产中，数字化监控可跟踪原材料配比和压制力，确保产品质量达到预期标准。这些数据还可用于生产趋势分析和设备维护，优化生产工艺并减少停机时间。

综上所述，伺服系统、MES、ERP 与数字化技术共同构成了现代制造企业的关键支柱。通过数字孪生和实时监控技术的加持，墙体材料生产实现了智能化、精准化和高效化，满足了建筑行业对高品质、高效率生产的需求，同时为企业在市场竞争中赢得了更多主动权。

2.2.2 网络化：连接与优化墙体材料生产链

网络化制造是智能制造的第二种基本范式，也可称为"互联网＋制造"，或第二代智能制造，对应于国际上推行的智能制造。20 世纪 90 年代末以来，互联网技术逐步成熟，我国"互联网＋"推动互联网和制造业深度融合，人、流程、数据和事物等过去相互孤立的节点被网络连接起来。通过企业内、企业间的协同，以及各种社会资源的集成与优化，"互联网＋制造"重塑了制造业的价值链，推动制造业从数字化向数字化网络化的阶段转变。网络化制造在墙体材料行业中的应用尤为关键，它是提高生产效率、降低能耗以及优化生产流程的重要手段。

1. 网络化制造在墙体材料行业的五个基本特征

（1）跨越地理空间的限制

① 特征描述：网络化制造利用互联网技术，打破了传统墙体材料生产企业之间的地理空间限制。企业可以通过网络实现远程协作，共同开发新产品、分享生产技术和市场信息，不再受地域限制。

② 行业应用：墙体材料行业企业众多，分布广泛。网络化制造使得企业能够跨越地域，与上下游供应商、客户建立紧密的合作关系，提高供应链的整体效率。

（2）信息集成与共享

① 特征描述：网络化制造强调企业间的信息集成与共享，通过统一的信息平台，

实现产品设计、制造、销售等各个环节的信息流通。

②行业应用：墙体材料行业涉及原材料供应、生产、加工、销售等多个环节。网络化制造可以帮助企业整合各个环节的信息资源，提高信息的透明度和准确性，优化生产流程，降低库存成本。

（3）协同设计与制造

①特征描述：网络化制造支持企业间的协同设计与制造，通过网络平台，实现设计数据的共享和制造过程的协同。

②行业应用：墙体材料行业的产品种类繁多，设计复杂。网络化制造使得企业能够与客户、供应商共同参与产品设计，快速响应市场需求，缩短产品开发周期。同时，通过网络化制造，企业可以实现生产过程的远程监控和管理，提高生产效率和产品质量。

（4）资源优化配置

①特征描述：网络化制造有助于企业优化资源配置，提高资源利用效率。通过网络平台，企业可以实现制造资源的共享和动态调配。

②行业应用：墙体材料行业需要大量的原材料和能源。网络化制造可以帮助企业整合行业内的资源，实现原材料和能源的集中采购和供应，降低采购成本。同时，通过网络化制造，企业还可以实现设备的远程监控和维护，提高设备的利用率和可靠性。

（5）个性化定制与服务

①特征描述：网络化制造支持客户参与产品的设计和制造过程，实现个性化定制和服务。

②行业应用：随着消费者对居住环境要求的提高，墙体材料行业也面临着个性化定制的需求。网络化制造使得企业能够与客户建立直接的联系，了解客户的需求和偏好，提供定制化的产品和服务。

2. 网络化制造系统的四层体系结构

网络化制造系统总体上可以分为两个部分：企业用户以及支持它的网络化制造集成平台。网络化制造集成平台是一个基于网络先进信息技术的企业间协同支撑环境，如图2-4所示。网络化制造系统通过提供基础协议、公共服务、模型库管理、使能工具和系统管理等功能，实现了大范围异构分布环境下的企业间协同。它为企业间信息集成、过程集成和资源共享提供了透明、一致的信息访问与应用互操作手段，从而方便实现不同企业的人员、应用软件系统和制造资源的集成，最终形成具有特定功能的网络化制造系统。网络化制造集成平台又可以分为三层，自底向上分别是基础层、应用与使能工具层、网络化制造应用系统层。因此，网络化制造系统的体系结构一共分四层，各个层次的功能依次如下：

网络化技术作为墙体材料智能制造技术的核心，正显著提升行业生产效率、降低能耗并优化生产流程。企业与设备之间的网络互联借助高速、稳定的网络环境，实现了生产设备的实时数据传输和监控，打破了孤立的生产模式，增强了设备协调性，使生产环节更加紧密衔接，从而大幅提升了整体生产效率。

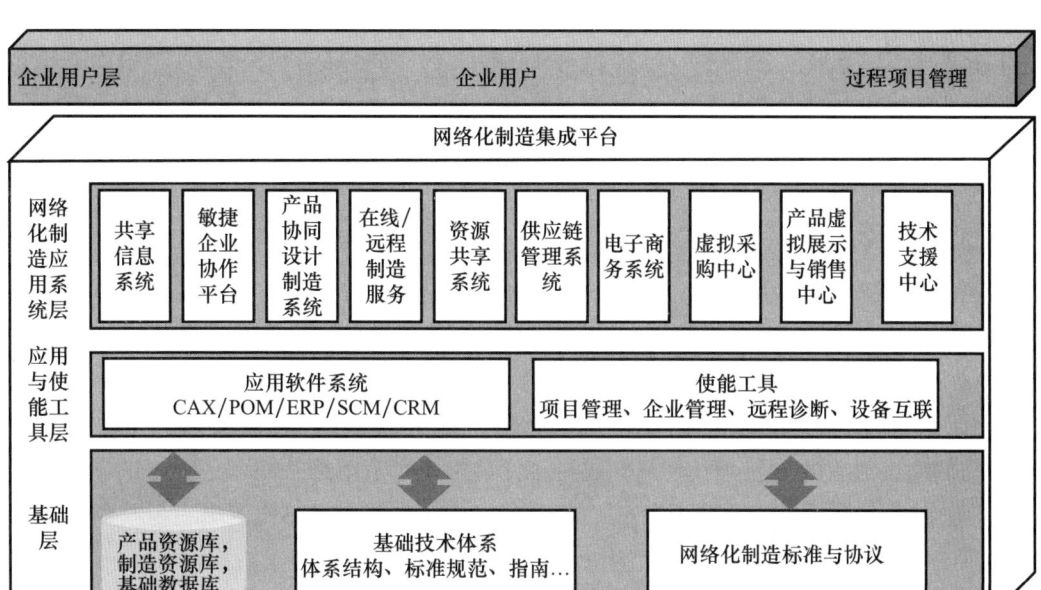

图 2-4 网络化制造的系统体系结构

工业物联网（IIoT）在墙体材料智能制造中的深度应用，进一步提升了行业的智能化水平。通过在关键设备上安装传感器和数据采集系统，并实现联网，企业能够实时监测设备和生产线的状态，精准控制生产过程中的温度、湿度、压力等关键参数，提高产品质量，减少资源浪费。同时，IIoT 技术还能预测设备维护需求，避免突发故障，保障生产的连续性和安全性。

此外，云端监控与协同制造技术的引入，使墙体材料企业的管理和决策更加智能和灵活。设备数据上传至云端平台后，企业能够进行远程监控和管理，实现多工厂、多地点的协同制造。通过云计算和大数据分析，企业能够快速做出决策和调整，例如实时反馈生产线状态、设备运行状况以及生产中的异常问题，管理者可据此进行精细化调整，进一步提高生产效率，降低运营成本。

网络化技术在墙体材料智能制造中的应用，不仅推动了生产过程的智能化，还为企业提供了更高效、透明和可持续的管理手段。在网络互联、IIoT 技术深入应用以及云端监控与协同制造的共同作用下，墙体材料行业正逐步迈向更加智能化、精细化的生产模式，推动行业的持续发展与升级。

2.2.3 智能化：推动行业升级与未来工厂

墙体材料智能制造技术是将数字孪生、物联网、工业大数据与新型建材工艺深度集成，应用于原料配比、成型养护、质量检测和绿色回收全流程的先进制造模式。作为建筑工业 4.0 的核心组成部分，该技术体系通过三维建模、虚拟仿真等手段革新传统建材生产方式，实现了从粗放型生产向数字化制造的跨越式转型。

在新型墙体材料领域，智能制造系统深度融合了原料感应器网络、智能压制成型装备和视觉检测机器人等创新技术。通过部署在生产线上的传感器节点，实时采集蒸压加气混凝土参数，结合机器学习算法动态优化蒸养窑的温湿度曲线，显著提升了成品率和能源利用效率。在装配式建筑构件车间，基于模型的智能排版系统大幅降低了材料切割损耗，提升了材料利用率。

国内领先企业依托工业互联网已构建墙体材料生产数字孪生系统，实现从原料进厂到成品出库的全要素数字化管控。通过部署智能仓储和机器视觉技术，企业显著提升了产品周转效率和质检准确率，推动了行业整体能耗的下降和定制化响应能力的提升。

在"双碳"目标驱动下，墙体材料智能制造正呈现新的突破方向：一是基于深度学习的固废资源化利用系统，提升了建筑垃圾的掺兑比例并保证了产品强度；二是开发适应超低能耗建筑的智能调温砌块，通过相变材料技术实现热工性能的动态调节；三是建立墙体材料产品全生命周期碳足迹追踪平台，运用区块链技术构建绿色建材的可信认证体系。

当前，墙体材料行业的智能制造正在快速推进，培育出一批国家级智能制造示范工厂。随着相关政策的深入实施，未来将建成更多智能生产线，推动工业固废综合利用率的提升，助力建筑领域的节能减排。这种制造范式变革不仅重构了从原料制备到施工应用的价值链，更催生出智能保温一体化系统、自修复生态墙板等新产品形态，正在重塑绿色建筑产业格局。

墙体材料智能制造技术通过深度融合数控技术与新型建材工艺，实现了从原料制备到成品加工的全流程智能化升级。在蒸压加气混凝土、装配式 ALC 墙板等核心产品生产中，基于数控系统的精密控制模块已成为保障产品几何精度与物理性能的关键技术支撑，推动传统粗放式生产向数字化、柔性化方向转型。

在墙体材料生产场景中，数控技术的应用主要体现在三个维度：一是通过多轴联动数控成型装备，实现异型保温砌块的复杂曲面加工，例如采用五轴数控切割系统对发泡水泥板材进行三维轮廓雕刻，加工误差控制在 0.1mm 以内；二是构建智能压机群控系统，通过矢量控制算法动态调节液压成型参数，使蒸养砌块抗压强度标准差降低 40%；三是开发嵌入式数控单元，将激光测距、温湿度传感等数据实时接入生产线数字孪生系统，实现工艺参数的闭环优化。

以蒸压加气混凝土（AAC）智能生产线为例，其核心数控系统融合了高响应矢量控制（HRV）技术：精确调节伺服电机的转矩与转速，使 6m 长蒸养窑的轨道输送速度波动率低于 0.5%，确保砌块在恒温恒湿环境中完成充分养护；配备的旋转编码器以每转百万级脉冲的分辨率实时反馈模具定位数据，配合智能纠偏系统自动补偿设备机械间隙，使墙板尺寸合格率提升至 99.6%。这种高精度控制能力，使得单条生产线可同时兼容 12 种规格墙板的生产切换，材料利用率较传统模式提升了 35%。

在新型墙体材料智能制造体系中，数控技术正朝三个方向深化发展：一是工艺复合化，如将数控切割、表面处理与质量检测等集成于工作站，实现"切割—修整—质检"全流程无人化操作；二是网络化协同，通过 5G-MEC 边缘计算平台连接分布式数控单元,构建跨工序的智能决策系统;三是知识嵌入化,将工艺专家的经验转化为数字控制参数库,例如针对相变储能砌块开发的自适应温控算法,能根据环境数据动态调整材料微结构成型参数。

当前,数控技术与工业互联网、机器视觉的深度融合,正在重构墙体材料制造的价值链。某智能工厂通过部署数控驱动的柔性生产线,使定制化隔墙系统的交付周期从15d缩短至72h,同时实现废料再生利用率达92%。随着《建材工业数控系统互联互通标准》的落地实施,未来将形成覆盖原料制备、成型养护、仓储物流的数控技术矩阵,推动墙体材料行业向"零缺陷制造、零库存管理、零距离服务"的智能制造新模式演进。

1. 自适应技术

自适应技术,凭借其根据用户或环境需求变化自动调整特性或功能的智能化能力,在墙体材料智能制造领域展现出巨大潜力。在墙体材料的智能化生产过程中,自适应技术能够助力机器人和设备实现更高的柔性、精度和效率,有效应对复杂多变的制造环境和任务挑战。其中,自适应控制技术作为智能制造中的核心技术之一,占据了举足轻重的地位。如图 2-5 所示,自适应控制能够根据被控对象或扰动的变化,自动调整控制器参数或结构,使系统的性能达到最优或次优。这种控制技术不仅提升了系统的稳定性、鲁棒性和适应性,还特别适用于墙体材料制造中的非线性、时变、不确定或难以建模的环节。

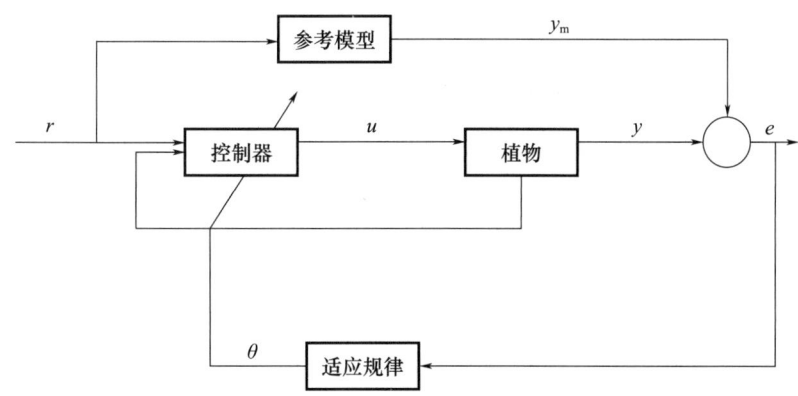

图 2-5 自适应控制的参考模型

尽管自适应控制在航空航天等高端领域已有成熟的应用,并在光学跟踪望远镜、化工、冶金和机械加工等领域取得成功,但其在墙体材料实际生产中的应用尚属罕见。这表明,自适应技术在墙体材料智能制造领域还具有巨大的应用潜力和发展空间。目前,墙体材料智能制造中较为流行的是自适应循环控制(ACC)系统。该系统专门针对墙体材料生产中的车、钻、磨和电等加工处理环节,实现自动化的精准控制。其主要作用是对工业制造、切削、磨合和电火花等方面进行自动加工处理,显著提高了生产效率和产品质量。然而,ACC 系统由于在加工处理过程中受到多种因素影响,创建精准模型较为困难。这就要求我们深入分析和研究收集到的相关信息数据，以确保自适应技术在墙体材料智能制造中的有效应用和持续优化。随着技术的不断进步和应用的深入，自适应技术有望在墙体材料智能制造领域发挥更大的作用，推动行业向更高水平发展。

2. 神经元网络技术

神经元网络技术，作为一种模拟人脑神经突触网络处理复杂问题能力的先进技术，其灵感源自大脑的结构与运行机制。在墙体材料智能制造领域，这种技术凭借其强大的计算和自学习能力，为智能化生产提供了坚实的技术支持。通过问题的分析与解决、故障诊断以及自主学习等能力，人工神经网络在墙体材料智能制造中展现出显著的优势。

在墙体材料智能制造中，神经元网络技术主要应用于以下领域，并发挥着重要作用：

① 智能设计：利用神经元网络技术，可实现墙体材料设计的快速优化和仿真。通过分析历史设计数据和参数，神经网络能够生成优化设计方案，显著缩短设计周期，提高设计质量。

② 智能控制：在生产墙体材料的过程中，神经元网络技术支持实时监测、调节与优化。例如，通过神经网络模型动态控制生产线中的复杂变量，提升生产过程的稳定性和效率。

③ 智能检测：借助神经元网络技术，对墙体材料产品进行自动检测、识别和分类，大幅提高检测精度和速度。该技术能够分析复杂数据模式，发现潜在缺陷，实现质量控制的智能化。

④ 智能维护：神经元网络技术还可用于墙体材料生产设备的故障诊断、状态预测和预防性维护。通过分析设备运行数据，神经网络能够预警潜在问题，延长设备使用寿命，提升生产的可靠性和稳定性。

尽管神经元网络技术在墙体材料智能制造中取得了显著成效，但仍有改进空间。例如，需进一步优化神经网络模型的训练效率，增强其对复杂墙体材料制造系统的适应性。此外，结合大数据分析与机器学习技术，可开发更加精准的设备和产品性能预测评估方法，实现对墙体材料制造质量的全面监控与优化。

展望未来，神经元网络技术在墙体材料智能制造领域的应用前景广阔。通过将人工智能融入墙体材料生产的全生命周期管理，可在设计、生产、运行、维护等各阶段发挥重要作用，全面提升智能化墙体材料制造系统的技术水平。借助神经网络对大数据的分析能力，结合数据挖掘与机器学习，墙体材料制造企业将能够实现对产品质量、设备性能的智能预测与实时监控，为墙体材料智能制造的进一步发展奠定坚实基础。

3. 云计算

云计算，作为一种先进的分布式计算模式，通过庞大的网络"云"将复杂的墙体材料制造数据处理程序分解为众多细小任务，随后利用由多部服务器构成的强大系统对这些任务进行高效处理和分析。如图2-6所示，云计算从早期的简单分布式计算，即网格计算，逐渐演进，如今已能够实现对海量数据的快速处理，为墙体材料智能制造提供了强大的网络服务支持。

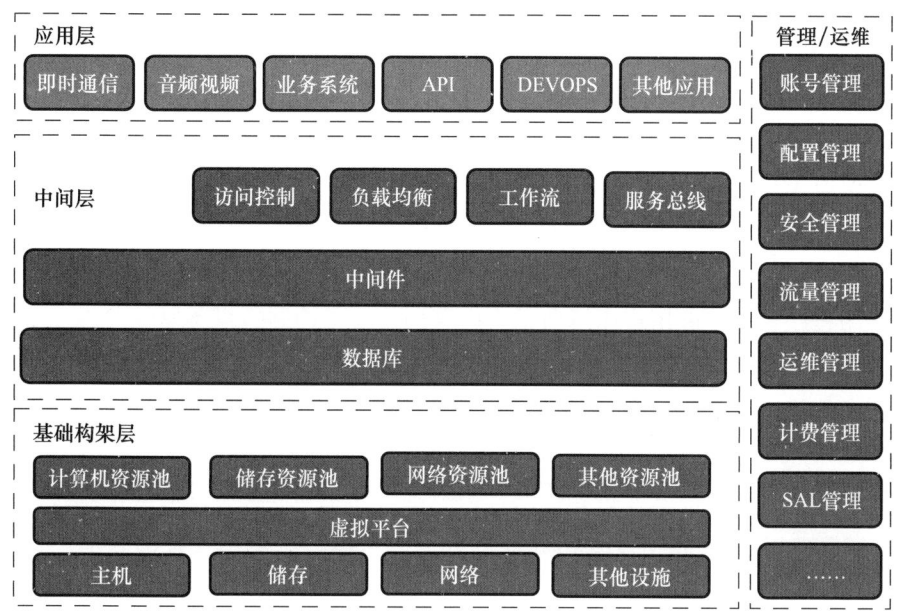

图 2-6　云计算架构

在墙体材料智能制造领域，云计算发挥着举足轻重的作用。它基于互联网，为墙体材料制造提供了动态、易扩展且通常虚拟化的资源服务。通过这片"云"网络，各种制造设备、传感器、控制系统以及管理平台实现了无缝对接和互联互通。例如，墙体材料生产线的实时数据监控、远程设备故障诊断、生产流程的优化调整等，都可通过云计算得以实现。

此外，云计算还为墙体材料智能制造提供了强大的后台支持。这个由一个或多个超级计算机，或分布各地的普通计算机集群组成的云端后台，拥有超强的存储和运算能力。它能够处理和分析海量数据，为墙体材料制造提供精准的预测、高效的决策和智能的控制。

具体应用场景包括：利用云计算备份和分析墙体材料生产数据，远程监控和调节生产设备，实现疾病诊疗线上联合会诊与墙体材料制造环境的健康管理，以及移动办公和云端海量数据的运算处理等。这些应用不仅提升了墙体材料制造的智能化水平，还大大提高了生产效率和质量。

按照服务商提供云服务的资源所在层次，云计算在墙体材料智能制造领域同样可分为基础设施即服务（IaaS）、平台即服务（PaaS）和软件即服务（SaaS）三个层面。

（1）基础设施即服务（IaaS）在墙体材料制造中的应用

在这一层面，云服务向墙体材料制造企业提供处理、存储、网络等基础计算资源。企业可以在云基础设施上运行各种制造软件，包括生产管理系统和自动化控制程序。虽然企业不能直接管理底层的云基础设施，但可以完全控制操作系统、存储以及发布的应用程序，并有限度地控制网络组件。这为墙体材料制造提供了灵活、可扩展的计算资源基础。

（2）平台即服务（PaaS）在墙体材料制造中的应用

PaaS 为墙体材料制造企业提供开发、测试和部署应用程序的平台。企业可以使用云供应商支持的开发语言和工具，开发出针对墙体材料制造的专业应用程序，并发布到云基础设施上。虽然企业无法管理底层的云基础设施，但可以控制应用程序的运行环境配置，确保应用程序的高效运行。

（3）软件即服务（SaaS）在墙体材料制造中的应用

在 SaaS 层面，墙体材料制造企业可以直接使用由服务商提供的、运行在云基础设施上的应用程序。这些应用程序涵盖了生产管理、质量控制、设备监控等多个方面，可通过各种客户端设备进行访问。企业无需关心底层的基础架构管理，只需专注于应用程序的使用和配置。

① 大数据分析：利用云计算的海量存储和高性能计算能力，对墙体材料生产过程中的多源异构数据进行深入分析和挖掘，揭示生产优化和成本降低的潜在机会。

② 高性能计算：通过云计算的弹性计算资源，执行复杂的墙体材料结构模拟、工艺优化和图形渲染等任务，加速新产品研发和上市进程。

③ 应对突发需求：利用云计算的自动扩缩容能力，应对墙体材料市场需求的突发变化，确保生产线的稳定运行和产品供应的及时性。

④ 云制造模式：借助互联网和物联网技术，将分散的墙体材料制造资源和能力整合为可按需租赁的制造服务，实现制造资源的优化配置和高效利用。其他应用场景还包括：利用云存储技术实现海量生产数据的安全存储、通过云安全技术保障制造系统的网络安全、借助云会议平台开展远程协作和沟通，以及运用云教育系统进行员工培训和技能提升等。

通过这三个层面的云计算应用，墙体材料智能制造技术得以实现更高效、更灵活、更智能的生产模式，推动墙体材料行业持续创新和发展。

云计算与大数据在墙体材料智能制造中呈现出相辅相成、相得益彰的关系。云计算作为强大的计算平台，为大数据的挖掘和处理提供了必要的支撑，而大数据所蕴含的价值和规律则进一步优化了云计算在墙体材料行业中的应用，推动了智能制造的深入发展。

随着墙体材料行业智能化转型的推进，智能生产线和自动化设备的应用已成为企业智能化程度的重要标志。通过引入自动配料系统、智能成型和切割设备、自动码垛和搬运机器人等先进设备，生产过程中的人为干预被降至最低，精准的数据控制确保了产品质量的稳定性。例如，自动化设备能够精确控制原材料配比，优化成型和固化过程，显著降低废品率，提升生产效率。

在这一基础上，人工智能技术的融入也进一步推动了墙体材料行业的转型升级。AI 不仅用于工艺控制，还通过深度学习等智能算法对整个生产流程进行优化。在墙体材料生产中，AI 系统可以分析大规模生产数据，识别关键变量，并实时调整生产参数，如根据窑炉内的温度和湿度变化自动优化烧结过程，确保材料的强度和稳定性。此外，AI的辅助还使设备维护更具前瞻性，有效延长设备使用寿命，减少停工时间。

展望未来，"未来工厂"概念在墙体材料行业中逐步落地，柔性生产与自主决策成为核心。柔性生产线能够根据不同材料和产品规格的需求灵活调整工艺流程，满足多样化的建筑项目需求，并快速响应市场变化。同时，自主决策系统结合物联网和AI技术，通过实时监测生产数据自动调整生产计划并进行资源配置，如根据市场需求预测并灵活安排原材料采购和生产节奏，以最大化提高资源利用率和产能。

然而，墙体材料企业在推进智能制造过程中也面临诸多挑战：智能设备和技术的初期投资较大，部分企业可能在短期内难以看到明显回报；同时，操作和维护智能设备需要高水平的技术人员，人才短缺成为行业普遍面临的难题。尽管如此，智能制造仍为墙体材料行业带来了巨大机遇：通过降低能耗、减少人工依赖和提高生产效率，企业能够有效提升市场竞争力，推动绿色建筑和可持续发展目标的实现。

3 墙体材料智能制造系统构成体系

3.1 墙体材料智能化工厂

3.1.1 墙体材料智能工厂系统架构

近年来,全球各主要经济体都在大力推进制造业的复兴。在工业4.0、工业互联网、物联网、云计算等热潮下,众多企业开展智能工厂建设。智能工厂以数字化工厂为基础,通过工程技术维度、生产制造维度、生产供应及销售维度,使用核心制造执行系统(MES)驱动实现。

在工程技术维度,数字孪生技术已成为智能工厂优化生产流程的关键利器。工程师借助虚拟环境对生产设备进行全方位设计与调试,能提前洞察潜在问题并加以解决,有效缩短产品上市周期,大幅提升生产效率。以窑炉为例,通过数字孪生建模,可精确模拟不同工况下窑炉内的温度场、气流运动轨迹等关键参数,从而优化窑炉结构与操作参数,实现能源高效利用和产品质量稳定提升。

生产制造维度见证了设备自动化与智能化的深度融合。大量机器人和先进自动化设备的引入,使工厂具备24小时连续生产能力,有力地推动生产效率和产品质量迈向新高度。同时,智能工厂借助大数据分析和机器学习算法,对设备运行数据进行实时监测与深度分析,可精准预测设备故障,提前开展维护工作,有效降低设备停机时间和维修成本,保障生产的连续性和稳定性。

在生产供应及销售维度,物联网技术和大数据分析协同发力,重塑供应链管理和销售策略。通过对原材料、半成品和成品的全程追踪,企业能根据实时状态灵活调整生产计划,确保按时交付。在原材料供应方面,与供应商构建物联网连接后,企业可实时掌握原材料库存和运输动态,当库存低于安全阈值时,自动触发采购订单,避免生产因原材料短缺而中断。同时,深入分析市场数据,销售部门能制定更具针对性的营销策略,精准满足不同客户需求,提升销售额和市场占有率。例如,通过剖析不同地区、客户群体对墙体材料的性能偏好和价格敏感度，企业可推出个性化产品和促销活动，增强市场竞争力。

在数字化工厂基础上，将企业资源计划（ERP）、制造执行系统（MES）、SAP软件及企业产品生命周期管理（EPLM）等有机融合，应用于生产全过程的信息管控，实现智能管控与决策，推动数字化工厂向智能工厂跃升。智能工厂的构建本质上是信息网络技术与制造技术深度融合的产物，催生了全新的业态与模式。其分层架构涵盖感知层、控制层和决策层，各层级紧密协作，形成"感知—控制—决策"的高效闭环回路。在感知层，各类传感器如温度、压力、位移、图像传感器等，全方位采集生产设备、原材料、半成品和成品的状态信息；控制层借助工业以太网、现场总线等通信技术，将数据传输至控制系统，利用PLC、DCS等控制器实现设备精准控制，达成生产自动化与智能化；决策层依托大数据分析、人工智能和机器学习算法，深度挖掘生产数据价值，为企业生产管理、质量控制、设备维护和供应链优化等提供科学决策依据，助力企业智能化发展。

3.1.2 墙体材料智能工厂核心技术

智能化作为多学科技术的融合应用，是墙体材料智能工厂实现高效生产与管理的关键。它依托管理信息系统（MIS）、决策支持系统（DSS）等，运用人工智能、知识工程等高科技手段，构建信息化管理系统，满足生产管理中对各类信息的动态洞察需求。

管理信息系统由硬件、软件、数据库、网络和人员构成，在墙体材料企业中负责收集、处理、存储和分发生产管理的相关数据与信息。通过对原材料采购数据、生产进度数据等的处理分析，为企业制订生产计划、优化资源配置提供决策支持，确保生产活动有序进行。

决策支持系统是管理信息系统的深化拓展，聚焦于解决非结构化问题，服务于企业高层决策。在墙体材料生产企业决定是否引入新的生产线时，DSS可利用数据库中的市场需求数据、成本数据等，结合模型库中的分析模型，为决策提供依据，评估新生产线的可行性和潜在效益。

（1）智能生产系统

智能生产系统是墙体材料智能工厂的核心，通过构建数据制造网络，打破信息壁垒，实现产品全生命周期的管控。在产品设计环节，借助人工智能算法模拟不同建筑场景下墙体材料的性能，为设计师提供多样化的设计方案。在生产过程中，智能设备依据设计要求自动调整工艺参数，保障产品质量稳定。例如，在生产蒸压加气混凝土砌块时，系统可根据原材料特性和产品质量要求，精准控制搅拌时间、浇注量以及养护温湿度等参数。

智能生产系统倡导人机一体化协同，融合了智能机器与人类专家智慧。系统基于高性能计算机和专家知识库，具备深度分析与决策规划能力，显著提升生产效率、产品质量和生产灵活性，推动墙体材料生产向智能化、自主化和自适应化方向发展。

（2）信息化

信息化源于现代通信、网络和数据库技术，在墙体材料企业中，以企业流程重组为基础，全面管控生产经营信息。通过整合企业资源计划（ERP）、供应链管理（SCM）等系统，实现企业内外部资源共享。ERP系统可优化原材料采购计划，SCM系统保障原材料供应和产品交付，提升企业经济效益和市场竞争力。在智能化进程中，信息化生产管理借助信息联网技术，解决企业生产中的数据获取、设备监控等难题。例如，通过传感器收集设备运行数据，实时掌握设备状态，实现精准排产和物料管理，推动智能化工厂建设。

（3）自动化

自动化技术在墙体材料生产中应用广泛，使机器设备具备感知、处理、判断和控制能力。传感器收集生产过程中的温度、压力等数据，执行器根据控制系统指令动作，实现生产自动化。在墙体材料生产线上，自动配料系统根据预设配方精准配料，破碎机和磨粉机自动完成原材料处理，减少人力依赖，提高生产效率和产品质量。

随着科技的进步，墙体材料生产从自动化向智能化、无人化和柔性化发展。机器人承担物料搬运、码垛等任务，智能传感器与控制系统实时监测并调整生产参数，柔性制造技术使生产线能快速切换生产不同规格的产品，以满足市场多样化需求。

（4）生产系统

生产系统由人、机器组成，通过将输入转化为输出实现增值，其表现形式可以为物品或者服务。在墙体材料生产过程中，系统通过输入原材料、人力、设备等资源，经加工转化后输出各类墙体材料产品。每个生产系统都具有创新、质量、柔性等特征。

随着市场环境变化，墙体材料生产系统优化方向集中在柔性化、信息化与智能化、高效化等方面。通过成组技术与柔性制造技术，实现多品种小批量生产；借助计算机和信息技术，优化生产流程、降低成本；通过均衡与准时化生产，减少浪费，提高生产效率。在设计生产系统时，根据所需功能选择结构化和非结构化要素，形成高效管理模式。

随着科技的发展，墙体材料生产系统向智能化迈进。"复合技术""复合材料"成为重要发展方向，将不同材料复合，可获得性能更优的产品，如铝塑复合板、塑钢共挤门窗等，广泛应用于建筑领域。

利用工农业固体废料制作墙体材料，既解决了废料处理问题，又降低了原材料成本。例如，用粉煤灰、煤矸石生产砖和砌块，用农业有机废料制作轻质板材。我国应加强高新技术产品开发，利用纳米技术、生物化学技术等提升产品的科技含量和附加值，研发具有抗菌、净化空气等功能的墙体材料。

传统建筑材料普遍存在资源能源利用不足和环境污染等问题，发展绿色墙体材料是解决这一问题的有效途径。绿色墙体材料具有环保、节能等属性，其生产采用清洁工艺技术，可实现从原材料到废弃物处理的全生命周期污染控制。我国绿色墙体材料发展应循序渐进，通过逐步提高绿色标准，持续推动产业可持续发展，为绿色建筑体系建设提供重要材料支撑。

3.1.3 墙体材料智能工厂装备自动化与智能化体系

在科技飞速发展、智能技术广泛应用的当下，建筑行业正加速向自动化与智能化生产转型，墙体材料智能工厂成为行业发展的重要方向。本节将深入剖析墙体材料智能工厂自动化装备体系的核心架构与运行机制。

生产管理系统是智能工厂的核心。企业资源计划（ERP）依托信息技术，以系统化管理思想整合企业资源，优化生产计划、物料管理和财务管理。制造执行系统（MES）从底层数据采集入手，构建完整的生产信息化体系，实现从生产监控到成本管理的全流程管控，实时监控和控制生产过程，保障生产计划顺利执行。

自动化生产设备是关键环节。原材料处理设备中，自动配料系统以先进算法和软件为核心，精准控制多物料配比，操作界面友好，具备自动恢复和报表功能，有效降低废品率；破碎机和磨粉机负责将原材料处理至合适粒度。成型设备方面，自动压砖机和自动浇注机分别用于砖块、砌块和预制板成型，前者能利用工业废渣生产高质量产品，后者可精确控制浇注过程。养护设备如蒸养窑和养护室，通过精准调控温湿度，提升墙体材料的强度与耐久性。

智能感知与控制系统是自动化装备体系的核心动力。它集成传感器网络、机器视觉、数据分析和人工智能等技术，实现对生产过程的全方位感知与精确控制。智能感知系统借助多种传感器和机器视觉系统，实时监测设备、工件和环境状态；智能控制系统依据感知数据，运用先进算法动态调整设备参数，确保生产处于最佳状态。该系统还具备自我学习和优化能力，通过大数据分析和机器学习，总结出最佳操作模式和故障预测模型，实现预防性维护，减少设备停机时间，延长设备使用寿命，并与其他信息系统集成，进而提升生产线的整体效率和响应速度。

物流与仓储系统是智能工厂高效运作的重要保障。物流系统采用自动导航车、物流机器人等自动化运输设备，实现物料快速、精准运输，降低成本；仓储管理系统借助自动化货架、智能码垛机和无线射频识别（RFID）技术，实现货物自动上架、下架和盘点，提高仓储效率和准确性。

数据与分析系统利用大数据分析和物联网技术处理生产数据，有效优化生产流程；人工智能技术用于预测性维护和质量检测，可提升设备运行效率和产品质量，并支持精准决策，实现预测性维护，最终提高整体生产效率。

人机界面与协作技术是智能工厂高效运行和数字化转型的重要支撑。人机界面通过智能设计，方便用户操作智能设备并获取反馈；协作技术涵盖机器人操作等领域，实现人机紧密协作，如在装配生产线和智能仓储系统中提高效率。增强现实（AR）和虚拟现实（VR）技术在操作指导、培训和远程维护方面发挥重要作用，提升操作效率和安全性。

安全与环境监控系统可保障生产过程中的人员和设备安全。安全监控系统利用传感器和摄像头实时监测安全隐患，一旦发现异常自动报警，并启动应急程序；环境监控系统持续监测空气质量、温湿度等环境参数，确保生产环境符合标准，同时通过数据记录和分析，优化工厂管理，推动可持续发展。该系统还能与其他智能系统联动，实现更高效的资源调度和故障预防。

自诊断技术和节点排布方案对墙体材料智能工厂的稳定运行至关重要。自诊断技术通过传感器、数据分析和人工智能实现设备和生产过程的实时监测、故障检测和预警；传感器技术在自诊断体系中起关键作用，不同类型的传感器分别监测设备温度、压力、振动和养护室湿度等参数，以保障系统安全稳定运行。

3.1.4 墙体材料生产管控系统智能化

在墙体材料智能制造浪潮中，装备自动化与智能化体系成为行业升级的关键，它融合先进技术与高效管理理念，使各环节协同运转。

生产管理系统处于核心地位。企业资源计划（ERP）系统依托信息技术，整合企业资源，优化生产、物料和财务管理。在墙体材料企业，它能精准预测市场需求，合理安排原材料的采购和生产计划，调配人力与设备资源。如市场对新型墙体材料需求增加时，ERP系统可迅速调整，确保原材料供应和生产有序进行。

制造执行系统（MES）专注于生产过程精细化管理。它从底层采集数据，构建生产信息化体系，实时监控设备运行、生产进度和产品质量。一旦发现异常，立即预警并提供解决方案，还能根据实际情况动态调度生产任务，保障生产计划顺利执行。比如设备出现故障时，MES系统可自动调整任务，减少对整体生产的影响。

自动化生产设备是高效生产的基础。原材料处理环节，自动配料系统以先进软件和高精度传感器为核心，精准计量原材料，确保产品质量稳定，破碎机和磨粉机则高效处理原材料，降低成本。成型设备方面，自动压砖机和自动浇注机分别用于生产不同的墙体材料，前者能生产多种规格和强度的砖块，后者能保证大型墙体材料的尺寸精度和外观质量，且可实现连续化生产。养护设备对提升产品质量和性能至关重要，蒸养窑和养护室可精准控制温湿度，加速混凝土水化反应，进而提高产品的强度和耐久性。

智能感知与控制系统是核心技术支撑。传感器实时监测设备运行、工件质量和环境参数，如温度、压力、位移等传感器保障设备安全运行。机器视觉系统借助高清摄像头和算法，检测产品外观缺陷。智能控制系统根据采集的数据，运用先进算法优化设备参数，确保生产处于最佳状态。该系统还能通过大数据分析和机器学习，建立设备故障和产品质量预测模型，提前预警并优化生产过程，提高产品合格率。

物流与仓储系统保障智能工厂高效运作。在物流系统中，自动导航车等自动化运输设备得到广泛应用，通过多种导航技术实现物料快速精准运输，还能与生产管理系统交互，确保物料供应不间断。仓储管理方面，自动化货架、智能码垛机和RFID技术可实现智能化和自动化管理，进而提高仓储空间利用率、货物码放搬运效率，以及仓储管理的信息化和准确性。

3.1.5 墙体材料设备诊断系统智能化

在墙体材料智能工厂中,智能化的设备诊断系统是保障生产稳定、高效运行的关键环节,主要涵盖数据采集与处理、诊断系统以及传感器节点排布等方面。

1. 数据采集与监控系统(Supervisory Control and Data Acquisition,SCADA)的关键作用

SCADA 系统是设备自诊断技术的核心基础。在墙体材料智能工厂里,它与可编程逻辑控制器(PLC)协同工作,实现对生产数据的集中采集、全面监控和高效存储。

SCADA 系统实时收集各生产设备的关键工艺参数,如压砖机的压力、蒸养窑的温度等。通过对这些参数的深度监测与分析,系统能自动诊断生产系统的运行状态。一旦发现参数异常,便迅速发出警报,为生产工艺人员剖析残次品原因、优化设备工艺提供有力支持,从而提升产品合格率。

此外,SCADA 系统还能结合现场扫码或数据录入,采集产品的关键物料信息并与产品绑定,实现生产全过程的精准追溯,同时对现场设备进行实时监控与控制,全方位保障生产效率和产品质量。

2. 数据分析与处理技术的应用

大数据分析技术和人工智能(AI)技术在设备诊断中发挥着重要作用。大数据分析技术可处理生产过程中产生的海量数据,并从中识别出潜在的设备故障和异常情况。AI 技术则借助机器学习和深度学习算法,实现预测性维护和精准的故障诊断。例如,通过对设备历史运行数据和故障案例的学习,AI 模型可以预测设备在未来一段时间内发生故障的概率,并提前发出预警,帮助企业提前安排维护,减少意外停机时间,提升设备的可靠性和使用寿命。

3. 在线诊断与远程诊断系统

在线诊断和远程诊断系统是设备诊断智能化的重要体现。在线诊断系统利用各类传感器和监测设备,实时采集设备的温度、压力、振动、能耗等运行数据,通过先进算法分析这些数据,实时监测设备状态,及时发现潜在故障和异常。一旦监测到设备振动频率异常等情况,系统立即发出警报,以便及时进行预防性维护,保障设备稳定运行。

远程诊断系统借助互联网,将现场设备与远程专家团队相连。当设备出现故障或异常时,现场工程师可将设备运行数据、故障信息和现场视频传输给远程专家。专家据此进行详细分析,快速提供准确的故障诊断和解决方案,从而大幅缩短故障排除时间,节省人力和时间成本。

这两个系统还具备自学习和优化能力,通过大数据分析和机器学习,不断积累设备运行和故障数据,优化诊断模型和维护策略,进一步提高诊断精度和响应速度。

4. 传感器节点合理排布

合理布置传感器和数据采集点是实现设备诊断智能化的基础。在墙体材料智能工厂

的不同区域，传感器的布置各有侧重。

原材料处理区域安装温度、湿度、振动传感器，配合 PLC 和 SCADA 系统，监控破碎机和磨粉机的运行状态；成型设备区域布置压力、温度传感器，监测压砖机和浇注机；养护设备区域则依靠温度、湿度传感器，调控蒸养窑和养护室的环境参数。

物流与仓储区域布置 RFID 和温湿度传感器，监控自动导向车和自动化立体仓库，通过仓储管理系统（WMS）和 SCADA 系统采集处理数据。质量控制区域设置图像传感器和测量传感器，实时监测产品质量。这些传感器节点的合理排布，为设备诊断系统提供了全面、准确的数据支持，确保设备诊断的及时性和准确性。

3.1.6 墙体材料行业安环智能化体系

墙体材料行业安环智能化体系旨在为居民提供优质服务、降低能耗与人工成本。在此过程中，有效控制建筑污染至关重要。

在污染控制智能化方面，首先，应加强环保宣传教育。针对工程项目的管理人员与施工队伍开展环保宣传工作，通过培训、讲座等形式，使其深入了解建筑污染对环境和人体健康的危害，提高环保意识，从而在工作中主动采取环保措施。

其次，完善工程施工规划和管理制度。将建筑污染控制工作明确纳入建筑工程管理范畴，详细划分各部门和人员在污染控制工作中的具体任务与责任，确保各项污染控制措施能够有效落实。例如，明确规定施工现场扬尘、噪声等污染的控制标准以及相应的责任人，使污染控制工作有章可循。

最后，充分利用环保技术与方法。积极采用洒水降尘、降噪工艺等环保技术，根据施工现场的实际情况，合理安排洒水时间和频率，选用低噪声设备或采取有效的降噪措施，切实提高建筑污染控制的实际效果。

在信息管理智能化方面，现代建筑工程内容繁杂，涉及大量多样的信息，如建筑材料费用、施工进度、施工验收结果等。这些信息对于工程的顺利推进至关重要，但当前许多建筑施工企业在信息管理方面存在不足，信息技术应用不充分，缺乏有效的管理方法，导致信息的准确性、时效性和真实性难以保障，严重影响建筑工程管理工作的开展。

因此，推动智能化建筑工程管理发展对墙体材料行业企业的信息化建设意义重大。建筑企业应坚持全生命周期原则，从设计阶段开始，贯穿建筑工程的验收、交付、运营等各个阶段，进行全方位的信息收集。在施工进场前，对收集到的信息进行整理和分类，利用信息化手段合理规划成本、制订管理组织计划等，实现信息的高效管理和利用。通过引入先进的信息管理系统，实时更新和共享信息，提高信息的准确性和时效性，为工程管理决策提供有力支持。同时，利用大数据分析技术对工程信息进行深度挖掘，发现潜在问题并及时解决，优化工程管理流程，从而提高建筑工程管理的效率和质量，推动墙体材料行业安环智能化体系的完善和发展。

3.2 墙体材料产业链智能化管理

3.2.1 新一代智能化绿色供应链系统构架

1. 绿色供应链的概念

绿色供应链是一个闭环系统，它将"绿色"理念和"环保意识"融入整个供应链管理过程，并借助于先进的科学知识和技术，高效率、低成本地计划、实施和控制整个供应链的物流、能量流、信息流和资金流，确保经济效益、社会效益和环境效益的统一。绿色供应链上的业务主要包括绿色设计、绿色采购、绿色生产、绿色包装、绿色营销、绿色物流、绿色消费、绿色回收等环节，绿色供应链系统的整体框架结构如图3-1所示。

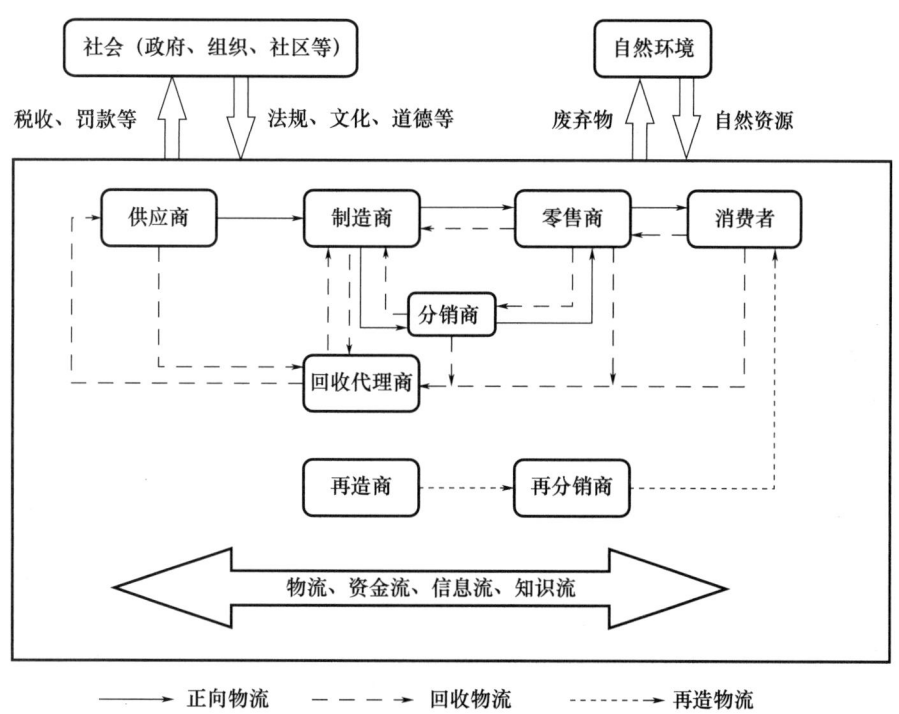

图3-1 绿色供应链系统的整体框架结构

2. 绿色供应链的特点

绿色供应链管理旨在实现经济效益、社会效益和环境效益的统一，这与传统供应链仅追求单一经济主体的经济利益不同。虽从宏观层面看，这三种利益具有一致性，但在特定时期或针对特定主体时，它们之间可能存在矛盾。而绿色供应链管理综合考量三方利益，最终达成三方共赢。

绿色供应链管理的理论基础涵盖共生进化论、替代转换论等。人类社会与自然共生是其遵循的基本原理，科技发展带来经济增长的同时也引发了诸多环境问题，因此需寻求新模式以实现可持续发展。绿色供应链系统内存在能量流动，成员企业虽无法减少地球总熵值，但可通过绿色供应链管理减缓熵增，延长产品生命周期。

绿色供应链管理注重资源节约和环境保护，在为企业带来经济效益的同时，也创造了良好的生活环境，保障了经济的可持续发展。其各主体与环境间存在替代转化，形成制衡机制，一个环节的改变会影响整条供应链。为实现总目标，绿色供应链会根据内外部环境变化，调整成员企业结构、价值观、产品与消费结构等。

绿色供应链管理活动范围涵盖产品的整个生命周期，包括投入期、成长期、成熟期和衰退期。传统供应链管理通常只关注产品的前三个时期，而绿色供应链管理涵盖了产品生命周期的每一个环节，因为产品在从原材料获取到使用消耗、报废直至再回收利用的每一个环节，都会对环境造成影响。

绿色供应链管理的行为主体比传统供应链的行为主体更加复杂，主要包括供应商、制造商、分销商、回收商、政府和公众等。产品生命周期的每一个环节都会对环境产生或多或少的影响。因此，供应链上的所有主体都应该对绿化环节承担一定的责任和义务。绿色供应链管理在实施过程中需要各级政府制定的法规约束和支持。公众是环境污染的最终受害者，公众的环保意识和对绿色产品的需求能对绿色供应链的实施起到一定的监督和推动作用。

3. 绿色供应链的形成

人类为了发展经济和最大化满足自身的内在需求，以及应对来自自然资源和生态环境危机的外在压力，必须寻求新的经济发展路径。因此，绿色供应链的形成是外部压力（环境法规、消费者需求等）、内部动力（企业追求经济效益、社会效益和环境效益相统一），以及系统自演化、涌现、自组织、自相似和自适应等因素共同作用的结果。绿色供应链是一个自组织的复杂适应系统，其形成和发展受到很多因素的影响。根据诱导性技术变迁和制度变迁理论，绿色供应链形成机理如图3-2所示。

绿色供应链形成的外部驱动因素主要有：环境法规、消费者需求和环境管理标准等。

（1）环境法规。可持续发展是一个世界系统工程，世界各国都在积极探索。欧、日、美等国家和地区相继出台环境相关法规，例如欧盟的《废弃电子电气设备指令》（WEEE）。我国政府也陆续推出促进节能减排的相关法规，其中很多环保法规不断推陈出新。

（2）消费者需求。目前，消费者关注的不仅仅是产品的成本和质量，他们对产品和服务的选择依赖于企业如何提供这些产品或服务，在提供产品或服务的同时是否会考虑社会效益和环境效益。越来越多消费者的消费行为受到企业环境声誉的影响，他们表示更愿意为绿色商品支付超额的价值。

（3）环境管理标准。随着企业环境法规的日益完善，以及环境管理理念的不断变化，企业必须要建立相应的标准来应对这些变化。很多供应链上的核心企业在选择合作伙伴时考虑的首要条件便是对方是否满足相关的环境管理标准。为了鼓励各国的企业使用国际通用的方法管理环境和提高环境效益，国际标准化组织（ISO）发布了环境管理系统的国际标准——ISO 14000系列。

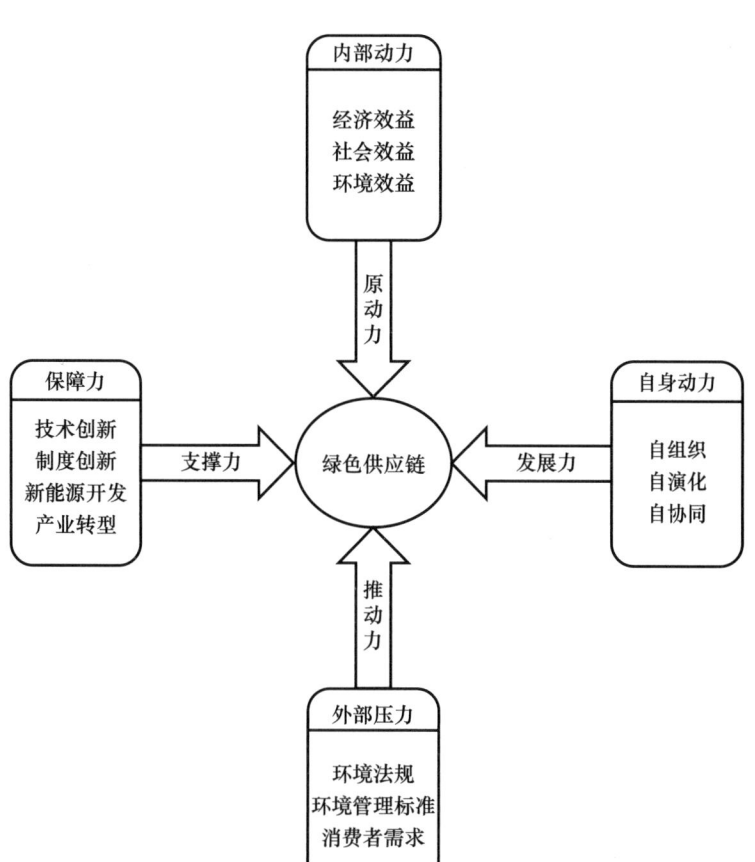

图 3-2　绿色供应链形成机理

作为"绿色经济人",企业应追求绿色效益最大化,即寻求环境经济效益、经济社会效益和社会环境效益最大化的平衡。

(1) 经济效益

经济效益主要表现在三个方面:减少成本、增加收益和提升品牌形象。减少成本方面,传统供应链企业往往在处理有害材料和废弃物方面要花费很高的成本,而绿色供应链可以通过绿色设计以及构建再循环网络避免或减少有害材料的使用和有害废物的产生,这必然会降低该方面的处置成本,增加资源使用效率,同时可以帮助企业免受环境法规的处罚。增加收益方面,绿色供应链提供的绿色产品或绿色服务可以开拓新的市场,为链上的企业赢得差异化的竞争优势,从而可以有效避免单纯的价格竞争。提升品牌形象方面,绿色产品或绿色服务可以提升链上企业的品牌形象,吸引更多的消费者,这无异于增加了企业的无形资产。

(2) 社会效益

社会效益主要表现在四个方面:保障消费者的安全、增加政府的财政收入、有效缓解资源不足的问题和增加就业机会。保障消费者的安全方面,绿色供应链中运用绿色理念和技术开发的产品减少甚至排除了有害物质的使用,消费者可以放心使用购买的绿色产品。增加政府的财政收入方面,绿色供应链中对废弃的能源和副产品回收、再利用、再生等一系列活动改善了人们周边的生活和工作环境,使废旧产品的经济价值得到再生,并增加了政府的税收。有效缓解资源不足的问题方面,例如绿色供应链上的企业对废水的再利用可以减少工业用水量,节约当地的水电资源。增加就业机会方面,废旧产品的回收、再造、再生等活动为社会提供了大量的就业机会。

(3) 环境效益

与传统供应链相比,绿色供应链从产品设计阶段就避免使用有害物质,从而减少了有害物质在供应链上的循环。其次,绿色供应链对废旧产品、副产品、废弃物等进行回收、再造、再生、再循环,减少了有害物质对自然环境的破坏。

绿色供应链是一个复杂的经济系统,它是由很多关联企业组成的一个链条结构。绿色供应链的演化是自组织与环境适应共同作用的结果。其演化过程不是单纯的能量转换,也不是生物学上的自然选择,而是在差异、选择、维持三个基本机制的作用下逐渐累积和适应的过程。链上的企业存在着合作与竞争的关系,这些企业的决策结果直接决定着整条供应链的行为表现。为了确保整条链的有效运作,供应链必须要有自控制和自适应机理。当链上某个企业出现行为异常时,供应链的自控制机理将自动实施阻断。同时,鉴于绿色供应链所处环境的复杂性和动态性,其自适应机理能够帮助链上的企业适应环境,并完成演化过程。

传统供应链能否沿着绿色化方向升级,除了上述的内部动力、外部压力和自身动力之外,还要有相应的制度变迁来保障。根据诱导性技术变迁和制度变迁的理论,技术变迁决定制度变迁,制度变迁影响技术变迁。也就是说,制度变迁可以为技术变迁提供理想的环境。因此,绿色制度是绿色技术创新和供应链实现绿色化的重要保障。具体而言,可以从以下三个方面着手:

① 强化环境立法保障。政府的引导和扶持,可以为技术创新和制度创新提供支持,从而为供应链绿色化提供保障。

② 建立创新激励机制。建立合理的产权保护法,可以使企业对绿色技术创新带来的潜在收入流形成可靠的预期。

③ 行业结构优化升级。政府应以绿色经济为指导思想,制定合理的行业发展政策,引导行业结构向着绿色化的方向转变。

4. 绿色供应链的演进

绿色供应链是一个自组织的复杂系统,因而很多情况都是突发的、临时性的,很难进行事前规划、设计或管理。每一条绿色供应链都有各自的经济、社会、文化和生态特征,因而不同的绿色供应链必然有不同的演进路径。然而,它们的演进过程都有一些相似性,即一般都要经历三个阶段:新生期、发展期和成熟期。本节将链上主体数量和物料能源流量作为衡量绿色供应链演进阶段的标志。

绿色供应链是一个复杂的循环系统,每条绿色供应链都有很多参与主体,且这些主体之间存在着相互依赖的关系。随着时间的更迭,主体的数量和类型也会不断增多。主体数量和种类的多样性能够加强主体之间在副产品交换、废弃物处理等方面的联系和合作，有利于整个系统的发展和稳定。如果其中一个主体退出循环系统，其他主体就可以接替这个主体参与循环，主体之间的这种接替可以使系统的抗干扰能力加强。另外，主体数量和类型的多样性还能够开拓出新的机会和渠道。例如，主体数量的增加可以带来物料和能量链接的增加，从而增加主体相互间的合作机会，同时资源利用率也相应得到增加，而资源利用率的增加又反过来会吸引更多的主体参与到系统中来。

物料能源流量是指绿色供应链内各级主体之间周期性使用的物料和能源循环流量。也就是说，通过链上的循环流动可以实现能量的再循环、梯度递减使用和再生能源的可持续使用，进而减少稀缺能源的使用和有害废弃物的排放。物料能源流量的大小会影响物料和能量流的输入量和输出量，进而影响整个绿色供应链的环境效益。

在内外力的共同作用下，加上系统自身和一些保障因素的共同作用，绿色供应链沿着如下路径演进：初级状态（简单的线性系统）—更加复杂、适应能力更强、闭环程度更大的系统—完全循环系统。在外部压力（环境法规、环境标准和消费者需求）的推动、内部动力（经济效益、社会效益和环境效益）的拉动以及自身发展机理（自组织、自演进和自协同）的共同作用下，绿色供应链以技术和制度创新、新能源开发和产业转型为保障不断进化。由于链上主体企业的数量和物料能源流量之间的关系是非线性的，因此每条绿色供应链的演进路径必然不是唯一的。如图 3-3 所示，在新生期和发展期阶段，绿色供应链随时间发展逐渐成熟，主体数量以及物料和能源循环流也相应增加。但在成熟期阶段，除了出现的新主体会导致流量增加以外，技术和制度进步等保障因素以及效率的提高也会导致新的循环流产生。

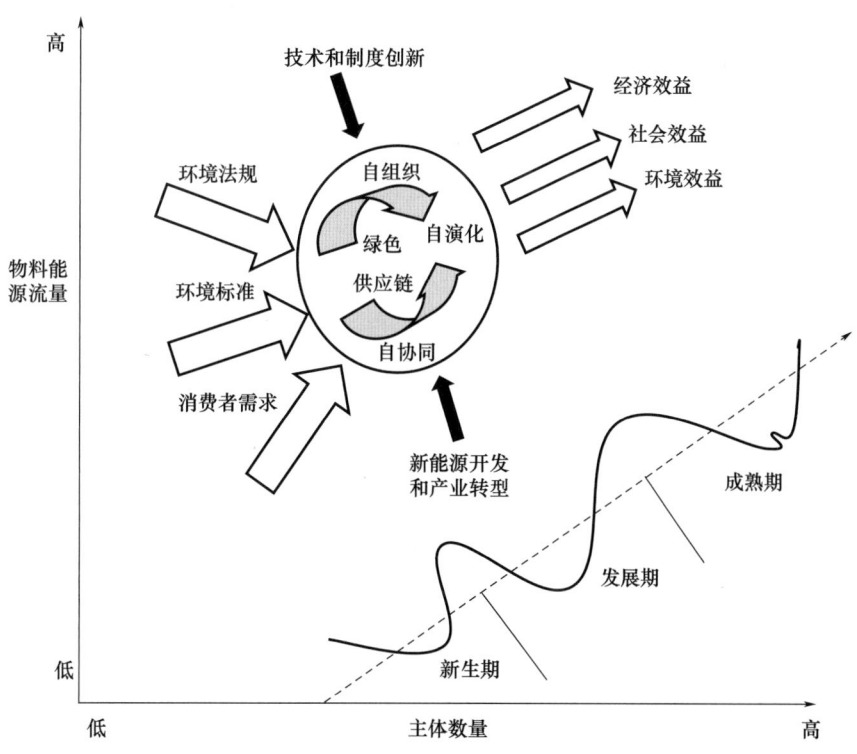

图 3-3　绿色供应链的演进

3.2.2 智慧物流

在墙体材料产业链智能化管理中，智慧物流融合现代信息技术与运营模式，提升了产业链效率和效益。

运输环节，工厂内的自动导航车（AGV）利用激光、视觉或磁导航技术，精准高效运输砖坯等物料，避免人工搬运问题，保障生产流程连续。厂外智能货运车辆借助 GPS、车载传感器和智能调度系统，实现位置追踪、状态监测、安全预警和路线优化。

仓储管理方面，自动化立体仓库通过高层货架、堆垛机和输送系统，提高仓储空间利用率和货物存取效率。智能货架能实时感知货物信息，自动分配存储位置，提升出入库效率。智能码垛机根据货物特性自动调整码垛方式，精准码垛，降低货物损坏风险。无线射频识别（RFID）技术实现货物信息自动录入、动态监控和库存数据实时更新。

物流信息系统是智慧物流的核心，集成订单、运输、仓储和配送管理模块，与生产、销售系统紧密对接。订单管理模块处理订单，根据库存安排生产和配送；运输管理模块调度监控车辆，优化路线，降低成本；仓储管理模块精细化管理仓库作业，与自动化设备联动；配送管理模块根据客户情况选择最佳配送方式。

通过物流信息系统，墙体材料产业链各环节实现高效协作。生产企业、供应商和客户能实时共享信息，避免信息不对称，提升产业链运作效率和响应速度。

3.2.3 产品服务智能化

在墙体材料产业链智能化管理中，产品服务智能化以客户需求为核心，依托物联网、大数据、人工智能等技术，将服务贯穿于产品全生命周期，实现从"产品交付"向"全周期价值服务"的升级，显著提升客户体验与产业链协同效率。

1. 智能设计与定制化服务

基于数字化设计平台与客户需求大数据分析，构建"客户参与式"设计服务体系。通过可视化设计工具（如 VR/AR 技术），客户可直观地预览不同墙体材料（如蒸压加气混凝土砌块、复合保温板）的性能参数、安装效果及适用场景，并根据建筑需求（如保温等级、承重要求、环保标准）自主调整产品规格、材质配比等参数。系统结合历史案例与算法模型，实时生成定制化方案，同步输出成本评估与生产周期预测，帮助客户快速决策。例如，针对绿色建筑项目，可自动匹配含工业固废掺量的环保配方，并模拟其节能效果，满足客户对可持续性的需求。

2. 生产全流程透明化服务

借助物联网与区块链技术，为客户提供产品生产全流程的"可视化追踪"服务。客户通过专属平台或 App，可实时查看定制产品的原材料溯源（如粉煤灰、水泥等原料的供应商资质、检测报告）、生产进度（如配料、成型、养护等环节的实时数据）、质量检测结果（如抗压强度、含水率等关键指标的在线监测数据）。系统自动生成"产品数字身份证",记录从原材料到成品的全链条信息,确保质量可追溯。当生产出现异常(如养护温湿度波动)时,平台会向客户推送预警信息及解决方案,增强客户的信任度。

3. 智能售后与运维服务

依托部署在墙体材料上的智能传感器(如温湿度、应力传感器)与云平台,构建"预测性运维+主动服务"体系。在产品使用阶段,传感器实时采集材料在建筑中的状态数据(如变形量、耐候性变化),通过 AI 算法分析其性能衰减趋势,提前预测维护需求(如保温层修复、结构加固)。系统自动向客户推送维护建议,并联动施工团队调度,实现"故障前干预"。例如,针对高层建筑外墙保温板,可通过传感器监测其粘结强度变化,当数据低于安全阈值时,主动提醒客户进行加固处理,避免安全隐患。

4. 产品迭代与增值服务

基于全生命周期数据沉淀,形成"客户反馈—产品优化"的闭环服务。通过分析客户使用数据(如不同地区墙体材料的损耗规律、性能需求差异)、售后报修记录及市场评价,精准定位产品痛点(如某区域因温差大导致材料开裂)。研发团队结合这些洞察优化生产工艺(如调整配方中的抗裂添加剂比例),并向老客户推送产品升级方案(如免费提供性能提升的修补材料)。同时,基于客户行业属性(如房地产开发商、市政工程),提供增值服务(如建筑能耗模拟、墙体系统维护培训),实现从"单一产品"到"综合解决方案"的延伸。

产品服务智能化通过技术赋能打破了"生产—销售—使用"的信息壁垒,不仅提升了客户对墙体材料的使用体验与信任感,更推动企业从"制造型"向"服务型制造"转型,强化了产业链的差异化竞争力。

3.2.4 客户服务智能化

在墙体材料行业智能化变革中,客户服务智能化成为企业提升竞争力和客户满意度的关键。它依托前沿技术,重塑服务流程,为客户提供高效、精准、个性化的服务,密切企业与客户的联系。

智能客服系统作为客户服务智能化的前沿力量,其核心技术 NLP 使系统实现理解和处理客户咨询。系统集成产品知识库,能应对各类问题,复杂问题则转接人工客服,并提供客户相关信息,提升问题解决效率。

客户关系管理系统(CRM)借助大数据分析,整合客户多源数据,描绘客户画像,洞察客户需求。基于此,企业开展精准营销,推送个性化产品推荐和促销信息。同时,CRM 系统通过情感分析客户反馈,发现负面情绪能及时处理,提升客户满意度和忠诚度。

企业搭建的客户社区或在线论坛,为客户提供互动交流平台。客户分享使用经验,企业借此了解客户需求和痛点。企业人员积极参与社区互动,收集意见建议,用于产品研发和服务优化。此外,企业还在社区开展试用、调研活动,增强客户的参与感和归属感，提升客户与企业的黏性。

3.3 墙体材料智能制造的应用

3.3.1 自动化生产线的应用

在墙体材料智能制造领域，自动化生产线融合先进技术与生产工艺，实现从原材料到成品的全流程自动化、智能化运作，是推动生产效率提升、产品质量稳定及产业升级的关键。

原材料处理阶段，自动配料系统凭借高精度传感器和智能控制算法精准配料，确保产品质量稳定，减少了人工配料误差。破碎机和磨粉机依据原材料特性自动调整参数，实现自动化连续作业，提高了处理效率，降低了劳动强度。

成型环节中，自动压砖机利用液压驱动和高精度模具定位，能生产多种规格的砖块，保证了尺寸精度和外观质量，生产效率高。自动浇注机用于大型墙体材料生产，精确控制浇注参数，与其他系统协同作业，提升了生产效率和产品质量。

养护环节至关重要，蒸养窑和养护室采用先进的温湿度控制和监控系统。蒸养窑为墙体材料提供适宜的养护环境，根据产品需求精确控温控湿。养护室则针对小型试件或产品，精准调节温湿度并全程监控，确保养护条件达标。

自动化生产线具备强大的故障诊断与修复功能。传感器采集设备运行数据，经工业以太网传输至中央控制系统，利用算法和模型进行实时监测分析。简单故障可自动修复，复杂故障则生成详细报告，便于维修人员快速维修，减少停机时间。

另外，通过大数据分析和人工智能技术，企业能深度挖掘生产数据，优化生产工艺参数，降低生产成本。例如，分析原材料消耗数据可调整配方或工艺，分析设备数据有助于制订合理维护计划，提高设备的可靠性和使用寿命。

3.3.2 智能检测与质量控制的应用

在墙体材料智能制造体系中，智能检测与质量控制贯穿生产全流程，运用多种先进技术确保产品质量，为建筑工程安全与性能提供保障。

原材料检测环节，利用光谱分析仪检测原材料的元素组成和杂质含量，利用 X 射线衍射仪分析晶体结构，判断原材料是否合格，为生产工艺调整提供依据。

生产过程在线检测方面，利用机器视觉技术检测产品外观缺陷，利用激光测量技术控制尺寸精度，利用超声波检测技术探查内部质量问题，实时反馈调整，提升产品质量。

成品检测阶段，通过力学性能测试（如抗压、抗折强度测试）和理化性能测试（如吸水率、密度、放射性检测），确保产品符合标准和客户需求。

此外，借助大数据分析技术收集、存储和分析检测数据，建立质量控制模型，监控产品质量波动，找出波动原因，为质量改进提供支持。

3.3.3 物流仓储与仓储管理的应用

在墙体材料智能制造背景下，物流仓储与管理通过技术创新和模式优化，实现全方位智能化升级，对企业运营意义重大。

1. 智能物流运输

智能运输调度系统：整合车辆、路况、订单等信息，运用智能算法规划最优运输方案，实现拼载运输，降低运输成本。还能根据实时路况调整路线，预测货物到达时间。

车载智能设备的应用：安装 GPS 和传感器，实时监控车辆位置、运行状态及货物状态，出现异常时及时发出警报，保障运输安全。

新能源运输车辆的应用：引入电动货车等新能源车辆，减少污染，享受政策优惠，降低运营成本。

2. 自动化仓储设施

自动化立体仓库：通过高层货架、堆垛机和输送系统，实现货物高密度存储和高效存取，提高仓储空间的利用率和作业效率。

智能货架系统：利用传感器和电子标签监测货物状态，自动调整存储位置，便于货物查找、盘点和管理。

自动分拣设备：依据货物标识进行自动分拣，速度快、准确率高，降低人工分拣强度和错误率。

3. 仓储管理信息化

仓储管理系统（WMS）：涵盖入库、出库、盘点等功能模块，实现数字化和智能化仓储管理，具备库存预警等功能。

物联网（IoT）技术应用：实现仓储设备和货物互联互通，监测环境和设备状态，追踪货物位置，提高仓储管理透明度和效率。

大数据分析应用：分析出入库和设备运行数据，优化库存结构，预测设备故障，评估管理效率和成本。

4. 物流仓储协同与优化

物流与仓储协同运作：物流和仓储部门相互配合，合理安排装卸和存储作业，提高整体效率。

供应链上下游协同管理：与供应商、客户共享信息，优化生产、配送和采购计划，提升客户满意度。

物流仓储流程持续优化：引入精益管理理念，采用新技术、新设备和新模式，提升自动化、智能化水平，提高运营效率。

3.3.4 数字化设计与仿真技术的应用

在墙体材料智能制造领域,数字化设计与仿真技术深度融入各环节,革新传统模式,提升企业竞争力,推动行业可持续发展。

产品研发设计:计算机辅助设计(CAD)软件助力设计师构建三维模型,精准设计墙体材料产品,缩短设计周期,降低成本。其参数化设计功能可快速生成多样方案,满足市场需求,增强企业竞争力。有限元分析(FEA)软件模拟产品受力,优化结构强度,保障建筑安全。

生产工艺优化:仿真技术用于窑炉烧制等工艺设计,通过建立数学模型模拟物理过程,调整加热、通风等参数,优化工艺,提高能源利用率和产品质量,避免试错成本。

生产流程规划:虚拟装配技术提前发现部件装配问题,优化设计方案;虚拟调试预运行测试生产线,检查设备协同、工艺合理性和系统稳定性,减少调试时间和成本,提升生产系统可靠性。

产品全生命周期管理:该技术贯穿产品从设计到报废回收的全过程。使用阶段,依据运行数据预测性能变化和寿命,指导维护更换;报废回收阶段,评估可回收性和再利用价值,优化回收流程,促进资源循环利用和行业绿色发展。

3.3.5 智能传感与预测性维护的应用

在墙体材料智能制造体系里,智能传感与预测性维护技术是保障生产稳定、高效的核心力量,能确保设备稳定运行、提升生产效率并降低维护成本。

智能传感器作为设备运行状态的关键监测部件,广泛分布于墙体材料生产设备的各个关键位置。在窑炉设备中,温度传感器严密监测炉内不同区域的温度变化。窑炉温度均匀性对墙体材料烧制质量影响较大,比如烧制陶瓷砖时,温度的细微差异就可能致使砖块颜色、硬度等出现问题。所以温度传感器一旦捕捉到温度异常,便迅速将数据传至控制系统,系统即刻发出警报,让操作人员能及时调整,保证产品质量稳定。压力传感器则负责监测窑炉和蒸汽养护设备内的压力。窑炉运行时,压力稳定关乎设备安全与产品质量,压力过高或过低都可能引发安全问题、损坏设备。而在蒸汽养护环节,精准的压力控制能为墙体材料提供良好的养护条件,提升产品的物理性能。

振动传感器安装在破碎机、搅拌机这类机械设备上,时刻监测设备的振动情况。设备正常运行时,振动幅度和频率在一定范围内,当部件出现松动、磨损或不平衡时,振动就会异常。例如,破碎机锤头磨损会使设备振动加剧,振动传感器检测到异常后,系统能快速定位故障位置和原因,提前安排维护,减少生产中断时间。位移传感器在自动压砖机中发挥着重要作用,它精确测量模具位移,确保砖块压制时模具位置精准,保证产品尺寸精度。一旦模具出现位移偏差,传感器会及时反馈,控制系统随即调整设备参数,保障产品质量。

预测性维护系统基于智能传感器采集的数据，借助大数据分析和机器学习算法构建而成。它先收集整理设备大量的历史运行数据，涵盖启动停止时间、不同工况参数及故障记录等；然后运用机器学习算法深度分析这些数据，建立设备故障预测模型。以深度学习算法中的长短期记忆网络（LSTM）模型为例，它能有效处理时间序列数据，学习设备运行状态随时间的变化规律，掌握设备正常与故障前的参数特征和变化趋势。当智能传感器实时采集到新数据，预测性维护系统就输入模型分析。若模型预测设备在未来发生故障时，系统会立即发出预警，详细告知故障位置和原因。比如预测某搅拌机电机在一周内可能因散热系统堵塞导致过热损坏，操作人员就能提前安排清理、检查和更换部件，保障生产的连续性。

预测性维护系统还具备自学习和自适应能力，可根据新产生的数据优化模型参数，提升故障预测准确性。设备技术改造或部件更换后，系统也能重新调整参数，贴合设备实际运行情况。

相比传统的被动维修模式，预测性维护实现了主动预防。传统模式下设备发生故障后再维修，易导致生产中断、成本增加，还可能使设备损坏加剧。而预测性维护让企业能依据预测结果，在生产淡季或设备利用率低时安排维护，提前准备零部件和工具，减少维护时间，提高维护效率。通过分析故障数据，企业还能总结规律，优化设备的设计和维护策略，提高设备的整体可靠性和使用寿命，有力推动墙体材料生产行业的发展。

3.3.6　智能化系统运维

在墙体材料智能制造体系中，智能化系统运维是保障生产体系稳定、高效运行的关键，主要涉及系统运行监控、故障诊断与修复、系统升级与优化等方面，借助先进技术为企业持续稳定生产提供有力支持。

系统运行监控是智能化系统运维的基础。在墙体材料生产车间，温度、压力、转速等各类传感器被安装在窑炉、破碎机、自动配料系统等关键设备上，实时感知设备运行状态，并将数据传输至集中监控平台。同时，网络设备、服务器等信息系统的运行参数，如网络流量、服务器负载等也被纳入监控范围。

集中监控平台通过直观的可视化界面，以仪表盘、折线图、柱状图等形式展示数据，让运维人员能清晰了解系统的整体运行状况。例如，用不同颜色标识设备运行状态，绿色表示正常，黄色表示需关注，红色代表设备故障。一旦设备运行参数超出正常范围，监控平台会迅速通过声光、短信、邮件等方式发出警报。比如窑炉温度过高时，平台不仅会突出显示异常状态，还会告知相关人员温度异常的具体数值和位置，以便及时处理。

故障诊断与修复是智能化系统运维的核心任务。当监控平台发出警报后，智能化系统利用专家系统进行快速故障诊断。专家系统基于大量墙体材料生产设备的故障案例和专业知识构建，存储了各种故障现象及对应的原因和解决方案。以自动配料系统为例，若出现配料误差过大的情况，专家系统会依据历史经验，判断可能是传感器故障、配料算法错误或机械部件卡顿等原因,并提供相应的解决办法。

对于简单故障,智能化系统具备自动修复功能。比如网络连接短暂中断时,系统自动尝试重新连接;传感器数据异常时,自动切换到备用传感器并标记故障传感器,方便后续维修。对于复杂故障,运维人员根据诊断结果进行针对性的维修。维修过程中,智能化系统提供远程协助功能,专家可通过视频通话、远程桌面等方式指导现场运维人员,提高维修效率。

系统升级与优化是确保智能化系统适应技术发展和企业业务需求变化的重要手段。随着技术的进步以及企业生产规模的扩大、工艺的改进,墙体材料智能制造系统需要定期升级。软件方面,需及时更新操作软件、管理软件和各类应用程序,修复漏洞、提升性能并增加新功能。例如升级生产管理系统,优化生产调度算法,提高生产效率;更新设备控制软件,增强设备自动化控制能力。硬件方面,需根据系统运行负荷和业务需求,适时升级服务器、存储设备、网络设备等硬件设施,提高系统处理能力和稳定性。

系统优化通过深入分析系统运行数据,找出瓶颈和问题并进行针对性的调整。例如,通过分析生产数据发现某个生产环节设备利用率不足,影响整体效率时,可优化生产流程,调整设备布局并合理分配生产任务;同时优化物流路径,减少物料运输时间和成本。此外,结合企业发展战略和市场需求变化,调整和扩展系统功能,如增加新的质量检测功能、与上下游企业的信息对接功能等,以提升系统的适应性和竞争力。

3.4 墙体材料智能制造存在的问题及解决方案

在全球制造业智能化转型的大趋势下,墙体材料行业积极投身智能制造,但在发展过程中面临诸多难题,解决这些问题对推动行业持续发展、增强竞争力至关重要。

1. 存在的问题

(1) 技术短板

墙体材料行业在智能制造方面,关键核心技术的自主研发能力薄弱。如高端传感器、智能控制算法等严重依赖进口,这不仅使企业采购成本居高不下,后续维护也困难重重。而且,企业在智能化改造时缺乏整体规划,设备与系统兼容性差,数据难以流通,形成众多"信息孤岛",阻碍生产协同与管理效率的提升。

(2) 人才困境

既懂智能制造技术又熟悉墙体材料生产工艺的复合型人才极度匮乏。高校培养体系与墙体材料企业实际需求脱节,企业内部培训体系也不完善,难以满足行业智能化发展对人才的需求。

(3) 资金难题

行业智能化转型需要大量资金投入,中小企业面临更大挑战。智能化改造成本高昂,同时融资渠道狭窄、难度大,资金短缺成为制约行业智能化发展的重要因素。

2. 解决方案

（1）技术突破

墙体材料企业应加大研发投入，组建专业研发团队，聚焦高端传感器、智能控制算法等关键技术研发。积极与高校、科研机构开展产学研合作，整合各方优势资源，加速科技成果转化，实现关键技术自主可控。

（2）系统集成优化

企业引入智能化设备和系统时，要注重系统集成。建立统一的数据标准和接口规范，搭建企业级数据平台，集中管理和分析生产、管理及供应链数据。借助大数据分析技术，挖掘数据价值，为生产决策、质量控制和供应链优化提供有力支持。

（3）人才培养与引进

企业加强与高校深度合作，推动高校根据墙体材料行业需求调整专业课程，增加智能制造相关课程与实践教学。企业内部完善人才培养体系，制订系统的培训计划，定期组织员工参加技术培训与交流活动，邀请行业专家授课指导。同时，提供具有竞争力的薪酬待遇和良好的职业发展空间，设立技术专家岗位，吸引和留住高端人才。

（4）资金支持与合理规划

政府出台税收优惠、财政补贴政策，如对智能化升级企业减免税收，设立专项补贴资金支持关键技术研发和设备购置。金融机构创新金融产品和服务，开发专项贷款，简化审批流程，降低贷款门槛，为企业提供长期低息贷款。企业自身要合理规划资金，分阶段对生产关键环节（如原材料处理、成型环节）进行智能化改造，拓展融资渠道，吸引风险投资和产业投资基金，保障智能化转型资金的需求。

3.5 墙体材料智能系统发展方向

在全球可持续发展理念的深入推进以及科技飞速发展的大背景下，墙体材料生产系统正处于变革的关键节点，其未来发展呈现出多维度、极具前瞻性的趋势，这些趋势不仅重塑着行业格局，更深刻影响着建筑领域的未来走向。

1. 智能化深度融合与自主决策升级

未来，墙体材料生产设备的智能化将达到新高度。以自动配料环节为例，设备将配备更为先进的传感器，不仅能实时精准检测原材料的各项物理和化学指标，还能根据市场需求的动态变化、不同批次原材料的细微差异以及能源供应的实时状况，自动且精准地调整配料方案。这意味着在生产过程中，即使原材料的品质出现波动，也能确保最终产品质量的高度稳定。

在成型阶段，设备将借助人工智能和机器学习技术，实现高度自主的参数优化。通过对大量历史生产数据的深度挖掘和分析，设备可以根据不同的产品规格、性能要求以及生产环境条件，自动调整成型压力、温度、速度等关键参数，确保生产出的墙体材料在强度、密度、外观等方面都能达到最优状态。

质量检测环节也将因智能化技术的深度应用而发生变革。除了现有的图像识别技术用于检测产品外观缺陷，还将引入光谱分析、超声波探伤等多种先进检测手段，并通过人工智能算法对检测数据进行综合分析，实现对产品内部结构缺陷和性能隐患的精准检测，大大提高检测的准确性和全面性。

2. 绿色化全方位覆盖与可持续发展深化

绿色化将贯穿墙体材料生产系统的全生命周期。在原材料选择上，企业将进一步加大对工业废弃物、建筑垃圾以及农业废料等的利用力度。例如，通过创新技术将废弃的塑料、橡胶与传统建筑材料复合，生产出具有良好保温、隔声性能的新型墙体材料，如此既解决了废弃物的处理难题，又降低了对天然原材料的依赖。

生产工艺将更加注重节能减排。一方面，采用新型的清洁能源如太阳能、风能、氢能等，替代传统的化石能源，从源头上减少碳排放。另一方面，通过优化生产流程，如改进窑炉的加热方式和热回收系统，提高能源利用效率，降低单位产品的能耗。

产品设计将以绿色环保和可持续性为核心导向。研发具有自清洁、空气净化、湿度调节等多功能的墙体材料，不仅能提升建筑物的品质，还能改善室内外的环境质量。例如，研发能够吸附和分解空气中有害气体的墙面涂料，或者具有调节室内湿度功能的新型砖材，为人们创造更加健康舒适的居住和工作环境。

3. 个性化定制与柔性生产普及

随着建筑市场对个性化和差异化需求的不断增长，墙体材料生产系统将朝着高度柔性化和定制化的方向发展。借助先进的数字化设计工具，客户可以在虚拟环境中参与产品设计过程，根据自己的创意和实际需求，自由调整墙体材料的颜色、纹理、形状、尺寸以及物理性能等参数。

生产系统将基于模块化设计理念，实现产品的快速切换和定制生产。通过将生产设备和工艺流程划分为多个功能模块，系统可根据不同的定制订单快速组合和调整这些模块，实现从一种产品到另一种产品的快速切换，大大缩短生产周期，提高生产效率。

同时，伴随3D打印技术的发展，墙体材料的定制生产将更加灵活和多样化。对于一些具有特殊造型和复杂结构的墙体材料，3D打印技术可以直接根据设计模型进行打印生产，满足建筑设计中对独特性和创新性的追求。

4. 产业协同与生态融合加速

墙体材料生产系统将与上下游产业建立更加紧密的协同合作关系，形成完整的产业生态链。在原材料供应端，生产企业将与供应商建立深度的战略合作伙伴关系，实现信息的实时共享和协同运作。供应商可以根据生产企业的生产计划和库存情况，提前安排原材料的生产和配送，确保原材料的稳定供应，并保证原材料的质量符合生产要求。

在产品销售端，生产企业将与建筑设计单位、施工企业以及房地产开发商等建立更加紧密的合作机制。建筑设计单位在设计阶段就与生产企业沟通，根据建筑的功能需求和设计风格，共同研发和选择合适的墙体材料。施工企业则将生产企业的产品特点和施工要求融入施工方案中，确保墙体材料的安装质量和施工效率。

借助工业互联网平台，墙体材料生产企业之间将实现资源共享、技术交流和协同创新。企业可以共享生产设备的闲置产能、先进的生产技术和管理经验，共同开展技术研发项目，攻克行业共性难题，进而推动整个墙体材料产业的技术进步和创新发展。

4 烧结墙体材料智能制造

4.1 概述

烧结墙体材料主要是指通过烧结工艺生产的墙体材料，包括烧结砖和烧结砌块。这类材料一般是以黏土、页岩、煤矸石等为原料，经过粉碎、配料、搅拌、成型和高温烧制而成。烧结墙体材料具有强度高、耐久性好、防火性强、吸声隔声等优点，广泛应用于建筑工程中。

随着城市化进程的推进和建筑行业的持续发展，烧结墙体材料的市场需求较为稳定。尽管新型建筑材料不断出现，但烧结墙体材料凭借其优良的物理性能和环保特性，依然占据较高的市场份额。我国已经颁布了一系列烧结墙体材料标准，如烧结标砖、多孔砖、空心砖及砌块、烧结自保温砌块、烧结墙板等的相关国家标准，这些标准有效地指导了企业规模化生产烧结墙体材料系列产品。

在20世纪70年代，我国实现了烧结砖行业的机械化和电气化生产：采用破碎机和滚筒筛进行原料处理；采用硬塑和半硬塑挤出成型砖机制作砖坯；采用小烘干隧道窑正压排潮烘砖，采用配有电动抽烟鼓风机的轮窑进行焙烧，烘干和焙烧环节均采用人工码坯和卸砖方式，由此取代了传统的土窑烧砖工艺。

由于轮窑采用人工码坯和卸砖，效率低下，人工成本高，进入21世纪，开始被隧道烘干窑和隧道焙烧窑所替代；到21世纪20年代，轮窑工艺已全面淘汰，取而代之的是4.6~9.2m的中大断面宽度隧道窑或者7~12m断面宽度的移动式隧道窑。

智能制造是现代制造业发展的重要趋势，通过信息化、自动化和智能化技术与工艺技术的融合，可有效地提升生产效率、降低生产成本、改善产品质量。具体而言，智能制造是指采用IT技术融合烧结砖工艺技术去控制烧结砖生产过程和砖厂的运营销售管理。

借助物联网、传感技术，例如，通过安装不同类型的传感器构成的高效监控系统，可以实时监测水分、原料质量、烘干和烧结温度、烘干湿度和窑内窑底风机压力等参数，以确保产品质量稳定。

借助大数据和人工智能等技术，实现对生产过程的实时数据监控与管理，建立数字化工厂，通过制造执行系统（MES）和企业资源计划（ERP）系统，集成生产、物流和销售等环节于一体，实现全流程的数字化管理和优化。

随着墙体材料制造行业的发展，各种智能设备基本成熟，如自动加水、自动配料、自动布料、自动挖料、自动砖机挤出、自动编组机器手码坯、自动码坯机码坯、窑车窑炉自动调度运行、自动烘干焙烧、自动脱硫除尘、自动卸砖打包等工艺设备，这些设备运用于烧结砖生产线上，可实现烧结砖全自动控制生产。

从2020年到2024年，烧结砖厂通过采用DCS系统逐步建成全厂SCADA管理体系，在环保和能源方面，实现全行业的排放数据和能源数据的大数据监测管理。

烧结墙体材料行业积极应对资源和节能减排挑战并取得了进展。如：在烧结砖原料选择方面，用页岩、煤矸石、建筑废土和河道淤泥等取代了黏土，既保护了耕地，又实现了资源综合利用。在节能减排方面，中国特色的内燃烧砖工艺较外燃方式节约燃料约20%。利用废煤矸石热能，不但解决了烧结砖的原料，还解决了烧结燃料，成为烧结砖利废节煤的亮点；在可再生能源利用上，烧结砖还采用了秸秆粉碎制粒的外燃烧砖技术；通过优化空心砖和焙烧的工艺参数，烧结空心砖和空心砌块全过程热耗和能耗可达到329kcal/kg（1kcal＝4.186J）砖的标准，与其他同用途墙体材料的全过程能耗相当。

我国的烧结墙体材料现状和发展前景表明，烧结墙体材料不但在产品质量性能上有优势，而且还具有消纳煤矸石等固体废料的资源综合利用优势，还是今后房地产"好房子"理念发展的低楼层独立屋、免外贴瓷砖的清水墙砖的砖混结构的主要墙体材料。总之，烧结墙体材料是不可替代的可持续发展墙体材料。

4.2 烧结墙体材料工艺介绍

烧结墙体材料的形状多为矩形，其长宽高与墙体厚度和建筑施工模数有关。

烧结墙体材料按原料分类可分为黏土砖、页岩砖、煤矸石砖；按燃料分类可分为内燃砖、外燃砖；按孔洞率分类可分为实心砖（标准砖）、多孔砖、空心砖（砌块）、烧结墙板；按用途分类可分为承重砖、隔断墙砖、外墙砖、自保温砖、清水墙砖、铺地砖。

以下为一次码烧和二次码烧的工艺介绍。

4.2.1 原料处理工艺

原料处理工艺提供满足陈化、成型、烘干和焙烧要求的原料粉料，主要有配料、破碎过筛、对辊、陈化加水搅拌、陈化布料等工序。

配料工序通过几种原料的定量配方来达到塑性和内燃热值要求。原料塑性满足成型和干燥无裂纹的要求；内燃热值满足烧结温度和节能减排的要求。

1. 配料工艺要求

配料后原料塑性指数要求在9%~17%，塑限14%~16%，成型时砖坯的含水率为14%~16%（含分子水和游离水）。

塑性原理：制砖原料的可塑性是指原料与适量水分拌和、捏练制成的泥团，在外力作用下可以塑造成任何形状而不开裂，当外力移除后能永远保持其形状不变。砖可塑性用加水后烘干原料的含水率（%）来表示（含分子水）。

原料加入最少量水而出现可成型的含水率为塑限（%），当原料加水量低于塑限（%）时，原料呈半固体状态；继续加水至原料泥团出现流动状不能成型时的含水率为液限（%），当原料加水量高于液限时，原料泥团丧失结构稳定性不能成型；塑性指数（Plasticity Index，PI）为液限（%）与塑限（%）之差。

原料塑性高和塑性指数高虽然都涉及土壤的塑性特性，但两者是不同的概念。

塑性指数较高的土壤通常具有较强的黏性，并在承受较大范围的水分变化时仍能保持塑性。意味着它能够在较广泛的水分范围内保持良好的可变形性，而不容易破裂或变干。换句话说，原料在适当的水分含量下，具有较强的延展性，容易成型。

塑性高和低，是指加入高的水分或者低的水分后原料能保持成型的塑性；塑限低，意味着加入比其他原料的水分少也能保持基本成型的塑性，这种原料是做砖的理想原料。例如，有两种页岩，其中一种的塑限和液限分别为14%与25%，塑性指数为11%；另一种的塑限和液限分别为17%与28%，塑性指数也为11%；其中塑限14%的页岩可在14%含水率（含游离水）下成型，该页岩相对于塑限17%的页岩更适合作为制砖的原料。

2. 焙烧内燃热值

焙烧内燃热值，是指每千克原料的千卡数，与砖型、烧结时间、烧结质量、燃烧效率和内燃煤的燃点有关，一般配入范围在270~450kcal/kg原料。内燃材料可选用煤矸石、煤、油质页岩、可再生的有机农业废料以及含热值高的工业废料等。

3. 破碎过筛、对辊

对页岩和煤矸石采用颚破和锤破碎后过筛，筛上物返回锤破二次破碎，筛下粉料作为成型原料；对泥土原料采用对辊碎，经对辊后原料作为成型原料。

原料的颗粒组成会直接影响到制砖原料的塑性，原料塑性决定了成型砖坯最低含水率，而水分多少决定了干燥收缩率的大小，含水率高收缩率大，收缩率大就容易产生裂纹。颗粒级配还决定了砖坯气孔率和烧成收缩率，原料颗粒越细，比表面积越大，毛细管半径越小，可塑性就越高。烧制砖原料的可塑性指数控制在9%~17%为宜。

烧结标砖的颗粒级配：大于0.02mm的砂粒含量≤70%，0.02~0.002mm的尘粒和黏粒≥30%。

多孔砖的颗粒级配：砂粒含量≤60%，尘粒和黏粒含量≥40%。

空心砖和空心砌块的颗粒级配：砂粒含量在8%~48%，尘粒含量在10%~47%，小于 0.002mm 的黏粒含量≥23%；

薄壁空心砌块的颗粒级配：砂粒含量在 6%～45%，尘粒含量在 30%～47%，黏粒≥25%。

4. 陈化加水搅拌、陈化布料取料

为了使粉料的水分均匀，进而增加塑性，需要对粉料加水到 12% 的含水率（分子水和游离水）后送入陈化仓陈化，12% 是粉料不产生团粒结构的含水率。具体做法：加水普通搅拌后，通过皮带输送机送至陈化仓，按仓位平铺分层布料；陈化大于 72h 后，按布料方式分层反序取料，并由多斗挖掘机输送至成型工序。

4.2.2 砖坯成型工艺

砖坯成型采用挤出成型工艺，满足干燥工艺对砖坯水分的干燥敏感度要求，并满足焙烧工艺对发热量的热平衡要求（成型阶段可以最后一次调节发热量）。

成型工艺过程：从陈化仓取陈化好的粉料，经过给料机、强力搅拌机、砖机上搅拌机、挤出砖机、切条切坯、砖坯编组、机器手或者码坯机码车后，进入烘干砖坯静停道静停，最后进入烘干工艺。静停过程也是利用太阳能晾干的过程，抽出焙烧窑冷却带的热风烘干静停道的砖坯，称为入烘干窑前的预烘干。

1. 陈化仓取料，给料机稳料

陈化取料多斗挖掘机与给料机的粉料料位反馈联动，稳定料位高于给料机出料开口的上沿，从而稳定了粉料流量，开口的大小以满足挤出砖机的单位时间制坯需要的粉料量为准；

2. 强力搅拌机加水搅拌，砖机上搅

按粉料质量流量的比例加水搅拌后送砖机上机搅拌。

3. 砖机挤出成型，切条切坯

经砖机上搅拌后泥料进入砖机成型挤出连续的泥条；通过切条后再切坯形成砖坯。

4. 砖坯编组，机器手或者码坯机码车

为适应机器手或者码坯机码车，需对砖坯流进行动态编组，编组后输送至码坯台被码坯机器手或者码坯机码上窑车。一次码烧的窑车烘干焙烧为同样窑车，烘干焙烧通常码车一次；对码车层数超过 16 层，可以先码坯 8 层静停晾干以增加砖坯硬度，然后再码剩余层数，称为一次半码烧；二次码烧，其烘干和焙烧的坯车和码坯不同，比如烘干为上架式坯车，第一次码坯为烘干码车，砖坯烘干出烘干室后，第二次为叠放码坯或者墙板的焙烧上架等方式的焙烧码车。三种码烧方式，都可在码车后利用太阳能晾干砖坯再进入烘干室烘干。在温暖干燥的云南，如晾干 24h，可以减少 3%～5% 的水分；还可在静停道上抽焙烧窑余热预烘干后再进入烘干窑，以减少烘干窑风量，并降低烟气的氧含量，达到烟气氧含量≤18% 的环保排放要求。

砖坯成型时的压力越高对砖坯在挤出中的泥料流动性要求越低，即对原料塑性要求越低，或者同样塑性材料挤出砖坯含水率降低；反之，成型压力越低对原料塑性要求越高，坯体含水率也会增加。砖坯采用硬塑挤压成型，成型压力高要求泥料流动性较小，坯体含水率为13%～14%，砖坯结实度高；半硬塑成型，坯体含水率为15%～16%，砖坯结实度为中等；流动性高的薄壁软塑成型，其含水率为17%～21%，砖坯结实度低。含水率高收缩率大容易产生裂纹，烘干难度大，含水率低收缩率小不易产生裂纹，烘干难度低。三种成型方式对应软塑、半硬塑和硬塑三种成型砖机。成型对原料的塑性要求是：较低的含水率达到泥料流动性以满足砖坯成型要求。较低的含水率可增加砖坯结实度，减小烘干砖坯的收缩率，更容易实现无裂纹快速烘干。

4.2.3 砖坯烘干焙烧工艺

1. 烘干工艺

一次和二次码烧都要有人工（对应于自然晾干）加热干燥工艺。干燥脱水过程中将发生收缩，即砖坯尺寸收缩。砖坯的水分有游离水（或者自由水）和分子水，分子水约占4%，其余是游离水，分子水不随加自由水的多少而变化，游离水决定于砖机成型流动性需要加水的多少，烘干窑的烘干只能脱掉游离水，分子水将在焙烧窑的焙烧预热段约500℃时脱掉。砖坯收缩率仅与游离水有关，大约为游离水含水率的1/4，例如，游离水含水率12%，收缩率约3%。收缩率越低，砖坯就越不容易开裂。例如，制作1.5m的烧结墙板时，原料塑性好且游离水含水率控制在8%、收缩率2%，比含水率12%、收缩率3%的墙板坯体的裂纹将大大减少。

砖坯的干燥性能主要有干燥收缩、干燥敏感性、临界含水率。根据干燥过程参数设计干燥的工艺过程或者理想干燥制度。

临界含水率：干燥时砖坯逐渐收缩到不能再收缩，此时的含水率为临界含水率。砖坯水分小于临界含水率时，增加温度较高也不容易再产生裂纹；而水分高于临界含水率时增加温度较高就可能会引发开裂。临界含水率越高，就越不容易产生裂纹；反之，则越容易产生裂纹。临界含水率还与砖坯脱水均匀性、砖坯密实度结合力和干燥水蒸气产生内张力的平衡有关。

干燥敏感性系数 K = （入窑水－临界水）/临界水（取含水率计算）；试验得到 K，取坯量尺寸（不再收缩时），K = （入重－临重）/（临重－干重）；入窑水分越低或者临界含水率越高，K 越小，越不裂；入窑水分越高或者临界含水率越低，K 越大，越容易产生裂纹。砖坯结实度越高，不产生裂纹的临界含水率也越高，也越不易产生裂纹；成型水分降低，不但增加了砖坯结实度，还降低了入窑水分，使干燥敏感性系数 K 减小，越不易产生裂纹。从原料特性来看，成型水分的高低直接影响干燥敏感系数，例如，黏土成型水分较高时干燥敏感系数较高，页岩和煤矸石成型水分较低则干燥敏感系数较低。砖坯水分越低，裂纹发生率越低是有道理的，印证了行话"一干遮百丑"的科学性。

陈化后原料的塑限会降低，塑性指数会提高，砖坯结实度增加，干燥收缩减小，干燥过程中产生开裂的倾向性降低。

砖坯在烘干室内经过预热烘干阶段（8h）、加速烘干阶段（8h）、高温干燥阶段（8h），总烘干时间约24h；对于烘干塑性调节适宜、干燥敏感系数较低的空心砌块，采用大风量快速穿流烘干工艺，可以在4~6h完成烘干，类似用电热风吹干衣服，干得更快。

2. 焙烧工艺

焙烧过程：砖坯车进焙烧窑，同时顶动窑内所有装满砖坯窑车向出砖口移动一个车位，也在出砖口顶出一车烧好的砖；一个砖坯车在焙烧窑内经过预热带（10h）、烧结保温带（10h）、冷却带（10h），总焙烧时间约30h。

烧结工艺中，通过控制烧结温度、保温温度和时间来调节高温烧结液相物质比例。为了通过控制温度的高低来准确控制烧结液相物质的比例，烧结砖的原料必须是一组不同熔点的混合物质，这种材料就是黏土，或者原来是黏土后沉积变成了页岩或煤矸石，只有混合物质的熔化点才不会在一个温度点上。各种不同物质的混合原料，在一定持续时间内，内部达到14%~16%物质熔化的熔点温度，持续时间越长要求熔点温度越低（低温长烧），持续时间越短要求熔点温度越高（高温快烧），该温度范围叫烧结温度范围，该最短时间和最长时间叫烧结时间范围。

按烧结温度-时间关系提出了两种焙烧方法：相对低的烧结温度和较长烧结时间的低温长烧烧结工艺，较高的烧结温度和较短烧结时间的高温快烧工艺。

由表4-1和图4-1所示的烧成时间-温度的关系可知，低温长烧与高温快烧的温度相比较，其温度的变化不超过±50℃，低温长烧最高温度比高温快烧降低50℃左右，但其焙烧时间比高温快烧将延长一倍。液相物质在砖的内外分布上，低温长烧比高温快烧更均匀，砖的质量更好。适当采用高温宽带的焙烧方法，宽带形成的低温长烧虽然延长了烧结时间，但不会降低产量（见低温宽带快烧）。

表4-1　黏土标砖的烧成时间-温度关系

烧结温度/℃	850	900	950	1000	1050	1100
烧熟时间/h	13	9	5	2.5	1.5	1

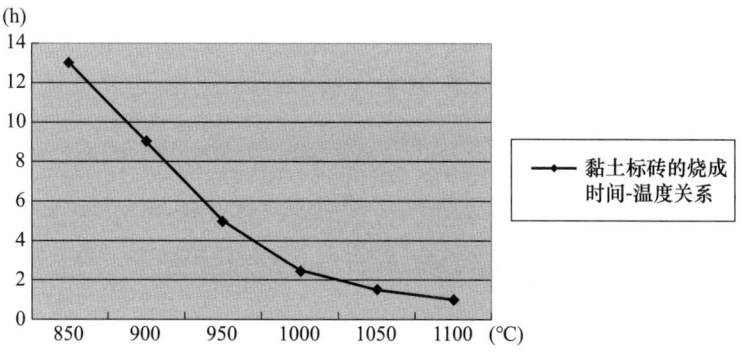

图4-1　黏土标砖的烧成时间-温度关系

3. 烧结温度

烧结温度决定于原料。泥土中的低熔点液相物质的熔点温度和需要熔化物质所占的比例（烧熟度）共同决定了烧结的温度范围。烧结温度有三种情况：第一，烧结砖没有统一的烧结温度标准，不同材料有不同的烧结温度；第二，由于受烧结时间长短的影响，对应于不同烧结时间，同一种材料的同类砖型有不同的烧结温度，同一种材料的不同类砖型也有不同的烧结温度，比如标砖和空心砖，所以，一种材料的烧结温度实际上是一个烧结温度范围，一般情况下，烧结温度范围高低相差50℃左右，比如（850～1200）℃±50℃；第三，不同材料有不同的高温烧结范围，我国的黏土、页岩、煤矸石三种原料的烧结高温范围在800～1250℃，不同产地的页岩、黏土、煤矸石都分别有不同的烧结温度范围。

4. 卸砖打包机

卸砖打包机把窑车上焙烧好的砖一层一层地卸下来，经编组后打包，最后由叉车把包装好的砖入库。

4.3 智能控制的装备数字化及生产自动化

烧结墙体材料智能控制由自动化、信息化、智能化组成，实施时可以分阶段推进"自动化→信息化→智能化"三步走策略。自动化是智能化的基础，包含装备数字化、自动控制装备、生产过程控制。

烧结砖生产线由原料处理、砖坯成型、烘干焙烧三个工艺段组成，在烧结砖厂设有原料、成型、烧成三个车间。烧结砖生产的关键行业装备有：原料的破碎机和搅拌机、成型的搅拌机和砖机、烧成的烘干窑和焙烧窑。

装备的数字化由传感数字化和控制过程数字化组成。传感器检测装备运行参数和装备运行效果检测，控制过程数字化主要是装备启停、转速、工艺过程参数、热工平衡参数等数字显示记录并可自动调节。解决设备智能化的关键是传感检测和自动执行。

4.3.1 原料处理工艺装备的数字化智能控制装备及过程控制

1. 原料处理生产线 DCS 系统

原料处理工艺装备数字化主要体现在以下方面：原料处理工艺的锤式破碎机和搅拌机的数字化升级，通过传感器检测锤式破碎机与搅拌机的电流，并计量检测破碎机的进料和筛分后的粉料；采用变频器调节锤式破碎机和搅拌机的转速，使其自动启停破碎机、搅拌机以及相关辅助设备。

图 4-2 是车间 DCS 集中分散式控制系统。

主要功能：原料处理生产线车间 DCS 系统的上位机集中管理生产线的 4 台分散式

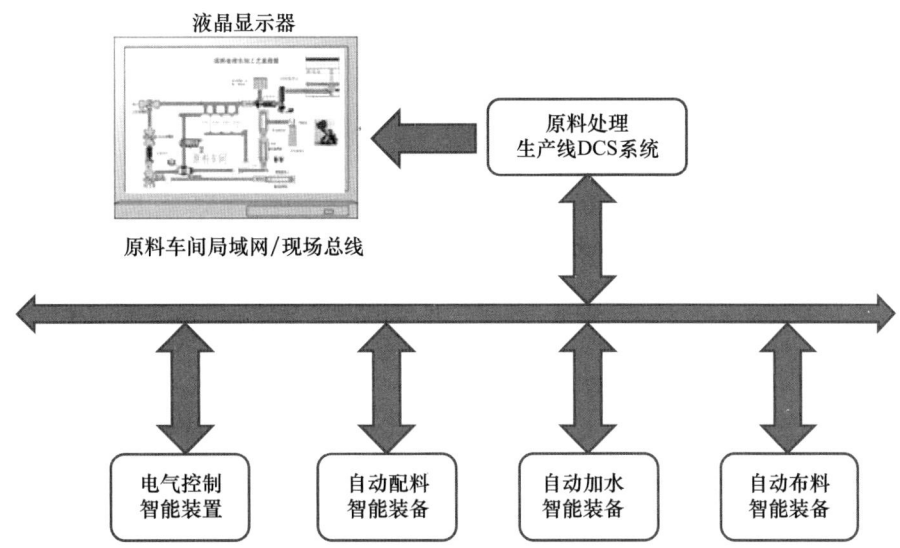

图 4-2　车间 DCS 集中分散式控制系统

智能控制装备。DCS 系统的上位机安装在车间现场，与车间 4 个智能装备网络/现场总线通信，并配有就地控制面板的人机对话功能，可以完成智能控制设备的参数设定，包括：破碎机、对辊机、搅拌机的工作电流，各种原料的配料比例，配水比例以及设备启停的延时间隔。生产线可以全自动运行或者手动启停。

车间 DCS 集中分散式控制系统通过局域网与全厂 SCADA 系统的上位管理机联网。车间 DCS 集中分散式控制系统可以独立运行，也可以与全厂 SCADA 系统联网运行，形成全厂智能化的 SCADA 控制系统。

（1）全自动配料智能装备

主要功能：代替配料工人完成原料配料，实现无人自动配料。制砖的原料分别有 2～5 种原料混合以满足塑性和内燃热量的要求。首先，根据分析仪表对原料塑性和发热量的分析结果，得到 5 种原料的配方比例，然后按比例配料。图 4-3 和图 4-4 分别是原料处理车间流程和建筑废土原料处理生产线 DCS 控制流程。

传感检测系统：用 2～5 个悬挂式皮带秤称量检测原料的质量流量。

执行机构：料量可调节的给料机，如配有变频调速的给料机。给料机有料位检测，给料机的上料可以采用人工开铲车上料，也可以自动铲车上料。自动启停皮带秤；配有备份电手动配料装置。

现场控制计算机：通过现场通信总线采集称重传感变送器的料量数字信号，记录显示实时流量，小时、班、日、月累积流量和实际配料比例；根据设定比例 SV 和检测比例 PV 的偏差，按比例积分算法计算给料机转速，通过现场通信总线送调速数字信号到给料机变频器，调节给料机转速来调节料量，达到配料要求的配比。

网络化：现场控制计算机作为车间 DCS 集中分散式控制系统的分散控制成员，与车间 DCS 上位机局域网交换数据，上报原料计量和配方数据，同时接收上级计算机的比例信号和启停信号。

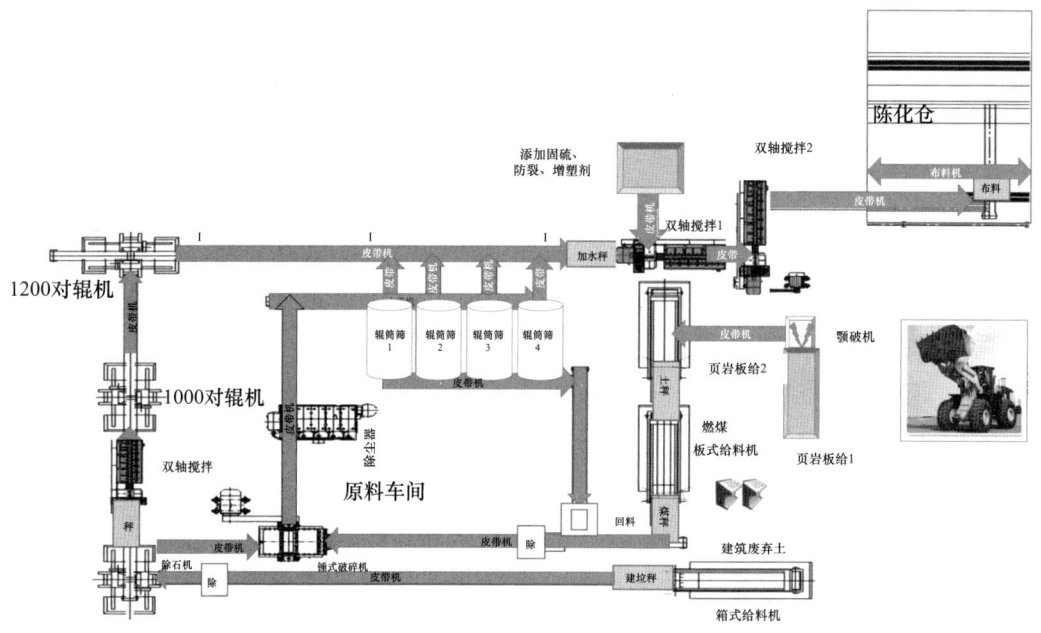

图 4-3 原料处理车间工艺流程

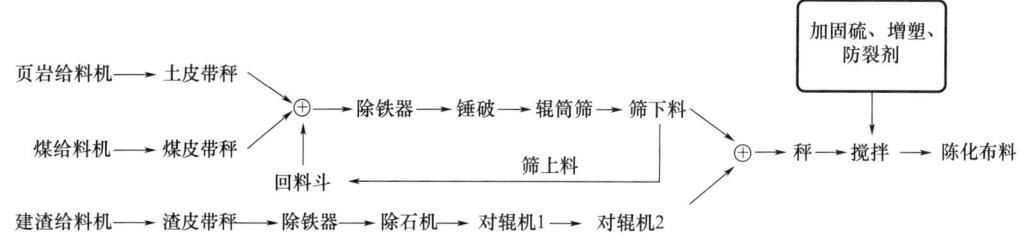

图 4-4 建筑废土原料处理生产线 DCS 控制流程

（2）全自动加水智能装备

自动配煤加水原料处理工艺如图 4-5 所示。

主要功能：代替加水工人完成陈化前粉料加水，实现无人自动加水。将经过锤破碎筛分后的粉料和原料中分选出的泥土混合，加水至不结团状态的含水率为 12%，搅拌均匀后送陈化仓陈化。

传感检测系统：2 种原料需要用 2 个悬挂式皮带秤称量检测原料的质量流量，可配用 1 台红外水分检测仪检测加水搅拌后的水分，需要检测搅拌机的电流。

执行机构：一台配有变频调水量的给水泵，可变频调速的搅拌机，自动启停的皮带秤，加水泵，搅拌机；配有电手动配水装置。

现场控制计算机：通过现场通信总线采集称重传感变送器的粉料和土料的质量数字信号，记录显示实时流量及小时、班、日、月累积产量和加水比例；根据检测的粉料和土料质量和红外检测的加水后的含水率，按设定加水含水率和红外检测含水率的偏差

PID 计算补加水的量，换算成水泵的水量并折算成水泵转速信号，通过现场通信总线送调速数字信号到水泵变频器，调节水泵加水到搅拌机的粉料和土料中，达到加水搅拌的陈化入仓料含水率 12% 的要求。

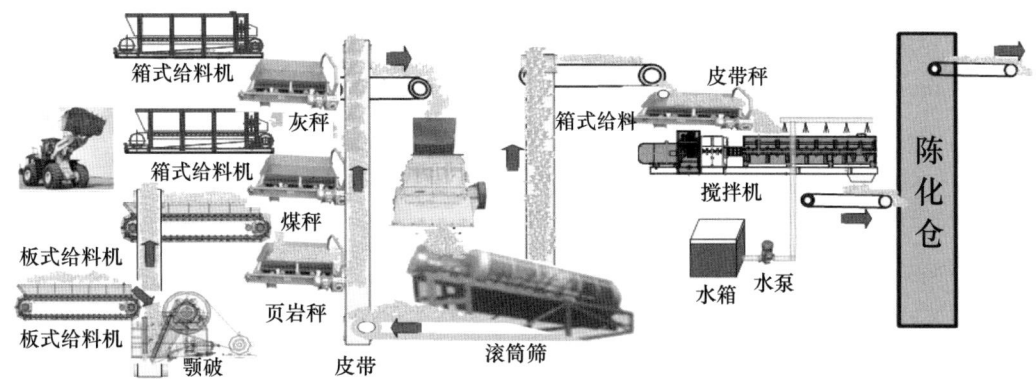

图 4-5　自动配煤加水原料处理工艺

网络化：现场控制计算机作为车间 DCS 集中分散式控制系统的分散控制成员，与车间 DCS 上位机局域网联网交换数据，上报粉料产量和加水数据，接收 DCS 上级计算机的加水比例信号和启停信号。

(3) 自动布料智能装备

主要功能：陈化仓一般有 4~8 个料仓，通过提高原料粉料含水均匀性来增加原料塑性，陈化时间大于 72h。布料皮带输送机在指定料仓范围内的上部，来回一层一层地布料，直到仓满进入下一个料仓。自动布料系统可完全替代人工操作，实现自动陈化布料。其过程如图 4-5 所示。

传感检测系统：仓位号检测，布料位置检测，仓料料位检测，布料机、皮带机电气检测；

执行机构：启停布料机，布料机行走电机，送料皮带。

现场布料控制器：通过现场通信总线接收布料仓号，行走布料机和布料皮带到达设定仓位，随动上料皮带启停布料机构，检测布料左右位置，行走电机换向和行走布料。

网络化：现场控制计算机作为车间 DCS 集中分散式控制系统的分散控制成员，与车间 DCS 上位机通过局域网交换数据，上报布料仓位号及布料时间等设备状态，可以接收上级计算机的布料仓位号和布料系统启停信号。

(4) 原料处理设备电气控制智能装置

主要功能：设备电气控制对原料处理车间与破碎、筛分、对辊碎、搅拌机、皮带送料机、陈化布料机等 16~32 台设备完成电气控制，包括按生产线上料流序缓冲分级逆序延时启动，反序延时停止，不堵料停机，接入装备数字化的电机电气有关的信号，完成破碎、对辊碎、搅拌机的负荷调节，做到最佳负荷下连续稳定生产。

网络化：现场控制计算机作为车间 DCS 集中分散式控制系统的分散控制成员，与车间 DCS 上位机局域网交换数据，上报生产线设备状态，接收 DCS 给定电机负荷上下限、启停延时间隔以及设备的启动信号。

4.3.2 砖坯成型工艺装备的数字化智能控制装备及过程控制

砖坯成型生产线如图4-6所示，主要包括砖坯成型工艺的挤出砖机和搅拌机的数字化。通过传感器检测挤出砖机的功率、进料和砖坯泥条速度计量、挤出压力、抽真空压力、机口温度、机油温度，同时检测2台搅拌机的电流；采用变频器调节砖机转速以及2台搅拌电机的转速，实现自动启停砖机、搅拌机以及相关辅助设备。

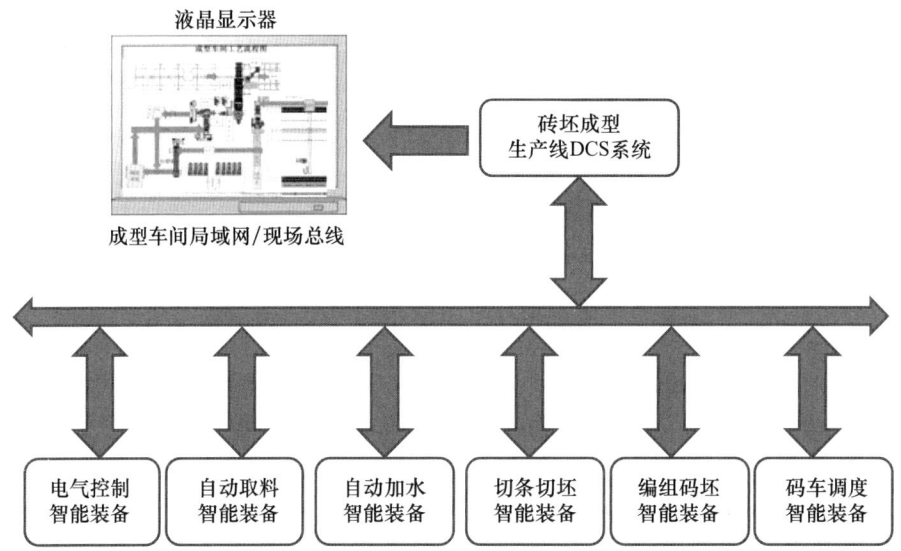

图4-6 砖坯成型生产线

主要功能：砖坯成型生产线 DCS 系统通过上位机集中管理砖坯成型生产线的6个分散式智能控制装备。安装在车间现场，与车间6个智能装备网络/现场总线通信。系统配备就地控制面板的人机对话功能，可以完成智能控制设备的参数设定，比如：砖机的工作负荷、搅拌机的工作电流、配水的比例、设备启停的延时间隔，生产线可以全自动运行，或者手动启停。

车间 DCS 集中分散式控制系统通过局域网与全厂 SCADA 系统的上位管理机联网。车间 DCS 集中分散式控制系统可以独立运行，也可以与全厂 SCADA 系统联网运行，形成全厂智能化的 SCADA 控制系统。

成型计算机自动运行控制流程如下：

1. 自动取料恒量供料智能装备

主要功能：自动控制挖掘机取料，给料机料位控制，给料机稳定供粉料控制，全自动无人实现多斗挖机自动取料、给料机料位控制、砖机供料恒定并根据砖机出坯速度自动调节砖机的供料，实现粉料与出坯物料的平衡。

传感检测系统：多斗挖掘机轨道行走横向位置检测，取料仓位定位检测，挖料深度检测，挖料臂角度检测，陈化料给料机料位检测。

执行机构：多斗挖掘机变频行走电机，多斗挖料臂抬高液压电机，液压活塞油缸电磁阀，取料电机，给料机变频调速电机，送料皮带电机；配备电手动挖料电气系统。

现场控制计算机：通过现场通信总线采集电子秤的粉料流量数字信号；检测给料机料位；检测多斗挖掘机横向定位位置和挖料臂的角度位置，检测垮料；按设定仓号挖掘机横向行走自动到位，挖料臂升降自动到位，多斗运行自动挖料；与挖掘机联动自动调节稳定给料机料位，调节粉料流量以匹配砖机的出坯料流量，达到物料平衡。

网络化：现场控制计算机是成型车间DCS集中分散式控制系统作为分散式控制的成员，与成型车间DCS上位机联网数据交换，上传挖料机位置的仓位号及工作状态，接收上级计算机设置的挖料仓位号和系统启停信号。

2. 成型自动加水智能装备

图4-7为砖自动加水成型工艺流程。

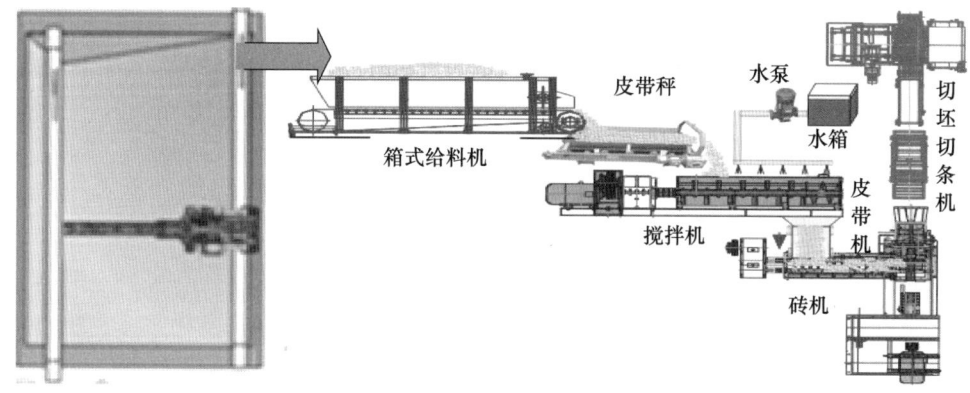

图 4-7　砖自动加水成型工艺流程

主要功能：代替加水工完成陈化后粉料加水，实现无人自动化加水。加水量决定了挤出砖坯的含水率。含水率越高，泥料流动性越好，砖坯越容易成型，挤砖机负荷超低限，砖坯结实度降低，干燥收缩率大，砖坯容易产生烘干裂纹；含水率过低，泥料流动差且砖坯成型困难，砖坯成型裂纹多，挤砖机负荷超高限；调节到最佳低含水率，使泥料流动性能满足砖坯成型要求，砖坯无成型裂纹，挤砖机负荷正常，砖坯结实度高，干燥收缩率小，砖坯不易产生烘干裂纹，砖坯质量好，产量达标。

传感检测系统：1台陈化料称量悬挂式皮带秤计量来料流量，1台红外水分检测仪检测来料水分，检测挤出砖机的负荷。

执行机构：1台配有变频调水量的给水泵，可变频调速的挤出成型砖机，随来料自动启停的皮带秤，加水泵，砖机，强力搅拌机，上级搅拌机；配备备用电手动配水装置1套。

现场控制计算机：通过现场通信总线采集称粉料皮带秤粉料流量数字信号，记录显示实时流量及小时、班、日、月累积产量和加水比例；根据检测的粉料流量及红外检测粉料水分含水率和设定含水率比较计算得到原料的增加水量，折算为水泵的加水量对应的水泵转速,通过现场通信总线送转速信号到水泵变频器,调节水泵将水加到强力搅拌机的粉料中,加水搅拌后的粉料经上搅送砖机;为保证砖坯质量和产量,当砖机负荷超上限时,增大加水比例以降低砖机负荷;当砖机负荷超下限时,减少加水比例以使得砖机负荷提高到正常范围。

网络化:现场控制计算机与车间 DCS 集中分散式控制系统通信,通过联网进行数据交换,上报粉料流量和粉料含水率、加水数据、砖机负荷、班报表、日报表、月报表,接收车间 DCS 集中分散式控制系统的设置加水比例信号和启停信号。

3. 自动切条切坯智能装备

主要功能:与砖机挤出泥条随动自动切条,检测挤出的砖坯泥条,根据需要的标准尺寸调整机械定位,设定切断泥条的长度;控制系统接收传感器的泥条长度信号后,发送指令至切割刀具(钢丝)进行精准切割。在切条之后,砖坯被推送到切坯机,实现对砖坯的进一步切割。采用液压推板和钢丝把泥条精确切割成砖坯。不合格砖坯和泥头返回到搅拌机,重新搅拌后经上搅到砖机挤出成型。

传感检测系统:通过位置传感器和红外到位开关,实时监测和反馈泥坯、泥条、砖坯的位置、状态、数量等信息。通过传感器计数合格及不合格砖坯,计量产量和合格率。

执行机构:液压推板和钢丝切坯机,液压钢丝切条机,输送皮带组。

切条切坯智能装备自动控制系统:通过 PLC 随动切条切坯,并将切好的砖坯送至编组工序,确保整个生产流程的协调和自动化。

网络化:自动切条切坯智能装备与车间 DCS 集中分散式控制系统通信,通过联网进行数据交换,上报砖坯数量、不合格砖坯数量、砖型、班报表、日报表、月报表,接收车间 DCS 集中分散式控制系统的启停信号。

4. 砖坯自动编组码坯智能装备

主要功能:通过高度自动化的控制和机械化搬运,实现挤出成型砖坯块的编组和码垛,码坯智能装备代替了人工码坯,显著提高了生产效率。在烧结墙体材料的生产中起到降低生产成本、提高市场竞争力的关键作用。

码坯机械有两种,一种是码坯机,另一种是 200~400kg 的荷重机器手。机器手准确性和可靠性高,但码坯机相对便宜。1 套码坯机械可以代替 5~10 人的人工码坯。

自动编组码坯过程:传输砖坯,切割后的砖坯经传送带输送至编组区域。智能检测与编组,使用位置开关和机械装置实现单块翻坯至码坯机要求的数量并形成队列,确保砖坯队列定位准确。

自动化控制根据设定的编组要求,将砖坯分为若干排(每排固定数量),并根据需要自动调整多排队列编组方式。队列编组的过程可根据生产的需求灵活调整,支持不同尺寸和形状的砖块。自动码坯到窑车:输送砖坯编组队列至窑车旁的码坯平台。自动码垛:码垛设备分为自动码垛机或机器手,根据设定的底层到高层的顺序和横竖模式,将砖块精准摆放到窑车上。传感检测系统:通过位置传感器和红外到位开关,实时检测和反馈砖坯的位置、状态、数量等信息;获取实时砖坯位置信号,监控整个过程,确保砖坯的顺利编组和码垛,避免发生到位错误、冲突或掉落;通过传感器计数泥条和砖坯,统计合格砖坯数，计量产量和合格率。

执行机构：自动码垛机或者机器手，翻坯机，联动输送皮带机组。

自动控制系统：通过 PLC 管理搬运和码垛的各项操作，包括控制机械手的抓取和运输动作，确保整个生产流程的协调和自动化。

网络化：码坯控制系统与车间 DCS 集中分散式控制系统通信，通过联网进行数据交换，上报码坯设备运行状态，计量码坯数量、坯车数、坯车号、班报表、日报表、月报表，接收车间 DCS 集中分散式控制系统的启停信号。

5. 码坯空车和坯车调度智能装备

主要功能：调度码坯轨道上的空窑车，拉引到砖坯的码坯位置，配合码坯机械手或码坯机，用步进机拉动窑车，步进移动窑车码坯；码坯完成后，拉引砖坯车到码坯轨道的出口，准备好摆渡坯车到砖坯静停晾干轨道。

传感检测系统：通过位置传感器和红外到位开关，实时检测和反馈空车的位置、窑车队列数量，检测步进机油缸活塞到位状态，控制步进机挂钩进退动作，完成坯车计数及码坯车产量记录。

执行机构：窑车拉引机，顶车机，液压步进顶车机。

自动控制系统：通过 PLC 或嵌入式控制器采集窑车的到位信号、编组码坯的联动信号及步进机的油缸活塞位置信号，控制启停拉引机，执行顶车机空车行进至码坯位、坯车行进及退出码坯位操作，并协调摆渡坯车到下一工序的位置，通过联络编组码坯系统联动同步，确保整个码坯的窑车自动协调配合。

网络化：码坯空车和坯车调度智能装备系统与车间 DCS 集中分散式控制系统通信，通过联网进行数据交换，上报码坯车数及运行状态，接收车间 DCS 集中分散式控制系统的启停信号。

6. 成型设备电气控制智能装置

主要功能：设备电气控制对成型车间的对辊碎机、搅拌机、砖机、皮带送料机、陈化多斗挖掘机等 16~32 台设备实施电气控制，实现按生产线上粉料流量的缓冲分级逆序延时启动、反序延时停止、故障防堵停机，通过变频控制砖机和搅拌机采集电机电气有关的信号，完成砖机、搅拌机的负荷调节，做到最佳负荷下连续稳定生产。

网络化：现场控制计算机作为车间 DCS 集中分散式控制系统的分散控制成员，与车间 DCS 上位机通过局域网交换数据，上报生产线设备状态、成型生产数据，接收上级计算机的设定负荷上下限、开停机延时间隔、设备的启停信号。

4.3.3　烘干焙烧设备的数字化智能控制装备及过程控制

烘干焙烧设备数字化主要为：

烘干设备数字化参数包括温度、压力、湿度、风速等。一条预烘干和烘干窑数字化自动检测：温度 21 个，湿度 2 个，压力 2 个，风机转速 2 个。合计：模入点 25 个。

焙烧隧道窑的数字化参数包括温度、风机转速、风压等。例如，一个 40 车位的隧道窑包含温度检测 40 个测温点,窑压力检测 4 个,风机转速检测 6 个,天然气燃烧 4 个阀门开度控制,进出车 2 个。合计:模入模出点 50 个,开入开出点 10 个。

图 4-8 和图 4-9 是烧成生产线车间 DCS 控制系统和系统人机界面。

主要功能:烧成生产线车间 DCS 控制系统,包含车间 DCS 集中管理上位机和烧成生产线的 7 个分散式智能控制装备。DCS 上位机安装在车间现场,与车间 7 台智能装备进行网络/现场总线通信。配有就地控制面板的人机对话功能,可以完成智能控制设备的参数设定,比如窑车及砖坯信息,包括入窑窑车号、产品品种、砖坯内掺发热量、砖坯成型水分、出窑砖品种、合格率、外投燃料使用量、车间用电量、环境温湿度、操作管理工号及姓名。打印上报班报表和日报表。

车间 DCS 集中分散式控制系统通过局域网与全厂 SCADA 系统的上位管理机联网。车间 DCS 集中分散式控制系统可以独立运行,也可以与全厂 SCADA 系统联网运行,形成全厂智能化的 SCADA 控制系统。

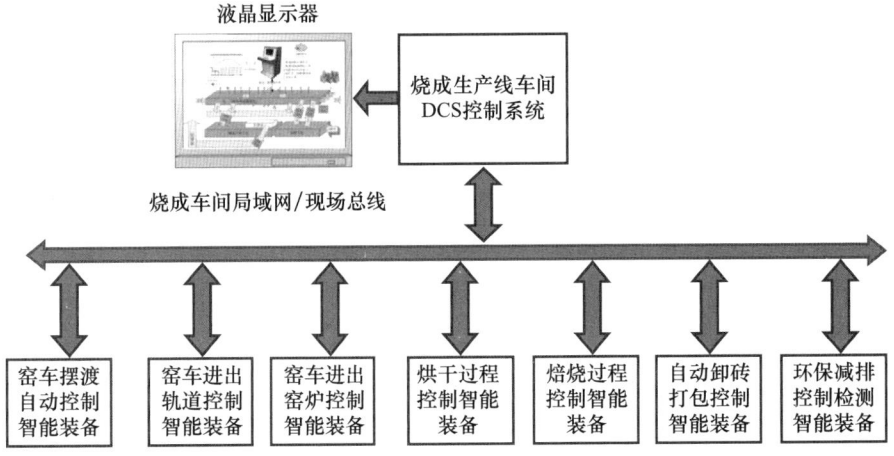

图 4-8 烧成生产线车间 DCS 控制系统

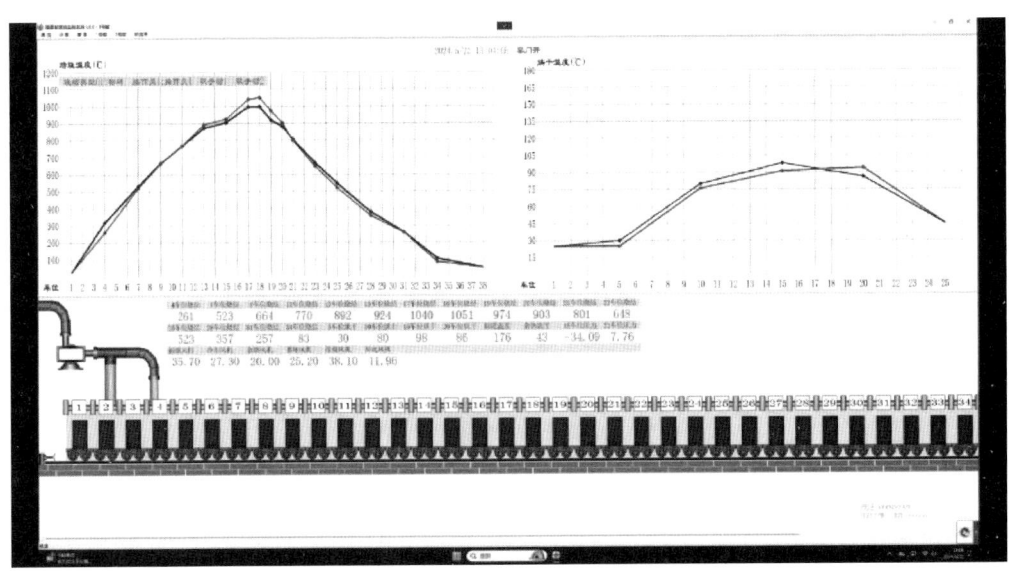

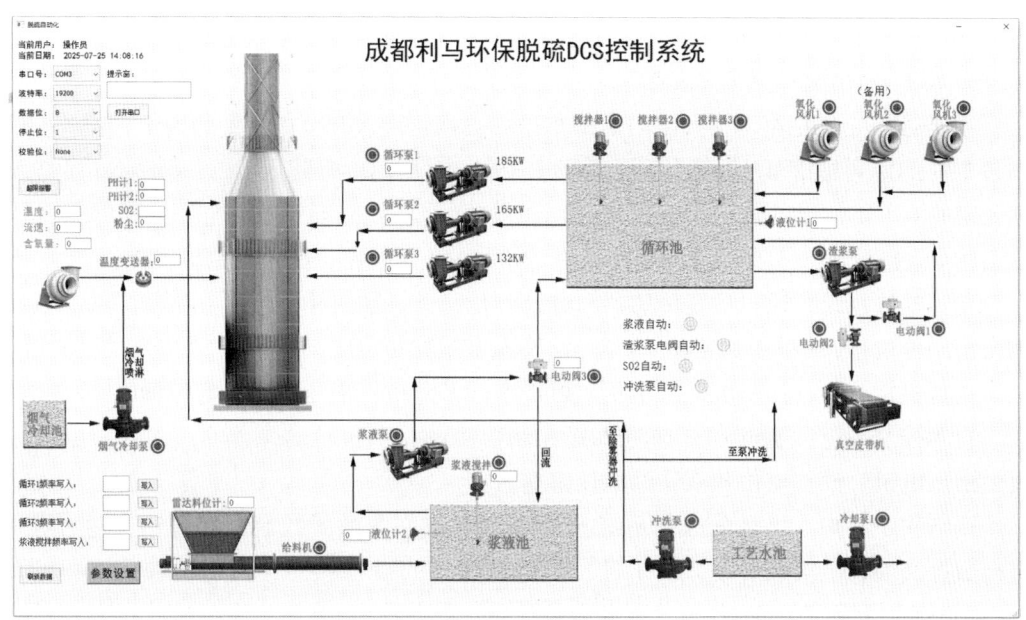

图 4-9　系统人机界面

1. 窑车摆渡自动控制智能装备

主要功能：摆渡车将窑车从一条轨道转运至另一条轨道。具体步骤：拉引窑车至摆渡车，摆渡车把窑车运到另一轨道，拉引窑车离开摆渡车。烧成车间设有多台摆渡车，每台摆渡车都配有一套独立的控制系统。

传感检测系统：通过位置传感器和红外到位开关，实时检测摆渡车到达的轨道号及极限位置等信息。

执行机构：双向行走电机，液压电机，定位油缸。

自动控制系统：通过 PLC 或嵌入式控制器控制摆渡车的行走、到位、液压油缸刹车定位及液压油缸顶拉窑车上下摆渡。

网络化：摆渡控制系统与车间 DCS 集中分散式控制系统通信，通过联网进行数据交换，上报摆渡车设备运行状态、摆渡车位置，接收车间 DCS 集中分散式控制系统的设定目标轨道和启停信号。

2. 窑车轨道进出控制智能装备

主要功能：把摆渡车上的窑车，牵引下摆渡车停到轨道入口；把轨道上的窑车顶上摆渡车。烧成车间有多条空车、坯车、砖车轨道，每套入出轨道控制系统控制 1~4 条轨道。

传感检测系统：通过位置传感器和红外到位开关，实时检测窑车在位轨道位置、油缸到位信号，计算轨道上的窑车数。

执行机构：拉引机，滑架顶车机，智能拉引机，液压电机，定位油缸。

自动控制系统：通过 PLC 或嵌入式控制器控制拉引机的行走、到位，控制滑架顶车机的液压电机、油缸定位、液压油缸顶拉窑车到上摆渡和下摆渡的轨道口。

网络化：轨道入出窑车控制系统与车间 DCS 集中分散式控制系统通信，通过联网进行数据交换、上报拉引车设备运行状态、拉引顶车机的位置、轨道上窑车的位置和数量，接收车间 DCS 集中分散式控制系统的窑车上下摆渡、电气启停信号。

3. 窑车进出窑炉控制智能装备

主要功能：① 把窑车顶入窑内预备车位：关截止门，开窑门，把轨道上的窑车顶入预备车位；② 再把窑车从预备位顶入窑的 1 车位：关窑门，开截止窑门，把预备位的窑车顶入窑的 1 车位，全窑窑车向出砖口行走 1 个车位；③ 把砖窑车拉出窑：打开出砖窑门，拉引砖车上摆渡车；④ 烧成系统的 1 条烘干窑和 1 条焙烧窑，配 1 套控制系统。

传感检测系统：通过位置传感器和红外到位开关，实时检测窑车在位轨道位置，检测窑门到位位置，检测油缸到位信号。计算入窑车数和出砖车数。

执行机构：出窑拉引机，入窑顶车机，窑门升降机，液压电机，定位油缸。

自动控制系统：通过 PLC 或嵌入式控制器控制拉引机拉砖车出窑，控制液压顶车机的液压电机、油缸定位和液压油缸顶窑车入窑。

网络化：窑炉入出窑车控制系统与车间 DCS 集中分散式控制系统通信，通过联网进行数据交换，上报拉引车、顶车机、窑门升降机的设备状态，拉引机和顶车机的位置、预备车位的窑车、入窑车计数、出砖计数，接收车间 DCS 集中分散式控制系统的窑车进出窑，电气设备启停信号。

4. 烘干过程控制智能装备

（1）烘干窑的热平衡及热工原理和工艺控制

烘干砖坯的热工原理适用于所有的烘干窑。风量和送热温度计算如下：

风量计算：烟气排潮能力，即排潮温度和湿度带走的水量减去入窑空气环境温度和湿度带入的水量。入窑砖坯含水率 14%，即排潮 1kg 砖坯需排出 14%0.14kg 的水。

例 1：排潮温度 50℃，湿度 90%；入窑空气环境温度 35℃，湿度 80%；则每 1kg 砖坯需要的 50℃、湿度 90% 的排潮风量为：$0.14/[0.08290 \times 0.9 - (0.03959 \times 0.8)] = 3.26 m^3/kg$ 砖坯；按气态方程折合为 160℃送热风量为：$3.26 \times 1.34 = 4.37 m^3/kg$ 砖坯。

例 2：入窑空气的环境温度 25℃，湿度 60%，则每 1kg 砖坯需要的 50℃ 相对湿度 90% 的排潮风量为：$0.14/[(0.08290 \times 0.9 - (0.02303 \times 0.6)] = 2.30 m^3/kg$ 砖坯；按气态方程折合为 160℃送热风为：$2.30 \times 1.34 = 3.08 m^3/kg$ 砖坯。

注：50℃时，$1m^3$ 空气 100% 相对湿度的饱和水质量为 0.08290kg；35℃时，$1m^3$ 空气 100% 相对湿度的饱和水质量为 0.03959kg；25℃时，$1m^3$ 空气 100% 相对湿度的饱和水质量为 0.02303kg。

考虑到砖坯含水率的波动，送热风量按 $5m^3/kg$ 砖坯，热风温度按 165℃ 计算，按气态方程折算为排潮 50℃ 烟气 $3.69m^3/kg$ 砖坯，供给烘干窑的热量为：

$(165 \times 0.81 \times 0.24 \times 5) - (50 \times 1.09 \times 0.24 \times 3.69) = 112 kcal$（1cal = 4.186J）

注：送热风 165℃，1 标准大气压下的空气密度为 $0.81 kg/m^3$，定压比热容为 $0.24 kcal/(kg \cdot K)$；排潮 50℃ 的空气密度为 $1.09 kg/m^3$，定压比热容为 $0.24 kcal/(kg \cdot K)$。

烘干窑蒸发水分为 10%，剩余 4% 分子水在焙烧窑内吸热蒸发。如果按蒸发 0.1kg 水需要 60kcal 热量，送热为 112kcal/kg 砖坯，要求的热效率达到 53.5%。

按 165℃ 热风量 $5m^3/kg$ 砖坯，排潮风量 $3.69m^3/kg$ 砖坯，小时产量为 10000 块质量为 2.75kg 的砖坯，小时产量砖坯总质量为 27500kg，165℃ 热风量为 $137500 m^3/h$，50℃

排潮风量为 101475m³/h。

产量为 10000 块标砖/h，如果送热风机 165℃ 风量 120000~170000m³/h 调节，折算为排潮风机 50℃ 风量 88493~125365m³/h。环境温度湿度的变化和排潮温度变化时，排潮风量和送热风量都需要随之改变。当环境温度增加或空气湿度增加时，需要增加风量（量化值参看 25℃、湿度 60% 的计算）；当排潮温度降低时也需要增加风量，计算方法按现有排潮温度的绝对湿度与 50℃ 的绝对湿度的比值来计算排潮风量。

例如：排潮温度 50℃ 和 45℃ 对应的绝对湿度的排潮风量分别为 0.083kg/m³ 和 0.062kg/m³，比值为 1.34，45℃ 排潮温度需要增加风量为 50℃ 风量的 1.34 倍，45℃ 排潮风量达到 118466~167807m³/h，对应的送热风量也要增加 1.34 倍。

注：风机风量增加到 1.34 倍，风机功率增加到原来的 2.4 倍。

通过调节焙烧窑抽热风的位置可调节热风温度，在焙烧窑高温位置抽风时热风温度提高，反之则热风温度降低。通过调节烘干窑侧送热风的位置可调节排潮温度，靠近排潮口位置送热风，排潮温度提高，反之则排潮温度降低。

自动控制时，通常可以根据窑内风流产生的压差和湿度来调节风量。通过调节送热风机的变频转速来调节送热风机风量，调节排潮风机的变频转速来调节排潮风机风量。风量多少需要通过检测风机进口和出口的压力差和电机功率来计算，可以通过检测烘干窑内进窑第 5 车位和排潮口湿度来验证：排潮湿度约 70% 时，风量合适；湿度高于 70% 时，风量偏小；湿度低于 70% 时，风量偏大（具体湿度依据实际工况而定）。智能控制时，通过查询分析历史记录，就可以得到特定转型和产量下的最佳送热和排潮的风量和风温。

烘干时间取 24h，升温速率取 7℃/h；折合为在隧道烘干窑 24 车位，均匀 1h 进 1 车，每车位升温 7℃。图 4-10 为温湿度控制过程示意图。

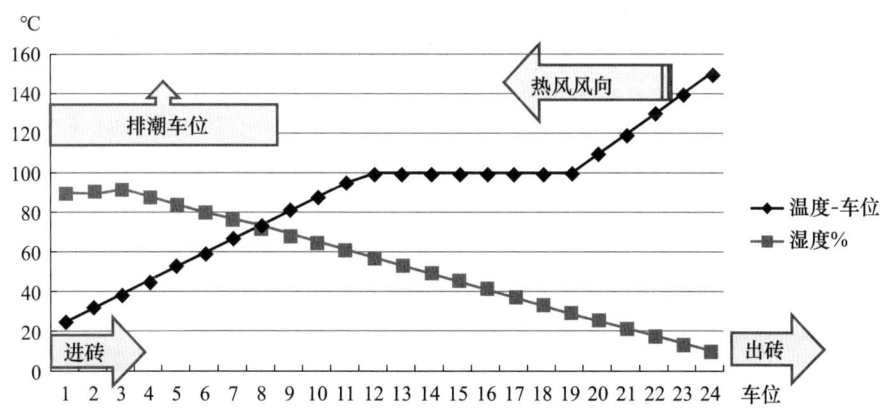

图 4-10　温湿度控制过程示意图

1~12 车位从环境温度 25℃ 升到 100℃ 叫预热段，预热段升温速率为 7℃/车位；稳定在 100℃ 的 12~19 车位为等速排潮段；100~150℃ 的 19~24 车位为加速排潮段；在负压排潮烘干窑工艺，1~8 车位为顶部排潮风口，排潮风温为 50℃；9~24 车位为顶送热段，2~20 车位两侧均有侧送热口。

由于砖坯逆风移动，从24车位到1车位，湿度从5%逐渐增加到90%，排潮段1～8车位的湿度为70%～90%，排潮风温为50℃。

砖坯入窑温度升温到100℃的1～12车位段，12车位湿度为40%～60%，该段砖坯以预热升温为主，排潮为辅，缓慢升温使砖内外温度一致。此段如果升温过急易产生网状裂纹，最高湿度小于95%，不产生冷凝水，如果湿度高于100%，将产生冷凝水而塌坯。12～19车位的等速排潮段，此段如升温过快，会产生开口裂纹；砖坯到达19车位，已经烘干了19h，此时，自由水烘干了70%～80%，砖坯自由水含水率降到2%～4%，进入临界含水率，砖坯干到自由水含水率等于临界含水率后，即使大风量高温加风加热也不会产生裂纹。

传感测试：送热温度，排潮温度，排潮口湿度，烘干窑湿度，风机风量，2～23车位测试温度。

执行机构：通过调节变频器来控制送热和排潮风量；通过调节热风闸控制送热温度。

智能控制：在保证总风量5m³/kg砖坯和送热温度160～165℃的前提下，调节排潮风机使排潮湿度维持在90%左右（大于90%时加大风量，小于90%时减少风量）；调大2～8车位的测送风闸开度，使排潮温度升高到50℃；调节顶热风闸和侧热风闸，确保温度达到每车位温度；通过检测压力和功率，调节送热和排潮风量以达到热平衡的风量。

（2）烘干工艺的排潮方式的控制

① 正压排潮

图4-11为正压排潮方式示意图。该工艺在全窑每个车位都有侧和底部送热装置，就地顶部排潮，窑内为正压，干燥窑两端不需要窑门，车底不需要沙封；轮窑的二次码烧烘干室及烧结墙板的链条烘干窑均采用正压排潮，预烘干也采用排潮回收到焙烧窑冷却段的正压排潮（在降低排烟的氧含量部分详细介绍）。正压排潮烘干窑没有吸入空气进窑的问题，不需要关窑门和沙封，也不会烘干增加排潮烟气的氧含量；正压排潮烘干容易控制，不容易出现塌坯问题，但要将散排改为集中排放以方便脱硫。砖车移动方向决定于供热风量的分配，窑车入窑时的烘干风量小，窑的中部供风量加大，在出窑段供风量最大；排潮方式是就地"下送热顶排潮"；温度分布如烘干原理的"温度-车位"图。

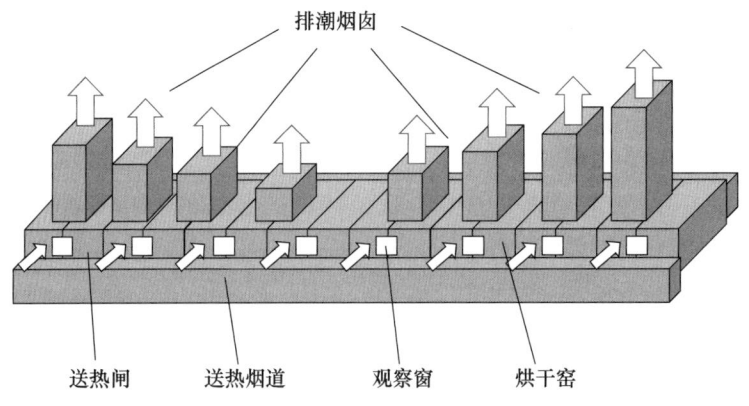

图4-11 正压排潮方式示意图

② 负压排潮烘干窑

图 4-12 为负压排潮烘干窑送风示意图。在进坯车 1~10 车位顶部排潮，其他车位顶送热风和侧送热风。

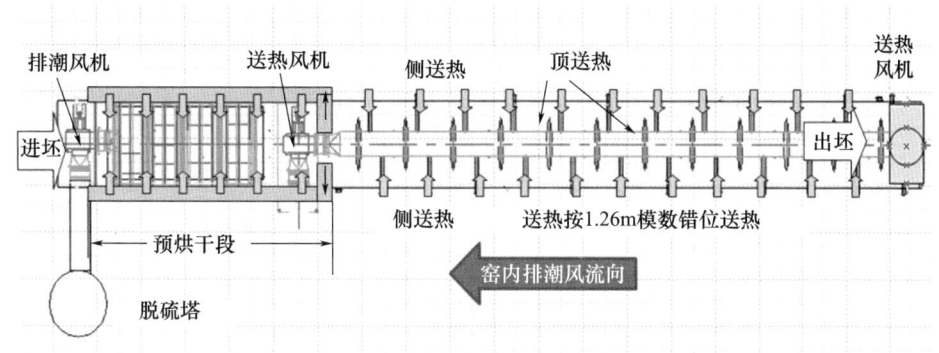

图 4-12 负压排潮烘干窑送风示意图

全窑负压、集中排潮，便于脱硫。但必须有沙封槽封住车底防止进冷风；两端有窑门防止吸入冷风；顶、侧送热；排潮集中在窑入口端的 1/3 窑长段；顶部不能有大间歇，如果排潮段温度降低，就容易塌坯；预热不充分容易产生裂纹。排潮风量决定于送热风机和排潮风机。排潮温度为 45~50℃，比正压排潮耗电多，但可节约热能。

负压排潮全窑负压，烘干室烘干需要关门和沙封侧面板，防止进空气造成烘干温度变化和送入脱硫塔的排潮烟风含氧量高，从而使排放指标折算系数加大，增加烟气处理难度。比如排放指标是烟气 18% 的工况时，如果烘干窑负压吸进空气造成烟气氧含量为 19.5%，折算系数为 2，所有的排放指标将提高一倍。

砖车逆风移动，移动方向与窑内风向相反，窑车入窑的前 5 个车位通过侧送热调节排潮温度和湿度；窑的中部供风量加大，在出窑段供风量最大；排潮方式入窑 1/3 段顶排潮，剩余 2/3 段顶送热，全窑侧送热；温度分布如烘干原理的"温度—车位"图；压力分布入口段负压最大，出口是零压或者微正压，确保出口不冒烟。

③ 正负压排潮烘干窑

图 4-13 为正负压排潮烘干窑示意图。在窑的进车的前 2/3 段顶部排潮，两侧送热，出砖坯的 1/3 段顶部送热和侧部送热。相比于负压排潮烘干窑，正负压排潮烘干窑增加

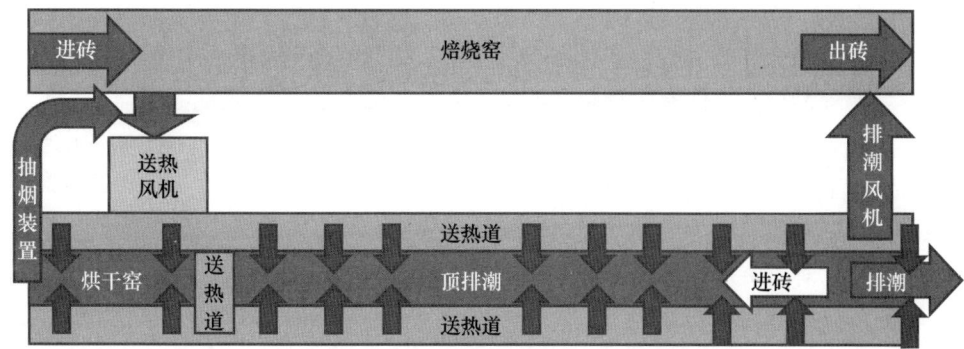

图 4-13 正负压排潮烘干窑示意图

了侧送热和排潮车位数；可以适当加大送热风，控制在出砖方向 1/2 窑长为微正压。如果在出砖口安装抽烟管引到送热风机负压入口，可确保开门和关门时不冒烟，比负压排潮易控制，且不容易塌坏。

砖车逆风向进砖车方向移动，窑车入窑的前 5 个车位通过侧送热可微调排潮温度和湿度；窑的中部供风量加大，在出窑段供风量最大；排潮方式入窑 2/3 段顶排潮，全窑侧送热，出窑 1/3 段顶送热；温度分布如烘干原理的"温度-车位"图；压力分布入口段负压，出口段正压，出口段冒烟通过抽烟装置抽回到烟热风机入口。

④ 预烘干回烧和潮气回烧的烘干窑的控制

a. 预烘干回烧的工艺

预烘干+烘干的控制：

图 4-14 为预烘干回烧的工艺流程图。排潮总水量为入窑砖坯含分子水和游离水的总量，其中分子水在 500℃时释放，预烘干产生的潮气回烧到焙烧窑的水随烟热送入烘干窑，汇合烘干窑烘干的水一起通过烘干窑排出，排潮总水分仍为入窑砖坯总水分。预烘干采用正压排潮。烘干窑排潮风量按砖坯含水率（自由水和分子水）计算，烘干窑的汽化热量应减去预烘干排除的水分后计算。例如，烘干窑送热排潮风机设定风量按砖坯含水率计算不变；扣除预烘干的排水量后，自由水汽化所需烟热温度可以降低至 105℃；排潮风量 3.67m³/kg 砖坯。

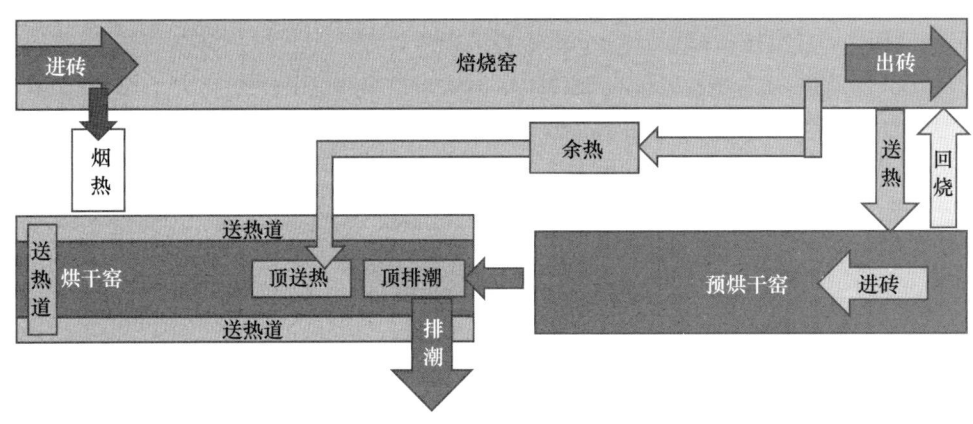

图 4-14 预烘干回烧的工艺流程图

b. 潮气回烧+烘干的控制

烘干焙烧的码烧方式的控制：图 4-15 为潮气回烧+烘干的控制流程图。所有烘干窑热工控制原理都相同，但有多种烘干码放方式，主要包括一次码烧隧道烘干窑、二次码烧上下架式烘干窑和二次码烧链条式烘干窑。这三种烘干窑的窑车和砖坯进出窑的智能控制装置如下。

（a）一次码烧隧道烘干窑的智能控制设备

主要功能：对所有可以叠码和烘干焙烧窑车相同的砖坯都选用一次码烧方式。

具体流程：成型后在湿坯码车上码坯一次，其烘干窑和焙烧窑的窑车相同，码坯叠码方式也相同。烘干窑智能控制装备和进出智能控制装备，通过联网通信调度窑车摆渡、轨道窑车进出、砖坯车进烘干窑、出烘干窑，不改变窑车和码坯方式直接进入焙烧窑烧砖，完成一次码烧隧道烘干窑的智能控制。

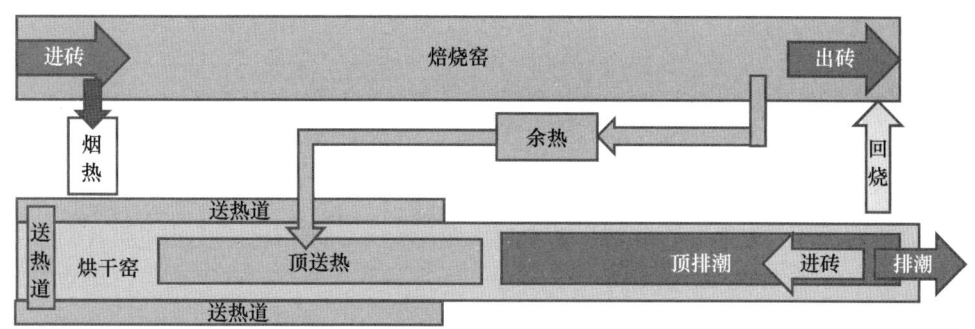

图 4-15 潮气回烧＋烘干的控制流程图

（b）二次码烧上下架式烘干窑智能控制装备

主要功能：针对高孔洞率、不能叠码的薄壁空心砌块、外墙自保温砖等软塑成型的砖坯，采用多层架烘干窑车，每层架中砖坯以托盘单层不叠码码放方式烘干，烘干后从烘干窑中取出，再进行第二次叠码，码放到焙烧窑车上送至焙烧窑烧结。

具体流程：成型的湿坯经机器手一次码放到干燥托盘，然后上架完成一次码坯。烘干车运转自动控制分成多个过程完成，其产品类型如图 4-16 所示，智能控制如图 4-17 所示。码坯干燥车经过摆渡车 1 转弯进入 5 个窑内干燥道，在干燥道行走到干燥道出口，经摆渡车 2 进入回送干燥道 6 号轨道，到达 6 轨出口后经摆渡车 3 到达二次码坯平台，经干坯下架后用机器手叠放码坯至焙烧窑车上。

573孔自保温隔热砌块　　孔洞率60%，密度850kg/m³　　自保温隔热空心砖

图 4-16 推荐选择上下架烘干的烧结墙体材料产品

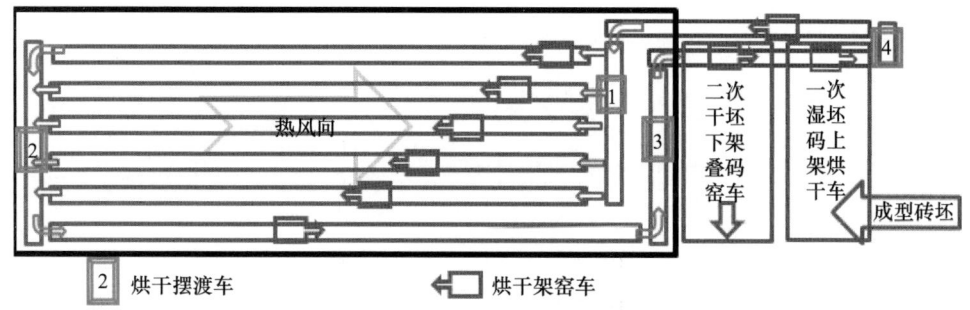

图 4-17 二次码烧上下架式烘干窑智能控制示意图

传感检测：光电到位开关，红外位置检测开关，激光测距检测开关。

执行机构：数十台拉引电机，摆渡电机，门电机，液压顶车机。

自动控制系统：采用烘干窑智能控制装备联网通信调度窑车摆渡、轨道窑车进出、烘干窑和焙烧窑车进出智能控制装备，完成二次码烧上下架式烘干窑智能控制。

采用 PLC 编程控制，控制系统具备手动控制、自动控制和远程控制功能。在封闭烘干窑内全自动运行；根据系统设置的顶车时间或车间 DCS 发出的指令，自动将空载干燥车输送到湿坯上架系统下方，自动定位空载干燥车；机器手码放湿坯到托盘，托盘上架到干燥车；湿坯干燥车自动进入干燥窑，并自动摆渡到烘干回送轨道；出窑干坯干燥车被输送到干坯编组机下方，自动定位满载干燥车；二次码坯机器手卸下干坯，叠码到焙烧大窑车上，送至轨道重车控制系统，静停准备入焙烧窑焙烧。干燥车需完成 8 次自动上下摆渡车及摆渡到位操作，实现空载干燥车及满载干燥车在上、下架之间及干燥室内的循环运行。

各摆渡车均采用变频器调速、激光测距控制，实现自动运行、自动对轨、自动定向和自动精确定位。摆渡车运行时，摆渡车上须有声光提示。

窑入口闸室和出口端门与干燥车的出入采用连锁控制，各窑的出入口端门和中间截止门不得同时打开。

PLC 控制程序的编制要完备、可行、无安全隐患，确保运转设备运行稳定，防止安全事故。

网络化：控制系统的 PLC 具备通信接口和通信功能，与车间 DCS 集中分散式控制系统通信，通过联网进行数据交换，并将设备运行的状态参数输送到 DCS 上位机，在 DCS 界面显示各设备的运行状态和干燥车的窑内位置；上报拉引车、顶车机、窑门升降机的设备状态，拉引机和顶车机的位置，预备车位的窑车，入窑车计数，出窑车计数；接收车间 DCS 集中分散式系统的窑车进出窑指令、电气启停设备信号。

（c）烧结墙板的二次码烧链条式烘干窑智能控制设备

主要功能：适用于装配式建筑中高孔洞率、长度 1.5 ~ 3m 的薄壁空心砌块硬塑成型的砖坯。烘干窑车采用链条连续行走的无托盘单层不叠码码放方式烘干，烘干后机器手用吸盘吸住墙板，进行第二次站立码坯到焙烧窑车，送焙烧窑烧结。薄壁空心砌块示意图如图 4-18 所示。

图 4-18 薄壁空心砌块示意图

薄壁空心砌块尺寸 1500mm × 500mm × 200mm，密度 708kg/m³，孔洞率 58.55%，

相当于 102 块标砖。采用机器手码坯，选用编组码坯智能控制装备。

具体流程：烧结墙板通过机器人码坯进出单层链条烘干窑和站立码坯焙烧。

图 4-19 是机器手用吸盘的工作示意图。IT 技术已融入烧结墙体材料生产工艺中，形成烧结墙体材料生产的智能控制设备系统。多个智能控制设备组成智能控制工艺段或者智能生产车间，通过多个智能控制车间架构与智能管理系统构建智能工厂，完成烧结墙体材料的智能制造。

图 4-19 机器手用吸盘工作示意图

5. 焙烧过程控制智能装备

焙烧窑的风机有冷却供氧风机、抽烟热风机和抽余热风机，窑炉为正负压焙烧窑。焙烧窑的温度、压力变化及风机装配示意图如图 4-20 所示。

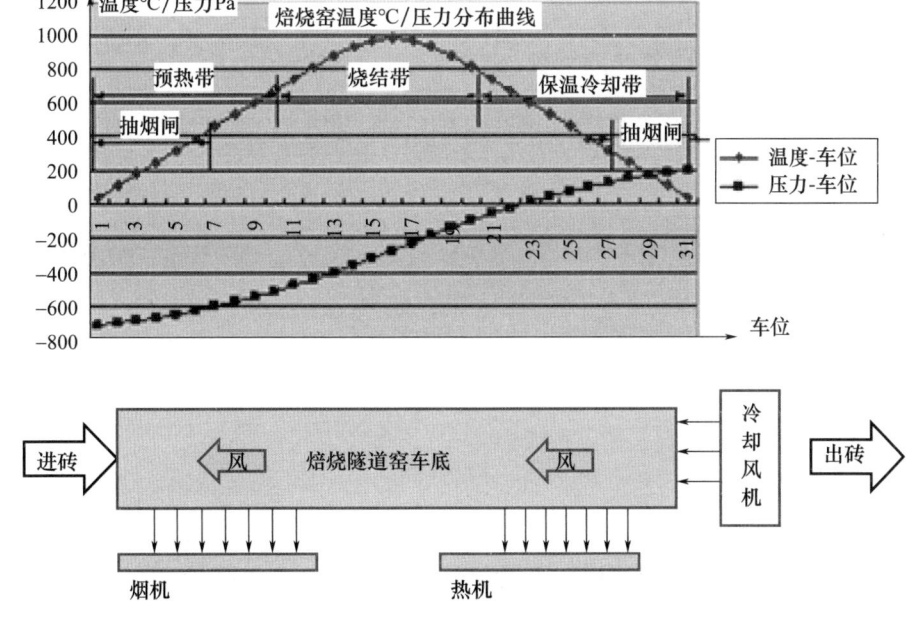

图 4-20 焙烧窑的温度、压力变化及风机装配示意图

该配置为大断面焙烧窑常用的方式。冷却风机为焙烧窑提供冷却风和焙烧供氧；烟机抽烟热送烘干窑，热机抽余热送到预烘干室或者烘干窑。砖坯装满窑车从进砖口顶入窑，同时在出砖口顶出烧好的砖车。焙烧窑车位是，进砖到 1 车位，出砖在最后车位。例如，窑内窑车 30 车位，窑长也是 30 车位，窑车长度 5.6m，窑长 168m，进砖到 1 车位，出砖在 30 车位。出口设置有冷却风机的焙烧窑可实现正负压焙烧，无冷却风机的

焙烧窑则均为全窑负压焙烧。

焙烧控制传感检测：对每个车位测温；对车底选点测温，窑顶压力和窑底压力选点测试；对抽烟和抽余热风量测试，转速测试。

焙烧控制的执行机构：变频控制抽烟热风机，抽余热风机，冷却供氧风机组，车底通风机；砖坯车进窑开关门智能装备，砖出窑拉引车开关门智能装备；抽烟风闸组，抽余热风闸组；窑顶吸入冷风火眼或者窑顶送冷风风机。

如图 4-21 为 30 个窑车砖坯分别处于预热、升温、烧结、保温、冷却过程中某一时刻的温度-时间曲线关系。30 个小时的数据三维烧成全过程火带显示烧砖的全过程。图 4-22 为 1 小时三维温度-火带烧砖图。

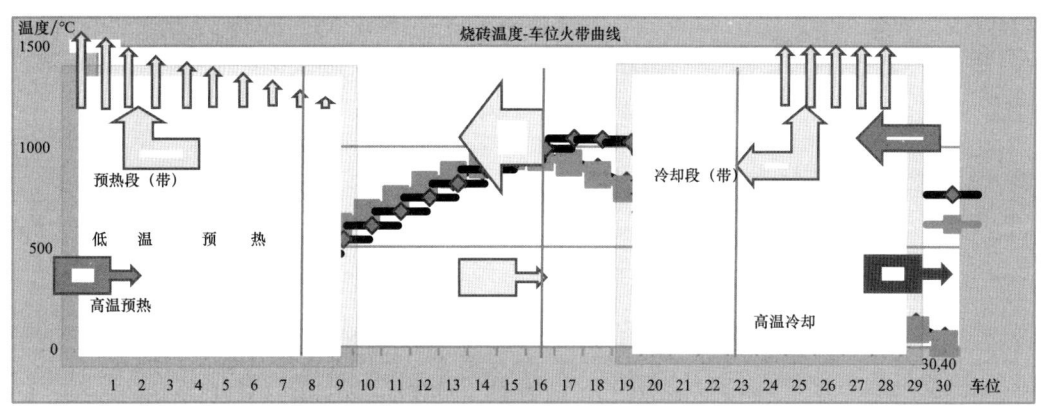

图 4-21　烧砖温度-车位火带曲线

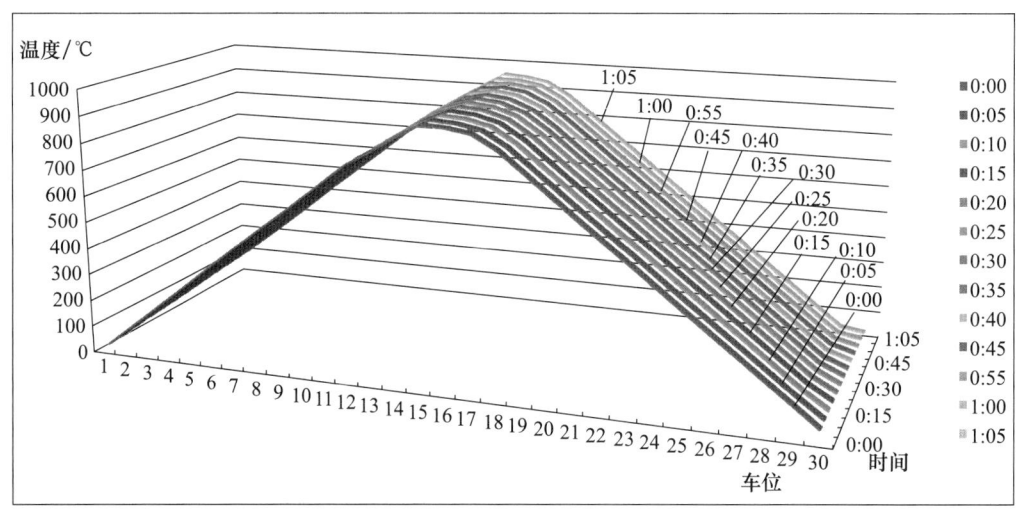

图 4-22　1 小时三维温度-火带烧砖图

在土窑焙烧工艺中，砖焙烧过程控制的窑温与时间的关系如图 4-22 所示。

如果均匀进车，当每车位温度达到火带标准时，显示一车砖的烧成 30 小时温度-时间曲线与图 4-21 "温度-车位" 火带曲线是相同的。例如，烧成全过程 30 小时，30 车位窑长，均匀地 1 小时顶一车，"温度-时间"烧成曲线，与火带一样，仅横坐标改为小时单位。图 4-23 是 100 号窑车经过焙烧窑 30 个小时的曲线。

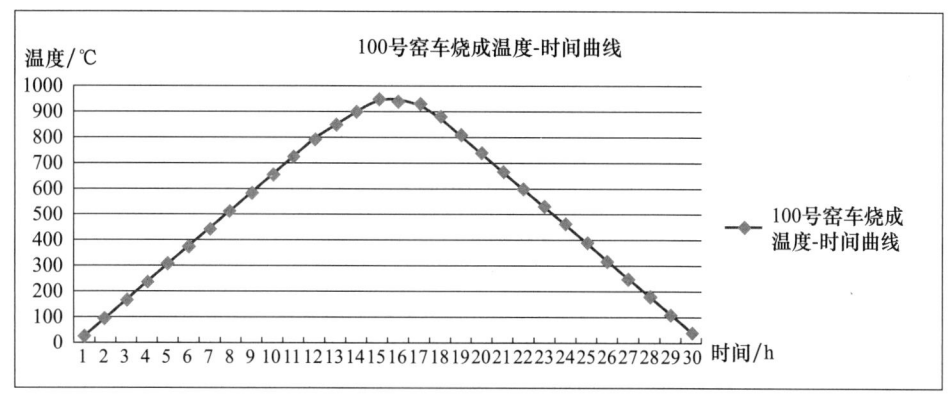

图 4-23　100 号窑车经过焙烧窑 30 个小时的曲线

在土窑、轮窑（多个土窑并行焙烧）的焙烧工艺中，火按顺序轮换移动，砖不动，叫"火走砖不走"，单个窑的温度-时间曲线如图 4-23 所示。轮窑 1 把火对应多个窑的"温度-窑"曲线也叫烧成火带。

控制火速：风大火大，调节风量、控制火速，进而控制烧砖产量。隧道窑中以顶间隔为烧成周期，烧一车的时间，产量单位 min/车，火速单位 m/h。示例 1，窑车长 5.6m，每 1h 1 车，火速 60min/车或 5.6m/h；示例 2，一部火有 5 门窑，窑长度 6m，烧结时间 30h，火随风向前进，6h 移动一门窑，火行速度为 1m/h，即 6h/门窑。

窑长与产量：产量与窑长成正比，与烧成时间成反比。标砖烧成时间 30h，1 个窑（车）单烧 30h/车，2 个窑并烧 15h/车，30 个窑（车）并烧 1h/车，60 个窑（车）并烧 0.5h/车。在原料确定后，烧成时间与每车的密度/质量成反比，例如，孔洞率 30% 的多孔砖，每车码坯折标块一样多，烧成时间为标砖的 70%，即 21h，42min/车；孔洞率 60% 的空心砌块，码坯折标块一样多，烧成时间为标砖的 40%，即 12h，24min/车；

标砖焙烧升温降温为 70℃/h，每 1h 1 车时，相邻 2 车位温差升温降温为 70℃/车位，最高温度的车位温度变化为 20～30℃/车位；标砖（实心砖）为 60min/车，升温降温为 70℃/h，相邻车位温差 70℃/车位，最高温度温差 20～30℃/车位；50% 孔洞率的多孔砖为 30min/车，升温降温为 140℃/h，相邻车位温差还是 70℃/车位，和最高温度温差 20～30℃/车位相同。

隧道窑烧成标准火带把温度-时间过程控制变成了多个车位的定温控制。

火带温度场的控制，隧道窑温度控制的传递函数矩阵见式（4-1），其中 G 为传递函数矩阵，m 和 n 等于 30，m 代表矩阵的行，n 代表矩阵的列，G_{mn} 为 m 车位耦合到 n 车位的耦合传递函数；由于风从高车位向低车位流动，低车位温度不影响高车位温度，在顶车后一个燃烧周期，当 m 小于 n 时，G_{mn} 为零，即前车位调节不影响高车位调节。

$$G = \begin{bmatrix} G_{11} & \cdots & G_{1n} \\ \vdots & \ddots & \vdots \\ G_{m1} & \cdots & G_{mn} \end{bmatrix} \quad (4\text{-}1)$$

G 传递函数就是隧道窑的数学模型，根据焙烧过程的热平衡原理进行物理建模。实际投运时，利用系统的阶跃响应的输入-输出关系微分方程模型对传递函数模型进行校正。

经典隧道窑解耦控制理论大多建立在精确完整传递函数模型的基础上，因此，解耦控制系统对参数十分敏感。而在隧道窑温度控制过程中很难建立起精确的数学模型，更不用说其参数是时变的。

采用热平衡工艺原理与物理传递函数模型解耦。烧窑师傅看火烧窑操作的控制作用：调节抽烟闸组开度，打开高温预热带的火眼，调节高温车位对低车位预热带各车位温度的影响，响应是单调非线性的，实际是高温车位对低温车位的单调线性影响，低车位对高车位的影响为零，低车位对高车位在原理上无耦合。

闸门火眼的调节可以校正高车位对低车位的影响，是一种解耦。由于 1 ~ 10 车位和 21 ~ 30 车位的温度场可以通过风闸火眼调节解耦，烧砖控制传递函数主要考虑 11 ~ 20 车位温度场的变化，11 ~ 20 车位是烧结和保温段，其传递函数降维为 11 ~ 20 车位的矩阵；由于风从高车位向低车位流动，在顶车后一个燃烧周期，当 m 小于 n 时，G_{mn} 为零，即前车位调节对高车位不影响，得到式（4-2）所示的三角矩阵传递函数：

$$G = \begin{bmatrix}
G_{11,11} & 0 & 0 & 0 & 0 & 0 & 0 & 0 & 0 & 0 \\
G_{12,11} & G_{12,12} & 0 & 0 & 0 & 0 & 0 & 0 & 0 & 0 \\
G_{13,11} & G_{13,12} & G_{13,13} & 0 & 0 & 0 & 0 & 0 & 0 & 0 \\
G_{14,11} & G_{14,12} & G_{14,13} & G_{14,14} & 0 & 0 & 0 & 0 & 0 & 0 \\
G_{15,11} & G_{15,12} & G_{15,13} & G_{15,14} & G_{15,15} & 0 & 0 & 0 & 0 & 0 \\
G_{16,11} & G_{16,12} & G_{16,13} & G_{16,14} & G_{16,15} & G_{16,16} & 0 & 0 & 0 & 0 \\
G_{17,11} & G_{17,12} & G_{17,13} & G_{17,14} & G_{17,15} & G_{17,16} & G_{17,17} & 0 & 0 & 0 \\
G_{18,11} & G_{18,12} & G_{18,13} & G_{18,14} & G_{18,15} & G_{18,16} & G_{18,17} & G_{18,18} & 0 & 0 \\
G_{19,11} & G_{19,12} & G_{19,13} & G_{19,14} & G_{19,15} & G_{19,16} & G_{19,17} & G_{19,18} & G_{19,19} & 0 \\
G_{20,11} & G_{20,12} & G_{20,13} & G_{20,14} & G_{20,15} & G_{20,16} & G_{20,17} & G_{20,18} & G_{20,19} & G_{20,20}
\end{bmatrix} \quad (4\text{-}2)$$

分析火带曲线，在一车焙烧周期，11 ~ 15 车位为升温段，16 ~ 20 车位为降温段，得到 11 ~ 15 车位的升温三角矩阵，如式（4-3）：

$$G = \begin{bmatrix}
G_{11,11} & 0 & 0 & 0 & 0 \\
G_{12,11} & G_{12,12} & 0 & 0 & 0 \\
G_{13,11} & G_{13,12} & G_{13,13} & 0 & 0 \\
G_{14,11} & G_{14,12} & G_{14,13} & G_{14,14} & 0 \\
G_{15,11} & G_{15,12} & G_{15,13} & G_{15,14} & G_{15,15}
\end{bmatrix} \quad (4\text{-}3)$$

16 ~ 20 车位的降温三角矩阵如式（4-4）：

$$-G = \begin{bmatrix} G_{16,16} & 0 & 0 & 0 & 0 \\ G_{17,16} & G_{17,17} & 0 & 0 & 0 \\ G_{18,16} & G_{18,17} & G_{18,18} & 0 & 0 \\ G_{19,16} & G_{19,17} & G_{19,18} & G_{19,19} & 0 \\ G_{20,16} & G_{20,17} & G_{20,18} & G_{20,19} & G_{20,20} \end{bmatrix} \quad (4-4)$$

G 传递函数来源于烧窑师傅的"看前火",称为前火传递函数;$-G$ 传递函数对应烧窑师傅的"保后火",称为后火传递函数。前火升温,后火降温,不但前火对后火不影响,降温的后火对前火影响也小,故这两个三角矩阵可以简化为两个对角矩阵,使控制更简单。前火和后火的控制重点在前火,按烧窑师傅烧窑的看火口诀"看前火,保后火",可以推算出焙烧控温算法,在一个焙烧周期内,调节抽烟风机、余热风机或外投燃料,在保证最高温度不降的情况下,使前火 G 的升温值(前火能量和)和后火 $-G$ 的降温值(后火能量和)相等并达到最大值,可得到最快火速,即保质量下的最高产量。该算法称为焙烧能量寻优算法。

打开焙烧带火眼组引入冷风,可控制焙烧的高温或焙烧带解耦;调节余热闸组开度,调节冷却带温度;调节余热风量可确保烘干窑的热平衡。根据风机串联风量决定于串联中最小风机,所以冷却风机一般开最大不调节;剩下一个控制策略:调节抽烟风机和在焙烧带外投燃料,以实现全窑温度场的热平衡。

按照烧窑专家的经验数学模型,总结归纳为"看前火,保后火;定温,定点,定带,定速"焙烧控制算法。

看前火,保后火:调节控制前火焙烧带和后火保温带的能量,使其满足火带标准的要求,并使前火升温变化值与后火降温变化值相等。

定温定点:调节抽烟风量和揭开焙烧保温带火眼,控制最高温度在标准值,确保高温点和焙烧带(前火)回到位顶进窑车。

定带:调节抽烟风量使焙烧带和保温带能量稳定。

定速:调节火行速度达到定产量要求值。

烧结周期为一车砖烧结时间间隔,即从进车到下一次进车之间的时间间隔为烧结周期,控制周期设置为 100~250s,形成4个单变量负反馈模糊控制。

风机风量控制:风机风量和转速的平方成正比,风机风量×风机风压×效率系数 = 风机功率,由检测风压和功率可以算出风量。通过调节风机变频器转速达到控制风机风量。焙烧窑有抽烟热风机、冷却供氧风机、抽余热风机。

抽烟热风机为焙烧和烘干共用风机。14% 含水率的砖坯需要的热风风量约为 160℃、$5m^3/kg$ 砖坯的烘干风量;如果排烟氧含量达到环保排放要求的 18%,在烧砖的热量配 350kcal/kg 砖坯时,烟气为 160℃、$4.8m^3/kg$ 砖坯的烟热量。350kcal,燃烧后烟气氧为零时,配风 $0.68m^3$,过剩空气系数为7,所以,含氧 18% 的 $4.8m^3/kg$ 砖坯是富氧燃烧,排烟风量受烘干风 $5m^3$(剩余氧 18% 限制)的限制,所以排烟风机以满足烘干要求来调节风量,排烟风机不低于烘干要求的下限,也不高于烘干要求的上限。当焙烧窑温度低时，焙烧要求低于排烟下限才能维持焙烧温度，此时只能外投燃料升温，确保不低于排烟下限。

冷却供氧风机控制：为焙烧供氧和冷却烧好的砖，按风量约大于160℃烘干风量的0.7（25℃供氧风）设定供氧风机的频率来设定冷却风量。

抽余热风机控制：在烘干风量热量不够，烘干砖坯不干，焙烧火速过快，或者焙烧高温车位靠前，即高温车位向进车方向移动靠前，开启余热风闸和余热风机。对焙烧来说，余热风机是刹车风机，对于烘干来说是加热加风风机。

窑车底散热风机控制：当车底温度高于120℃时，须加大车底通风，降低窑车温度，防止烧窑车。

预烘干回烧风机控制：配合预烘干送热风机，将预烘干排潮风，回送焙烧窑的28~29车位，达到不散排的环保要求。

烘干潮气回烧，可以增加烟热风量保证烘干热量，排潮风量按砖坯含水率和排潮温度带走水的能力计算（计算参看前面章节）。焙烧窑的码坯原则：码坯密度为240~260块标砖/m^3，占空比62%~65%。调节垛间歇，使迎风面的通风面积与截面面积之比达到约0.38，或者砖的挡风面积与截面面积之比达到约0.62，为产量最高的码坯密度。比如，采用三压八码坯方式，留间歇使密度达到240块标砖/m^3，通风面积与截面面积之比达到约0.387，火行速度最快，产量最高。窑内风速7~8m/s（50℃），900℃时为28~30m/s。

焙烧窑热平衡控制的热交换过程：

砖车从1车位向30车位移动，风从30车位吹向1车位，砖与风逆行；

砖从15到30车位，经过保温带（煤燃烧）、高温冷却带（煤燃烧）和低温冷却带（煤不燃烧）共84m。砖车移动从15到30车位，经过15h从950℃降温到40℃；风从30车位到15车位，风速经过15个窑车需10~15s时间，风温度从40℃升高到950℃。调节风量带来对15车位温度变化约5℃，需要5~10min；高温过程是砖把热量传给风，砖温随车位增加而降低，风随车位减少而升高。

砖从1到15车位，经过低温预热（煤不燃烧）、高温预热和焙烧带（煤燃烧）共84m，砖车移动从1车位到15车位，经过15h从40℃升温到950℃；风从15车位到1车位，经过10~15s时间，从950℃降温到160℃，低温风被排烟风机抽送到烘干窑；这个过程主要是风把热量传给砖，预热烟热循环利用，热量回收到砖的阶段；低温预热带温度低于碳燃点，煤不燃烧，只依赖风预热砖；但在高温预热段，砖升温是煤燃烧和从烟气吸热共同作用的结果。抽出的烟气余热利用用于砖坯烘干，烘干利用后潮气，送烟气脱硫除尘处理后达标排放。

外投燃料控制，在高温预热带、焙烧带、保温带，设置三组开度可调的天然气喷嘴，按三带的标准火带能量与实际能量偏差进行脉冲宽度调制，控制与标准能量的偏差最小。由于焙烧的风向是从出砖口向进砖口移动，进窑后1/2窑长为升温段，在升温段，窑内的热风从高温车位吹向低温车位，因此，在低温车位的加热对高温车位的温度影响不大，可以看成反向温度耦合影响小，等于控制数学模型的原理解耦，即无耦合。

内燃烧砖的燃料管控见本章4.4节烧结墙体材料生产智能制造SCADA系统。

隧道窑烧成风压控制：同样断面的焙烧窑，产量与窑长成正比，焙烧窑168m长的产量是100m的1.68倍，因为码坯通风面积不变，都为隧道窑横截面积的36%~38%，短窑和长窑两个窑通风面积相同，168m的风速比100m窑增加到1.68倍，风阻与风速成平方关系，风阻为2.8倍，经验数据100m长窑选1000Pa的风机，168m长的窑选2800Pa风压的风机。

窑炉正负压焙烧控制：由于冷却风机鼓风的正压，调节抽烟风机，使零压点在有火眼的22~23车位，保证有火眼的车位为负压或者零压，防止烧窑顶火眼管。具体关系如图4-24所示。

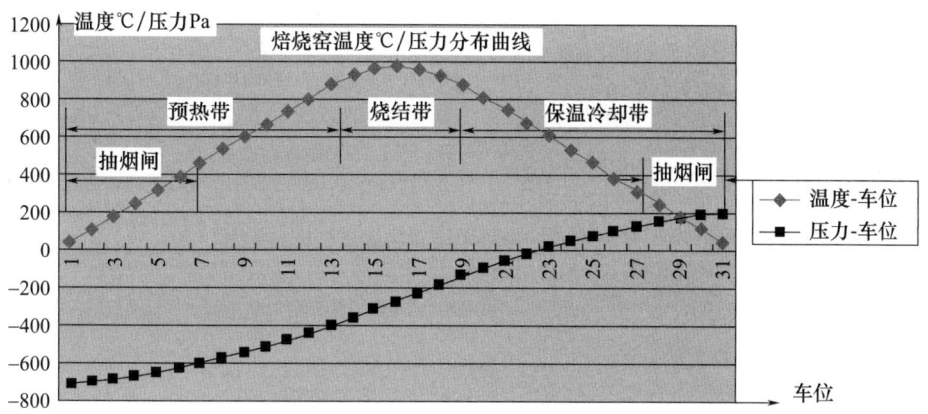

图4-24　焙烧窑温度-压力分布曲线

6. 自动卸砖打包控制智能装备

烧结砖的卸砖编组打包控制原理整合了先进的传感器、执行机构和控制系统，通过自动化提升工作效率和产品一致性。在实际应用中，通过不断监测和调整工艺参数，可以实现高效、可靠的砖块打包过程。

烧结砖的卸砖编组打包过程由自动化控制系统完成，通常包括砖块的卸车、编组、打包，由传感器、执行机构和控制计算机组合完成。

① 卸车

从窑车的码垛上把砖坯卸到编组平台上，采用机器手或者卸砖机，带有夹砖的气动夹具不仅要抓起多块砖块，还要能敲脱粘连砖，把砖排列整齐，并放在编组平台上，一次可以卸多垛砖的1层。控制机器手、液压缸、气缸、伺服电机和检测定位开关，完成抓臂三维到位，对砖块气缸进行敲击、夹起、移动，摆放到位。

② 编组与分类

编组控制：控制系统根据预设的砖块分类信息将它们编组。例如，将相同尺寸或类型相同的砖块，每层90°旋转地组合在一起，以便整齐稳固，方便打包和搬运。

③ 打包

打包机控制：执行机构（例如机械手臂或打包机）根据编组信息，将砖块准确放置到包装箱或托盘上。

包膜或捆扎系统：可使用电动或气动捆扎机（如热收缩膜机或打包带机）将砖块包装。

④ 码垛

自动码垛系统：在砖块打包后，根据预设的堆放模式用叉车码放砖块。也可以采用无人自动驾驶码垛机器人叉车。自动卸砖打包控制智能装备示意图如图 4-25 所示。

图 4-25　自动卸砖打包控制智能装备示意图

传感器：反射式红外开关、对射式红外开关、激光测距仪表或接近开关，用于监测砖块或砖车的位置，确保窑炉运转流畅。

执行机构：

机械臂：用于搬运、分类和打包砖块。

传送带：连接不同作业面，自动运输砖块。

打包机：对砖块进行捆扎和封装，确保在运输过程中不会损坏。

控制系统：

MCU 或者 PLC：用于主控制系统，负责协调各个执行机构的动作和传感器的反馈。

操作站：人机界面（HMI）用于操作员与控制系统交互，监控生产状况并进行设置调整。

通信接口：包括工业网络（如 Ethernet/IP、PROFIBUS、modbus 等），用于设备间的实时数据传输。

控制系统可以与车间 DCS 上位机通信。

7. 环保减排控制检测智能装备

双碱法湿式脱硫是使用氢氧化钠和氢氧化钙等碱性溶液对烟气中的二氧化硫进行去除的一种方法。该过程通常通过化学反应使二氧化硫转化为无害的化合物。化学反应方程式如下：

氢氧化钠脱硫：

$$SO_2 + 2NaOH \longrightarrow Na_2SO_3 + H_2O$$

氢氧化钙脱硫（生成硫酸钙，石膏）：

$$SO_2 + Ca(OH)_2 \longrightarrow Ca_2SO_3 + H_2O$$

或

$$SO_2 + Ca(OH)_2 + 1/2\ O_2 \longrightarrow Ca_2SO_4 + H_2O$$

双碱法湿式脱硫的工艺流程图如图 4-26 所示。

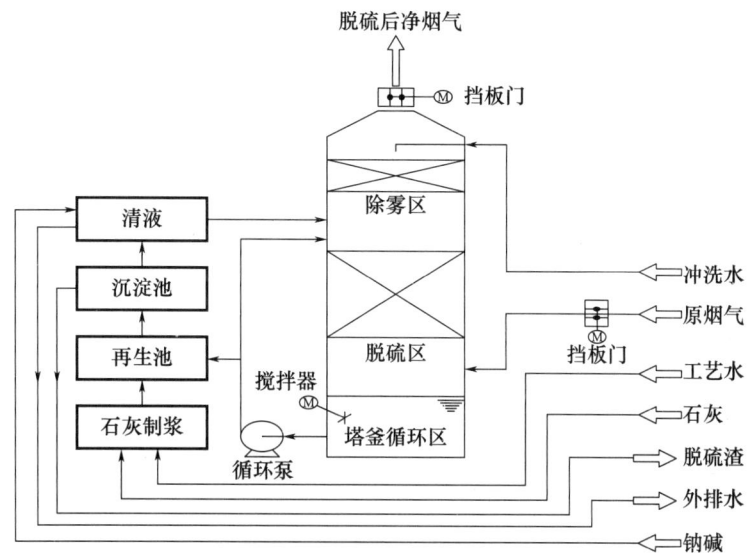

图 4-26 双碱法湿式脱硫的工艺流程图

① 双碱法湿式脱硫

控制方案：

喷淋水泵调节：在双碱法湿式烟气脱硫（FGD）系统中，喷淋水泵的调节非常重要，主要用于控制反应塔内的喷淋水量，以保证脱硫反应的有效性。

pH 控制：保持反应液的 pH 在合适范围（通常为 9～12），以优化脱硫反应效率。pH 过低会导致脱硫效率下降，而 pH 过高可能会引入额外的反应副产物。可实现自动投加助剂（如石灰乳或氢氧化钠）以调节 pH，保证脱硫效果。

喷淋碱液的浑浊度进行自动检测，当浊度超上限，将会带来脱硫的硫酸钙增加颗粒物的二次污染，PM 将增加，必须换新清水。

采用 MCU 或者 PLC 做控制系统，传感器有 pH 计、浊度计等；执行机构有电机变频器、电机等。

双碱脱硫效果在 80% 左右，除尘在 57%～75%。

② 燃中固硫减排二氧化硫

可以在砖坯中加入碱（如氢氧化钠、氢氧化钙等），燃烧中固硫，加入碱为砖坯含硫量的 2 倍，可以减少烟气中 50%～70% 的二氧化硫。

注：因为硫酸钙在 1100℃ 以上开始分离出二氧化硫，只有烧结温度低于 1100℃ 时原料才可以用氢氧化钙固硫技术脱硫。

控制系统可以与 DCS 上位机通信。

③ 隧道窑环保湿电除尘自动控制系统

湿电除尘是一种常用的工业气体净化技术，主要针对气体中的细小颗粒和污染物。其工作原理和关键控制参数如下：

a. 湿电除尘的基本工作原理

电场离子化：湿电除尘器内部设有电极，并施加高压电场。当气体流经电极时，气体中的水分子被电场离子化生成带正电的水离子和带负电的电子。

颗粒物带电：随着气体的流动，水滴与固体颗粒接触并发生撞击，颗粒物在湿润状态下被水滴包裹。颗粒物通过水的摩擦和碰撞被带入电场，形成带电粒子。

颗粒捕集：带电颗粒在电场中受到电力的作用而向相反电极移动，并最终被收集到电极表面或沉降池中。通过保持湿润状态，颗粒物在受力后容易被清洗或冲刷下来。

b. 控制原理

电压控制：高压电场的电压需要稳定控制，以确保离子化和颗粒物带电的效率。过高或过低的电压都会影响除尘效率。

水膜控制：湿电除尘器内部通常有水帘或水雾，控制水的流量和喷雾状态至关重要。适宜的水膜厚度有助于捕集颗粒，防止颗粒再次脱落。

c. 过程控制的重要参数

电压（电场强度）：电极上施加的电压需要精确控制，以确保最佳的离子化效果。

水流量：水的喷雾和流量对捕集颗粒的有效性至关重要，应保持适当的流量以形成良好的水膜。

温度和湿度：影响气体特性和水的蒸发，应保持一定的湿度以优化捕集效果。

清洗频率和方式：制订设备的清洁和维护计划，以确保设备持续有效地工作。

通过对这些重要参数的精准控制，可以提高湿电除尘系统的除尘效果和操作安全性，保障工业生产的环境友好性。

采用 MCU 或者 PLC 做控制系统。

执行机构：电机变频器，电机，电子调压器等。

湿电除尘的液体喷淋量调节：喷淋的水量和频率直接关联到湿电除尘器的湿润程度，适当的液体喷淋量能帮助颗粒沉降并防止反吹，保证除尘效果。

控制系统可以与 DCS 上位机通信。

④ 脱硝自动控制系统

脱硝自动控制系统示意图如图 4-27 所示。烧砖脱硝的控制原理是通过燃烧优化与后处理技术相结合，用先进的传感器和执行机构实时监测和调整过程，达到减少 NO_x 的目标。通过实现有效的控制，可以显著降低烧砖过程中的氮氧化物排放，符合环保要求。

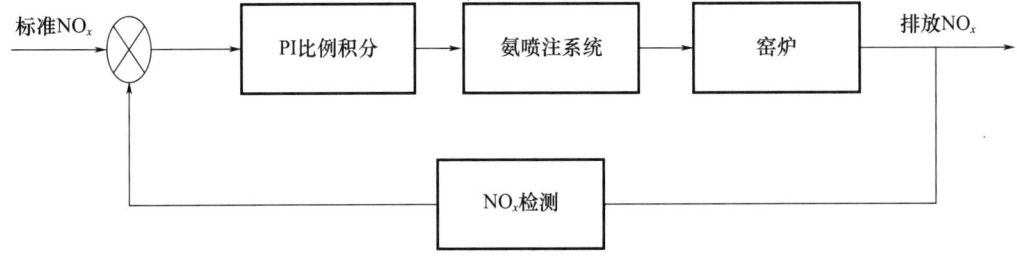

图 4-27 脱硝自动控制系统示意图

在 SNCR 过程中，氨在高温条件下直接与 NO_x 反应实现还原，生成氮气和水。还原反应方程式：$2NO + 2NH_3 \longrightarrow N_2 + 3H_2O$，在没有催化剂的情况下，可进行 NO_x 的还原反应。这种方法通常在 850～1100℃ 的温度范围内进行。

氨通常在 1000℃ 以上燃烧，主反应变为氧化反应，生成 NO 和 NO_2。氨燃烧的初步阶段，氧化反应如下：$NH_3 + 3O_2 \longrightarrow 2N_2 + 6H_2O$；在 1000℃ 以上高温下的氮气再与氧气反应：$N_2 + O_2 \longrightarrow NO$；产生 NO_x 通常在温度超过 1200℃ 时显著发生。烧结砖的 NO_x 主要是 NO 和 NO_2。

为避免加入氨燃烧产生 NO_x，烧砖脱硝的控制原理是控制温度在 850～1000℃。

为避免加入过量的氨产生 NO_x，氨加入量一般控制在 NO_x 量的 2 倍之内。比如 NO_x = $300mg/m^3$，$3m^3$ 烟/kg 砖，每小时 10000 块标砖，25000kg/h，NO_x 量 =22.5kg/h，氨约为 67.5kg/h。在脱硝同时，采集环保监测的 NO_x/m^3 排放值，根据 NO_x 达标情况调节加氨量。

注：非催化还原（SNCR）氨脱硝效率只有 30%～70%。

通过改变原料不含固态氮和调配原料使烧结最高温度不超过 1000℃，可以从源头上减少 NO_x 的产生。

采用 MCU 或者 PLC 做控制系统。

检测：通过 DCS 上位机获取环保监测 NO_x 传感器检测的 NO_x；隧道窑焙烧控制系统稳定喷氨车位温度高于 850℃，低于 1000℃。

执行机构：氨喷注系统，控制氨的喷入量，提高 SNCR 脱硝效率。

控制算法，根据 NO_x 实测值，当 NO_x 超过设定值时，加大氨喷入量；当加大氨喷入量达到上限时，或者加大氨喷入量后 NO_x 不降低时，停止加大氨量而减小氨喷入量；当减小后，NO_x 小于设定值时，维持氨喷入量。

监测系统通过现场总线可以与 DCS 上位机通信。

⑤ 隧道窑排放烟气自动监测系统

执法监测，在线检测 PM、SO_2、NO_x、O_2、温度、流量，湿度等，通过 DTU 并网环保信息网络，上传至环保局环保监测站，同时通信传给车间 DCS 上位机。

采用 MCU 或者 PLC 做控制系统以及工控计算机做检测计算机，配有 PM、SO_2、NO_x、O_2、温度、流量、湿度的检测仪表。

监测系统通过现场总线可以与车间 DCS 上位机通信。

4.4 烧结墙体材料生产智能制造 SCADA 系统

烧结砖厂 SCADA 系统可实现控制系统的网络化、信息化、智能制造、智能配比、智能节能、智能环保等。

烧结砖厂 SCADA 系统是用于砖厂工业自动化和智能制造的全厂控制系统，它集成了数据采集、远程监控、自动控制和数据分析功能，广泛应用于智能制造、工业生产、能源管理等领域。

烧结砖厂 SCADA 系统包含 3 个车间 DCS 系统，SCADA 系统厂级管理计算机通过车间 DCS 获得传感器和设备控制系统采集的生产数据，并通过网络传输到中央监控站，实现对工业过程的实时监测、数据处理和远程控制。

4.4.1 车间 DCS 系统

车间 DCS 管理的数据采集工艺控制计算机：用于采集设备和生产线的运行数据，并执行基本的控制指令。

通信网络：采用工业以太网、WiFi、5G 等技术。

中央控制中心（SCADA 软件）：用于数据处理、可视化监控、人机交互以及报警管理。

数据库与云端存储：用于存储历史数据，并支持数据分析和优化决策。

具体可参看前面车间 DCS 章节。

4.4.2 砖厂 SCADA 系统的主要功能

1. 实时数据采集与监控

通过传感器、控制器等设备采集现场数据，如检测窑炉温度、湿度、压力、风量、电流、功率、含水率、内掺煤热值、原料用量、能源用量等参数。

在监控界面上以图形化方式显示了三个车间生产设备的实时状态。

2. 远程控制与自动化

通过 SCADA 软件在中心控制室对生产设备进行远程启停、参数调整等操作。

结合智能控制算法和 AI 分析，通过 DCS 实现全厂生产过程的自动控制。

3. 数据存储与历史记录

记录并存储历史数据，包括原料车间、成型车间、生产车间的产品合格率，为后续分析提供支持。

可追溯生产过程，烧成车间烘干焙烧火带过程快速回放，用于质量管理与故障分析。

4. 报警与事件管理

设定报警阈值，当设备运行异常或超出设定范围时触发报警。

提供实时报警信息，包括用声音、短信、邮件等方式通知管理人员。

5. 可视化与报表分析

采用动态图表、SCADA 界面或数字仪表盘等方式展示生产数据。

生成报表，帮助管理层进行决策分析，如能耗优化、设备维护等。

6. MES/ERP 集成

SCADA 可以与制造执行系统和企业资源规划系统集成，实现信息共享，提高生产管理效率。

SCADA 通过互联网与国家省市行业协会计算机联网，与国家能源、环保和节能监管联网。

4.4.3 烧结 SCADA 在智能制造中的应用

图 4-28 为全场 SCADA 系统示意图，主要包括智能工厂对生产设备进行集中监控，实现自动化控制和数据分析。主要在原料库房、成品库房量化管理，提前 15 天的原料生产用量调度，提前 7 天的配合销售产品生产调度安排。

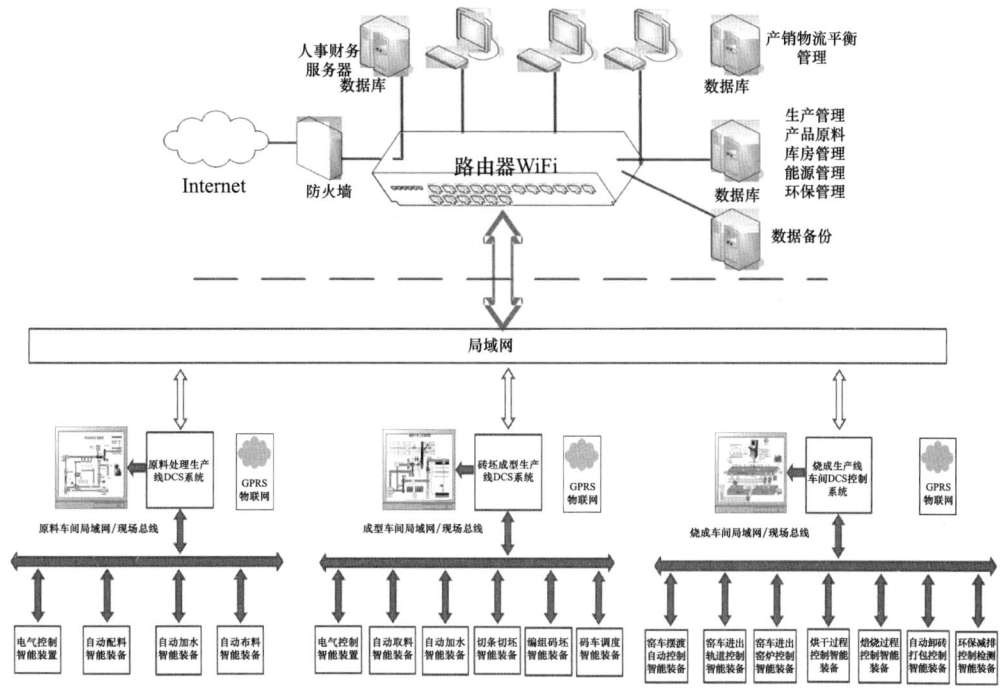

图 4-28　全厂 SCADA 系统示意图

DSC 自动化控制标准设置包括以下几个部分：

原料处理：产量、配方标准、内掺热值标准、配水含水率标准、原料颗粒级配标准。

砖坯成型：根据记录生产大数据归纳总结产量、转型、砖坯热值匹配标准、配水含水率标准、砖机负荷上下限、热耗标准；大数据归纳总结重点耗能设备，比如风机、砖机、破碎机在最佳能耗成本下的最高产能的运行转速。成型原料库房采用陈化管理，陈化仓管理的原料调配是根据成型的砖型调配内掺发热量和调配塑性指标，包括入仓的颗粒级配、入仓的原料配方、入仓后陈化时间。

焙烧烘干：根据低热值砖坯，对入焙烧窑的高热值砖坯车进行补热调度；预测烘干塌坯、裂纹报警并提供相应的预防规范和事故发生后的处理流程；预测焙烧炸坯、欠火砖、过火砖、炸砖报警，并提供相应的预防规范和事故发生后处理方案。

能源管理：监测工厂电力、燃煤等能耗，优化能源使用效率。下达车间单位中间产品电耗标准，采集电耗的班、日、月报表并奖罚；下达烧结各种砖型的煤耗标准，调度处理、成型、烧成的煤耗调控，采集电耗的班、日、月报表并奖罚。

智能环保：把排放监测 SO_2、PM、NO_x 的数据反馈给烘干焙烧控制 DCS 系统，调节温度减排，例如，保证烘干质量产量的前提下提高排潮温度以减少排潮量，降低烟气含氧量；原料和成型时配煤合格，焙烧时做到不外投煤以减少 PM 烟气颗粒物；提倡稳产高产的低温宽带焙烧工艺标准，防止高温快烧以减少氮氧化物的产生。

设备运维：制订设备维护计划，比如加设备机油、加窑车油的间隔时间和数量以及机口等易损件更换周期和数量；焙烧烧焦砖和欠火砖的入窑前故障预测和诊断解决，提高产品质量并降低维护成本。

综上所述，烧结墙体材料 SCADA 系统是智能制造的重要组成部分，能够大量减少人力提高生产效率，可望实现人均年产砖 500 万～1000 万标块，极大地降低生产人力成本，使生产模式从劳动密集型制造逐步转变成少人无人制造；除此之外，还能够做到人工很难做到的极致制造，它可以通过数据驱动决策，提高生产效率、降低运营成本，并推动工厂向数字化、智能化方向发展。图 4-28 是从车间 DCS 升级后全厂的 SCADA 系统框图。在砖厂智能制造的实施中，可以按"智能装备—车间集中分散控制 DCS—全厂 SCADA"步骤，既可一步到位，也可逐步升级到位，最终实现烧结墙体材料的智能制造目标。图 4-29 为砖厂 SCADA 中心控制室，图 4-30 和图 4-31 为烧成工艺界面示意图，图 4-32 为原料处理工艺界面示意图。

图 4-29　砖厂 SCADA 中心控制室

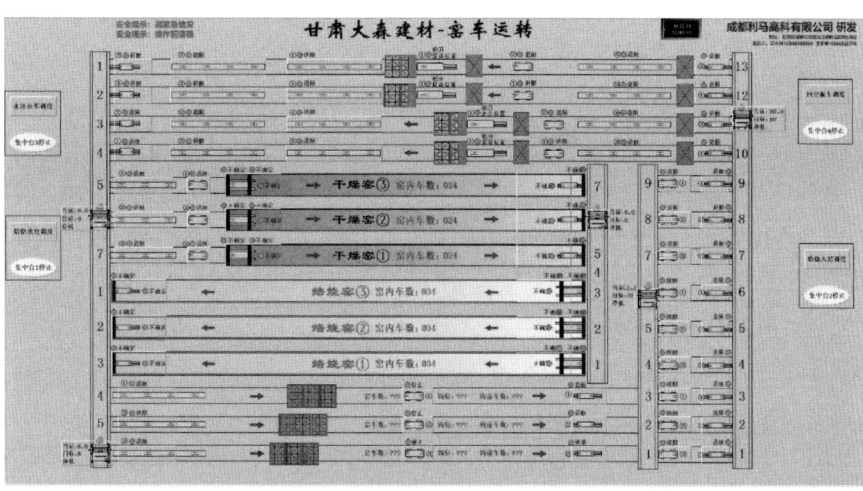

图 4-30 烧成工艺界面示意图（一）

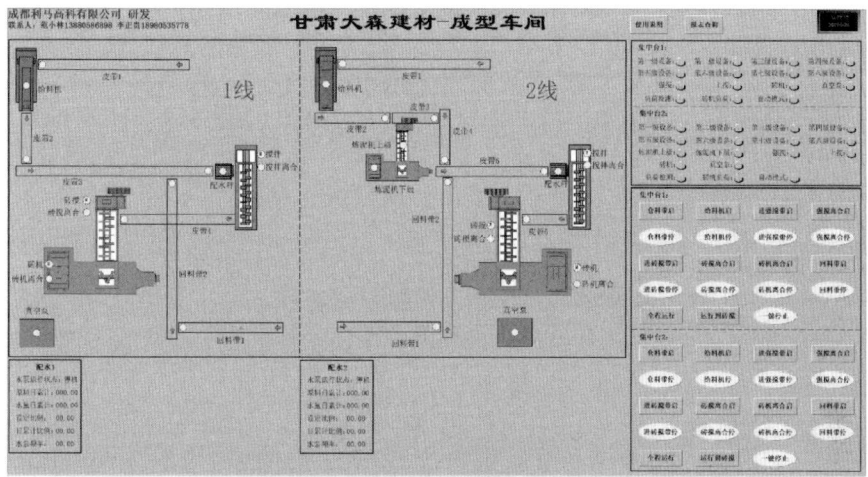

图 4-31 烧成工艺界面示意图（二）

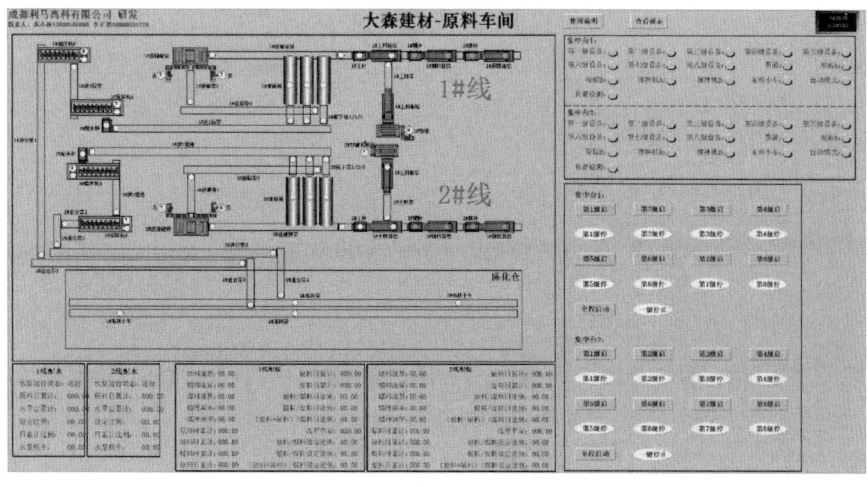

图 4-32 原料处理工艺界面示意图

5 蒸压加气混凝土墙体材料智能制造

5.1 概述

蒸压加气混凝土（Autoclaved Aerated Concrete，AAC）是一种以硅质材料（如砂、粉煤灰）和钙质材料（如水泥、石灰）为主要原料，掺入发气剂（如铝粉），经搅拌、浇注、发气膨胀、切割和高温高压蒸压养护制成的多孔硅酸盐制品。

从蒸压加气混凝土的材料组成、反应机理与生成物看，它是一种硅酸盐混凝土；从气孔结构看，它是一种多孔混凝土；按基本原料组成分类，可分为单一钙质蒸压加气混凝土和混合钙质蒸压加气混凝土。目前，我国主要生产水泥-石灰-砂蒸压加气混凝土和水泥-石灰-粉煤灰蒸压加气混凝土。

按照产品用途和形状分类，蒸压加气混凝土制品主要包含蒸压加气混凝土砌块和蒸压加气混凝土板。蒸压加气混凝土砌块（Autoclaved Aerated Concrete Blocks，AAC-B）是蒸压加气混凝土中用于墙体砌筑的矩形块材；蒸压加气混凝土板（Autoclaved Aerated Concrete Slabs，AAC-S）是蒸压加气混凝土中配置经防锈层处理的钢筋网笼或钢筋网片的预制板材。

蒸压加气混凝土相关技术来源并发展于欧洲。1923年，瑞典人埃克森（J. A. Eriksson）掌握了以铝粉为发气剂的生产技术。随着对工艺技术和设备的不断改进，工业化生产时机日益成熟，埃克森于1929年在瑞典建成了第一座蒸压加气混凝土厂。从开始工业化生产算起，蒸压加气混凝土至今已有近100年的历史，并得到了很大的发展，生产和应用已遍及五大洲的60多个国家和地区。

我国于1965年在北京建成第一家蒸压加气混凝土厂——北京加气混凝土厂（现北京金隅加气混凝土有限责任公司），这标志着我国蒸压加气混凝土进入工业化生产时代。经历60年时间，我国建成的各类蒸压加气混凝土企业约2000家，总设计能力超过2.6亿平方米，成为全球蒸压加气混凝土生产和应用最多的国家，也是应用粉煤灰生产蒸压加气混凝土最广泛、技术最成熟的国家，此外，我国从业者还进一步探索了以二氧化硅工业废弃物为生产原材料生产蒸压加气混凝土的技术手段。近年来，全国涌现了一批从事蒸压加气混凝土生产、装备和应用技术研究的科研院所和高等院校，建立了科研、设计、教学、生产、施工、装备和配套材料供应系统，制定了原材料、产品、试验方法和应用的标准规范，使我国蒸压加气混凝土形成了完整的工业体系。

蒸压加气混凝土作为绿色低碳墙体材料的代表，其全生命周期均体现出显著的环保属性，高度契合我国"双碳"政策目标，在墙体材料革新和建筑节能上具有重要作用，其主要优势体现在密度低、保温隔热性能好、抗震性好、耐火性好、不产生有害气体、吸声性良好、可加工性高、生产及使用能耗低、原料来源广、消纳工业废弃物、环境友好、生产效率高等方面。

装配式建筑作为国家"双碳"目标和绿色建筑发展的重要载体，为蒸压加气混凝土创造了发展机遇与市场增量。2020年全国装配式建筑新开工面积达6.3亿平方米，同比增长50%，直接带动AAC板应用场景从填充墙向承重墙、屋面板、楼板等核心结构的持续扩展。以北京为例，2020年AAC板应用比例较2019年提升2个百分点，增长率达68%。

国务院《关于大力发展装配式建筑的指导意见》明确要求2025年装配式建筑占比达30%，而AAC板作为装配式围护结构首选材料，2022年产销量已达1200万立方米，较2017年增长6倍。装配式建筑对蒸压加气混凝土构件精度和功能集成的高要求，倒逼AAC板技术革新，从设计、生产到施工的全流程低碳化，推动AAC板与BIM技术、智能物流系统集成，形成"设计—制造—安装—运维"数字化闭环。例如，部分企业通过二维码追溯板材生产数据，实现质量管控与施工精准对接。装配式建筑通过政策引导、技术迭代与市场扩容，推动蒸压加气混凝土板从单一填充材料向高性能结构构件升级。未来，随着智能制造生产和新型复合材料的普及，AAC板将在绿色建筑、超低能耗建筑中占据更核心地位，助力建筑行业实现"双碳"目标与工业化转型。

2021年12月29日，中国建筑材料联合会六届理事会二次会议明确提出，要着重组织打造零外购电、零化石能源、零一次资源、零碳排放、零废弃物排放、零员工的建材行业绿色节能、能源安全、资源综合利用、低碳、清洁、智能的"六零"示范工厂，并作为行业企业长远发展导向。"六零"示范工厂概念，是建材行业深入贯彻新发展理念，在习近平生态文明思想指引下，在实现碳达峰、碳中和的历史进程中，积极应对行业能源资源承载型和污染排放较高的现状，充分发挥建材行业资源综合利用、协同处置及作为光伏、风电等新能源技术装备制造所需材料的生产行业的优势，从绿色节能、能源安全、资源综合利用、低碳、清洁、智能六个维度，创新性提出的建材行业企业转型升级的长远发展导向，是"宜业尚品、造福人类"行业发展目标中"宜业"的具体实践。

尽管蒸压加气混凝土低碳优势显著，但行业仍面临自动化程度低、质量参差不齐、数字化基础薄弱、生产效率低、能源浪费大、产能过剩等问题。部分企业因生产技术薄弱导致产品质量不稳定，不能满足建筑应用要求，需通过智能制造和标准化管理提升产品质量稳定性。

在政策层面，国家"十四五"规划明确提出推动建材行业智能化转型，要求淘汰落后产能（如产能低于 15 万立方米/年的生产线），发展绿色低碳技术。《建材工业"十四五"发展实施意见》将智能制造列为重点任务，大力推动建材行业向自动化、数字化升级。未来十年，行业将加速向全面智能化转型，蒸压加气混凝土行业必须通过智能制造实现技术升级，否则将面临产能淘汰、市场萎缩及环保合规风险。

5.2 生产工艺介绍

蒸压加气混凝土是一种多孔硅酸盐混凝土，它的各种物理力学性能取决于蒸压养护后的混凝土结构，包括孔结构及孔壁的组成。与一般硅酸盐混凝土一样，蒸压加气混凝土孔壁的组成，是由钙质材料与硅质材料在水热处理过程中所生成的一系列水化产物的种类和数量决定的，也是蒸压加气混凝土具有一定的物理力学性能的成因。

蒸压加气混凝土的结构是由气孔和孔间壁组成，而孔间壁又是由水化产物、未水化的材料颗粒及孔隙组成。因此，蒸压加气混凝土的强度及其物理力学性能，与水热合成反应产生的水化产物有必然的关系。硅酸盐混凝土的水热合成反应，本质上是石灰的水化产物或水泥中的硅酸三钙、硅酸二钙水化时析出的 C-S-H 凝胶、$Ca(OH)_2$ 与硅质材料中的 SiO_2、Al_2O_3 以及水之间的化合反应。生产硅酸盐混凝土的原材料提供 CaO 和 SiO_2，在水热条件下合成水化硅酸钙，以此作为硅酸盐混凝土的胶凝物质，与尚未反应的材料颗粒结合在一起，构成混凝土的整体强度载体。当掺有石膏时，$CaSO_4$ 及粉煤灰、水泥中含有的 Al_2O_3 等参与反应，水化产物还包括水化铝酸钙、水化硫铝酸钙等。

蒸压加气混凝土的孔结构，不仅有如同一般硅酸盐混凝土的微孔结构，还有铝粉所形成的气孔，这对蒸压加气混凝土的物理力学性能有着极大的影响。蒸压加气混凝土的气孔决定了它的体积密度，主要取决于铝粉的形态、加入量和发气过程的控制。蒸压加气混凝土的强度服从于孔隙率理论。在工艺条件许可时，尽量减小气孔的尺寸，可以提高蒸压加气混凝土的强度。气孔的形状因生产工艺条件不同可分为封闭的圆孔（更多的是椭圆孔）、没有完全封闭的孔和完全贯通的孔三类，其中，封闭圆孔对强度等物理力学性能的不利影响最小，而贯通孔对其性能的不利影响最大。

蒸压加气混凝土以不同原料分类，可以分为单一钙质蒸压加气混凝土和混合钙质蒸压加气混凝土两类。其中，单一钙质蒸气加压混凝土有蒸压水泥-砂加气混凝土、蒸压石灰-砂加气混凝土、蒸压石灰-粉煤灰加气混凝土和蒸压石灰-凝灰岩加气混凝土。混合钙质蒸压加气混凝土有蒸压水泥-石灰-砂加气混凝土、蒸压水泥-石灰-粉煤灰加气混凝土、蒸压水泥-矿渣-砂加气混凝土、蒸压水泥-石灰-尾矿砂加气混凝土和蒸压水泥-石灰-沸腾炉渣加气混凝土。目前，我国主要生产蒸压水泥-石灰-砂加气混凝土、蒸压水泥-石灰-粉煤灰加气混凝土和蒸压水泥-矿渣-砂加气混凝土三种，其中以蒸压水泥-石灰-粉煤灰加气混凝土最多，占总产量的一半以上。

根据蒸压加气混凝土的用途，蒸压加气混凝土产品可分为砌块和板材，主要包括非承重砌块、承重砌块、保温块、屋面板、墙板、异型块、异型板、装饰板和装饰块等。其中，非承重砌块生产和使用最为广泛，主要使用在框架结构中的填充墙与隔墙中，不承担荷载；承重砌块在建筑中，经特殊结构处理后承担荷载；保温块主要用于建筑物保温隔热；屋面板和墙板都是配有经过防腐处理的钢筋网片和钢筋网笼的蒸压加气混凝土板，根据用途不同，其配筋也不同，主要与高层混凝土框架建筑及钢结构建筑配合；异型块、异型板主要用于门窗洞口过渡、梁柱包贴以及其他不便直接采用矩形砌块的部位；装饰板、装饰块则直接用于墙体的装饰。

蒸压加气混凝土可以根据原材料类别、品质、主要设备的工艺特性等，采取不同的工艺进行生产。但一般情况下，主要的生产工艺流程可以分为原材料制备、钢筋加工、钢筋网组装、配料、浇注、静停、切断、蒸压养护和出釜等。

蒸压加气混凝土的生产工艺流程如图 5-1 所示。

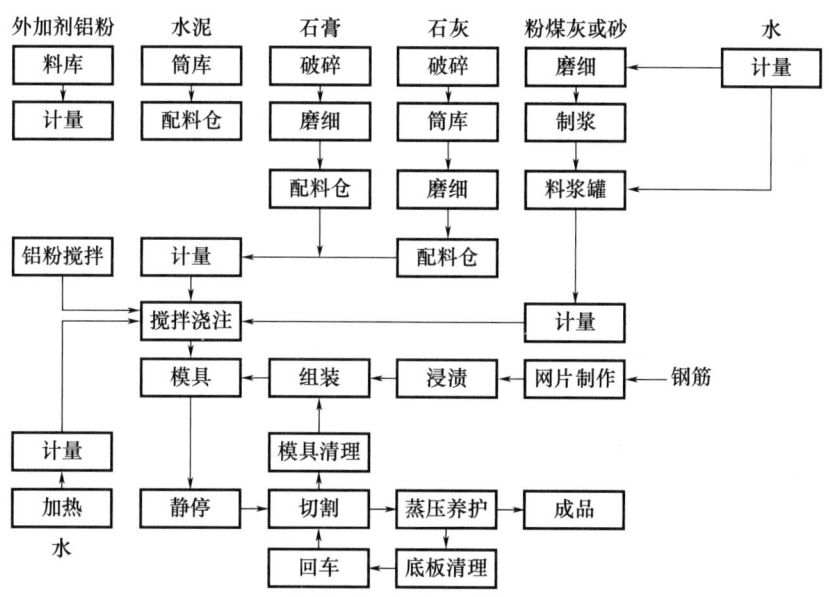

图 5-1 蒸压加气混凝土的生产工艺流程图

5.2.1 原材料制备和贮存

生产蒸压加气混凝土，首先将硅质材料如砂、粉煤灰等进行碾磨，根据材料要求及工艺特点，采取干磨成粉、加水湿磨制浆及混磨等方式，主要目的为改善粉煤灰或砂的特性。购入的块状石灰也须经过破碎和碾磨。石膏一般掺入粉煤灰（砂）或石灰一同研磨或者直接加入料浆池制浆。其他辅助材料和化学品也须制备后使用。

原材料的贮存是为了保证原材料的稳定性和生产的连续性。原材料稳定性即主要通过贮存来实现不同来源、质量等原材料的合理配合，以期达到工艺要求；通过贮存使原料趋于稳定，实现原材料的均化。连续性是为了满足生产节拍的要求以及各工段间隙运行和连续运行的缓冲要求。

原材料制备和贮存是生产配料的准备工序，是使原材料符合工艺要求的再加工及完成配料前的过渡、均化和陈化过程，是直接影响整个生产过程能否顺利进行、产品质量能否达到要求的最基本的工艺环节。

原材料制备和贮存系统主要由破碎机、磨机、制浆搅拌机、料库（仓）和储浆罐等设备组成。

生产蒸压加气混凝土的原材料较多，生产企业应根据当地的资源条件、生产产品品种以及工厂的生产、技术、设备条件而定。在原材料制备工序过程中，基本材料、发气材料、调节材料和结构材料的特点和指标关乎最终产品质量，需要根据最终产品要求和生产工艺条件控制所需的参数。

1. 基本材料

基本材料可分两大类，一类是硅质材料，主要成分为 SiO_2，如砂、粉煤灰等；另一类是钙质材料，主要成分为 CaO，如生石灰、水泥、粒状高炉矿渣等。

砂是蒸压加气混凝土工业广泛采用的硅质材料，在蒸压加气混凝土中的作用主要是提供 SiO_2。砂的主要化学成分是 SiO_2，也有少量的 Al_2O_3、Fe_2O_3 和 CaO 等成分，砂中 SiO_2 含量越多，质量越好。

砂中还含有一定数量的 Na_2O 和 K_2O，在蒸压加气混凝土生产过程中，它们生成的可溶性 Na_2SO_4 和 K_2SO_4，会随着制品中水分的迁移而在制品表面形成盐析。砂中含有有机酸（腐植物）和杂质，对蒸压加气混凝土性能的影响也有多重性，不宜过多。

砂的技术要求一般按标准《硅酸盐建筑制品用砂》（JC/T 622—2009）执行检验。由于条件所限，砂的 SiO_2 含量往往不足 75%，虽然也可使用，但增加了生产控制的难度。总体来说，砂中 SiO_2 含量越高越好（国外通常大于 90%），杂质越少越好。现在，许多企业拓展了生产原料，采用采矿尾砂、石材加工产生的石屑等工业废弃物代替天然砂作为硅质材料，但这些材料毕竟是工业废弃物，必须符合蒸压加气混凝土的技术要求和环保要求，并在试验验证后才可使用。

粉煤灰在蒸压加气混凝土中的作用主要是提供 SiO_2，其中的 Al_2O_3 也具有较大作用（特别是在浇注以后的静停过程中）。粉煤灰的化学成分主要是 SiO_2 和 Al_2O_3，还有少量的 Fe_2O_3、CaO、MgO 及其他微量元素，矿物组成主要是硅铝玻璃体，此外，还有一定数量的未燃尽炭（以烧失量表示），所有化学成分的数量都随煤质及燃烧工艺的不同而不同。

粉煤灰本身虽不具有单独的硬化性能，但当它与石灰、水泥等碱性材料加水混合以后，就能在空气中硬化，并在水中继续硬化，这就是粉煤灰的活性。活性是综合反映粉煤灰中各成分与 CaO 进行反应的能力指标。

粉煤灰的技术要求一般按标准《硅酸盐建筑制品用粉煤灰》（JC/T 409—2016）执行检验，主要关注指标有粉煤灰的细度、标准稠度需水量、烧失量、玻璃体的含量等。高钙粉煤灰、循环流化床锅炉的粉煤灰性质也有较大的不同，应做专门试验后方可使用。

石灰是生产蒸压加气混凝土的主要钙质材料，其主要作用是提供有效 CaO，使之在水热条件下与硅质材料中的 SiO_2、Al_2O_3 作用，生成水化硅酸钙，从而使制品获得强度。石灰的成分可分为两部分：一部分是从 $CaCO_3$ 分解出来的游离状态（非死烧）的 CaO，其作为活性部分，是蒸压加气混凝土中参与水热合成反应的有效成分，故又称之为有效氧化钙（以 A-CaO 表示）；另一部分是非活性部分，包括未分解的 $CaCO_3$、死烧的 CaO 等，此部分不参与水热合成反应。石灰也为铝粉的发气提供了条件，石灰水化时放出大量的热，不仅为蒸压加气混凝土料浆提供了热源，而且促进了坯体硬化阶段胶凝材料的进一步凝结硬化，从而使坯体强度迅速提高。

石灰的技术要求一般按标准《硅酸盐建筑制品用生石灰》（JC/T 621—2021）执行检验，主要关注指标有活性氧化钙、氧化镁、细度、消化时间、消化温度、未消化残渣等。鉴于石灰在蒸压加气混凝土生产中的重要作用，其质量控制必须从石灰的生产环节开始着手。

水泥是生产蒸压加气混凝土过程中主要的钙质材料，它可以作为钙质材料单独使用，但更多是与石灰一起作为混合钙质材料使用。在水泥熟料中，C_3S 和 C_4AF 水化反应进行得最快，决定着水泥的水化、凝结速度和早期强度，因而对蒸压加气混凝土料浆的发气、凝结硬化和制品强度都有重要影响。当水泥作为单一钙质材料单独使用时，它是料浆中 $Ca(OH)_2$ 的主要来源，在蒸压过程中与硅质材料中的 SiO_2 和 Al_2O_3 反应生成水化硅酸钙和水化铝酸钙，从而使蒸压加气混凝土获得强度。当水泥与石灰混合使用时，石灰是 CaO 的主要提供者，水泥的主要作用是保证浇注稳定并可加速坯体的硬化，改善坯体性能并提高制品质量。

生产蒸压加气混凝土所用水泥，主要是从水泥的品种和强度等级两个方面进行选择，应选择 P·Ⅰ（P·Ⅱ）42.5 硅酸盐水泥或 P·O 42.5 普通硅酸盐水泥（混合材掺量 P·Ⅱ 水泥≤5%，P·O 水泥为 5%~20%），当条件限制时，也可选择其他型号的水泥。在蒸压养护以前，水泥的重要作用是使料浆尽快凝结硬化，使发气后的料浆不塌陷，以保证浇注的稳定性。因此，对于蒸压加气混凝土，水泥的初凝及终凝时间不宜过长。

2. 发气材料

在蒸压加气混凝土的生产工艺中，发气材料的作用是在料浆中进行化学反应，释放气体从而使混凝土形成细小且均匀的微小气孔，使蒸压加气混凝土拥有多孔的物理结构。

蒸压加气混凝土必须有较大的孔隙率，在料浆的发气膨胀阶段要求料浆的体积膨胀量达 1 倍或以上，要求发气材料（发气剂）能够提供大量不溶或难溶于水的气体。发气剂的种类比较多，世界各国生产的蒸压加气混凝土，绝大多数采用金属法来产生气体，真正用于工业生产的是铝粉（铝粉膏）。国际上多采用铝粉作为发气剂，我国过去也是以使用铝粉为主，现在除少数引进生产线外，大多数已采用铝粉膏。

铝粉膏除有发气铝粉的一般特性外，不易起尘，不产生静电，不怕潮湿，且有一定稳泡作用，是一种安全、经济的新品种。《加气混凝土用铝粉膏》（JC/T 407—2008）对铝粉膏提出了质量指标，主要包括固体分、固体分活性铝、细度、发气率及水分散性等指标。《铝粉 第2部分：球磨铝粉》（GB/T 2085.2—2019）对作为蒸压加气混凝土发气剂的铝粉做了规定，主要包括粒度分布、松装密度、盖水面积及化学成分等指标。

蒸压加气混凝土料浆在发气以前是固-液两相系统，当铝粉在料浆中放出氢气后就变成固-液-气三相体系，形成的气泡是由液体薄膜包围着气体，体系内增加了许多新表面。为了使这些气体能够在料浆中形成尺寸适当、大小均匀的球形气泡，并能保持稳定而不变形破裂，除了料浆本身要具备一定的温度、稠度以外，添加适当的气泡稳定剂（稳泡剂）是十分重要的。气泡稳定剂就是表面活性物质，其作用是降低水的表面张力，增加气泡壁的机械强度。

3. 调节材料

调节材料使得蒸压加气混凝土料浆发气膨胀和料浆稠化相适应，使浇注稳定并可获得性能良好的坯体。为加速坯体硬化，提高制品强度，避免制品在蒸压过程中产生裂缝，都需要在配料中加入适当的辅助材料，从而使蒸压加气混凝土的性能在生产过程中的某一工艺环节得到改善。

石膏是一种常用的胶凝材料，主要化学成分是$CaSO_4$。在蒸压加气混凝土中常用作发气过程的调节剂，主要体现在对生石灰消解和料浆稠化速度的延缓两方面。在蒸压石灰-粉煤灰制品中，石膏既是发气过程调节剂，又是水热合成反应的反应物之一，可以提高制品强度，减少收缩，提高抗冻性；而在蒸压石灰-砂、蒸压水泥-砂制品中，其主要起到调节作用。

菱苦土是菱镁矿（$MgCO_3$）经700～1100℃煅烧后磨细而得的胶凝材料，是目前使用最多的蒸压养护过程的调节剂。配置钢筋的蒸压加气混凝土制品在蒸压过程中，钢筋与蒸压加气混凝土都将发生膨胀。由于钢的热膨胀系数为1.2×10^{-5}mm/（m·℃），而蒸压加气混凝土的热膨胀系数只有0.8×10^{-5}mm/（m·℃）左右。菱苦土的加入，可提高蒸压加气混凝土的热膨胀系数，使其尽量与钢筋的热膨胀系数相一致。对菱苦土的质量要求，主要看其消化时间是否满足生产的需要，一般要求消化时间在8h以上。

不同的蒸压加气混凝土需要不同的调节材料，常用的调节材料还有纯碱、水玻璃、硼砂和烧碱等，可根据蒸压加气混凝土体系和生产工艺适当添加使用。

4. 结构材料

生产蒸压加气混凝土板时，必须使用钢筋作为结构材料，以使构件能够承受由弯曲荷载产生的拉应力。由于蒸压加气混凝土不同于普通混凝土的密实结构，而具有多孔结构及高碱度的特点，不能有效地保护其内部的钢筋不发生锈蚀，因此必须使用钢筋涂料对钢筋进行防锈处理。

在蒸压加气混凝土生产中使用的钢筋应当满足蒸压加气混凝土板材受力情况和焊接的需要，兼顾到蒸压加气混凝土制品进行蒸压养护等工艺特点。目前，在蒸压加气混凝土板材中，最常用的是热轧圆盘条钢筋。近年来，为了应对市场时而出现的产品紧缺状况，一些企业通过试验，也采用Q215号钢轧制的圆盘条。依据标准《蒸压加气混凝土板》（GB/T 15762—2020）的规定，对钢筋的技术要求应符合《钢筋混凝土用钢 第1部分：热轧光圆钢筋》（GB/T 1499.1—2024）、《低碳钢热轧圆盘条》（GB/T 701—

2008）和《混凝土制品用冷拔低碳钢丝》（JC/T 540—2006）的规定。

蒸压加气混凝土钢筋防腐蚀措施是采用防锈涂料浸渍。蒸压加气混凝土的性能和生产工艺特点要求防腐涂料除了应具备通常的防锈功能外，还应当具有与蒸压加气混凝土特点相适应的性能，钢筋防锈涂料必须具备高黏着力，使得钢筋和蒸压加气混凝土具有一定的握裹力，以充分发挥钢筋在蒸压加气混凝土中的力学性能。

钢筋加工后，钢筋涂料浸涂的效果主要通过钢筋防锈性能和钢筋黏着力来评定。钢筋的防锈性能测试方法一般是在湿热条件下加速钢筋的锈蚀，以锈蚀程度来判定防锈能力。《蒸压加气混凝土板》（GB/T 15762—2020）采用《蒸压加气混凝土板钢筋涂层防锈性能试验方法》（JC/T 855—1999）规定的方法确定钢筋涂层的防锈性能。钢筋黏着力测试方法是分别向钢筋和蒸压加气混凝土（基材）施力，来测定钢筋—涂层—蒸压加气混凝土的黏着力。《蒸压加气混凝土板》（GB/T 15762—2020）附录规定的方法是"顶出试验法"，在试验判定时，除了按要求达到规定的黏着力指标外，试验的破坏层不应是涂料与钢筋的黏着层，也不应是涂料与蒸压加气混凝土的黏着层，而应该是蒸压加气混凝土本身。

5.2.2　配料浇注

配料工序是把制备好并贮存待用的各种原材料进行计量，调节温度和浓度，以及对少量掺加材料进行现场计量制备，然后按工艺要求，依次向搅拌设备投料。配料是蒸压加气混凝土工艺过程的一个关键环节，原材料各有效成分的比例，关系到料浆的流动性和黏度是否适合铝粉的发气及坯体的正常硬化等，对发气膨胀、硬化过程及制品性能都有最直接的影响。

浇注工序是蒸压加气混凝土区别于其他各种混凝土的独特生产工序之一。浇注工序是把经配料工序后的物料投入搅拌机进行搅拌，制成温度、稠度达到工艺规定的料浆，通过搅拌机的浇注口（又称浇注搅拌机）浇注入模，入模的料浆一般可采用电磁振动消泡机消除因虹吸原理带入的空气和部分铝粉早期发气产生的大气泡。此时，若生产的产品为板材，模具中事先置入组装好的钢筋网，料浆在模具中进行一系列物理化学反应，产生气泡，料浆经膨胀、稠化、硬化，形成蒸压加气混凝土坯体。浇注工序是能否形成良好气孔结构的重要工序，与配料工序一并构成蒸压加气混凝土生产工艺的核心环节。

配料浇注系统主要由计量和输送设备、浇注搅拌机、铝粉搅拌机、外加剂搅拌机、模具、侧（底）板和电磁振动消泡器等设备组成。

5.2.3　静停切割

静停工序是指在搅拌和浇注混凝土后，将蒸压加气混凝土坯体放置静置一段时间，让混凝土中的气泡充分膨胀、分布均匀，并且坯体凝固硬化，直至可以切割的阶段，包括发气膨胀和保温养护两个过程。从蒸压加气混凝土生产特点来讲，静停从料浆浇注入模便开始了。静停过程是在一定温度条件下的热静停室进行，该工序没有过多的操作，应避免振动，同时，应严格注意发气过程浆体的变化，并反馈至配料、浇注工序。坯体的主要缺陷均在此工序产生，如塌模、坯体开裂、憋气等。

在蒸压加气混凝土的生产中，发气膨胀是静停过程中的关键环节。它发生在料浆浇注后，通过铝粉等发气剂的作用，料浆在模具内逐渐膨胀，充满模具，形成具有多孔结构的蒸压加气混凝土坯体。

1. 铝粉发气作用

铝粉是蒸压加气混凝土中的关键发气剂。当料浆浇注到模具中后，铝粉开始与水反应，产生氢气气泡。这个过程是一个典型的化学反应过程，反应速度和产生的氢气量决定了膨胀的程度。

2. 料浆稠化的影响

在铝粉发气的同时，料浆中的水泥和石灰等胶凝材料开始与水反应，产生水化物凝胶。随着凝胶的不断增多，料浆逐渐稠化，同时铝粉产生的氢气气泡使料浆体积膨胀。稠化和膨胀过程必须协调一致，以保证料浆能够均匀膨胀，形成均匀的孔结构。

3. 孔结构的影响

静停阶段影响孔结构的主要因素是静停温度及其分布的均匀性。静停温度直接影响坯体的硬化程度和铝粉的发气过程。因为温度的不均匀性会使坯体各个位置的发气和硬化产生差异，不利于得到较为均匀的孔结构，因此需要营造一个温度均匀的静停环境。目前，在生产蒸压加气混凝土时，静停温度一般控制在 45~55℃，通过在静停室铺设蒸汽管道来保障静停温度的均匀性。

4. 膨胀程度的控制

膨胀程度是发气膨胀过程的一个重要参数。它受铝粉用量、发气温度、料浆稠度等多种因素的影响。需要严格控制各项参数和条件，以确保蒸压加气混凝土的质量和性能。合理的膨胀程度可以使蒸压加气混凝土具有更好的性能。如果膨胀不足，蒸压加气混凝土的密度会增大，性能下降；如果膨胀过度，则可能导致蒸压加气混凝土坯体破裂。

切割工序是对蒸压加气混凝土坯体进行分割和外形加工，使之达到外观和尺寸要求。板材切割前应先拔去固定钢筋网笼的钢钎（称为拔钎）和完成脱模。切割工艺体现了蒸压加气混凝土便于进行大体积成型、外形尺寸灵活多样且能大规模机械化生产的特点，也是蒸压加气混凝土区别于其他混凝土的较为突出的优点。切割工作采用机械完成，为了提高生产效率和产品质量，设计了专用的切割机（图 5-2 和图 5-3），其构成了蒸压加气混凝土生产工艺的核心，并形成了不同的专利技术。切割工序直接决定了蒸压加气混凝土制品外观质量和某些内在质量。

静停系统主要由浇注及预养摆渡车、轨道牵引机或摩擦轮等设备以及加热保温装置组成。切割系统主要由翻转吊机和翻转脱模吊具（或桥式起重机和脱模吊具）、切割机组、侧（底）板输送机（输送辊道）、翻转去底装置、废浆搅拌机和渣浆泵等设备组成。

图 5-2 垂直切割机

图 5-3 侧面切割机

5.2.4 蒸压养护

蒸压养护工序是对蒸压加气混凝土坯体进行高压蒸汽养护。在养护前需要进行蒸养小车的编组和坯体釜前预养。编组是将完成切割的坯体按要求进行码放编组，并等待进釜。编组工序要求应最大限度地减少在坯体的降温和输送过程中对坯体的损伤，同时提高入釜坯体的强度。因此，编组区也设置成具有加热保温功能的预养室，以实现釜前预养，这一步对板材的生产尤为重要。

经过一定温度和足够时间的高压蒸汽养护，蒸压加气混凝土坯体才能完成必要的物理化学反应，产生强度，以满足建筑施工的需要。这个过程通常要在 174.5℃ 以上进行，因而，蒸压养护常用密封良好的蒸压釜（图 5-4），通入具有一定压力的饱和蒸汽进行加热，使坯体在高温高湿条件下，充分完成水热合成反应，得到所需要的新矿物，使蒸压加气混凝土具备一定强度及其他物理力学性能。蒸压养护工序决定了蒸压加气混凝土内在性能的最后形成。

图 5-4 蒸压釜

蒸压加气混凝土蒸压技术的核心原理在于利用高温蒸汽对预养好的蒸压加气混凝土坯体进行加压处理发生水热反应,其工艺流程如下:

1. 预养过程

对蒸压加气混凝土进行预养处理,就是要在适宜的湿度与温度条件下对其进行养护与硬化,以此确保混凝土达到规定的强度标准,为后续施工打下坚实的基础。

2. 蒸压过程控制

对蒸压加气混凝土而言,只有经过一定温度和足够时间的养护,坯体才能完成必要的物理化学变化,从而产生强度,满足建筑施工的需要。坯体运送至蒸压釜中,经过抽真空(耗时约 0.5h,釜内压力 0 ~ -0.05MPa)—升温升压(通入饱和蒸汽,耗时约 1.5h,-0.05 ~ 1.2MPa)—恒温恒压(耗时 7h,1.2MPa,193℃)—降温降压(耗时 1.5h,1.2 ~ 0MPa)等过程,总耗时 12h 左右。在此过程中,硅钙化学反应充分进行,形成独特的气孔结构,使蒸压加气混凝土具有优异的性能。

3. 加热和蒸汽注入

在蒸压过程中,温度的提升和压力的增加是两个关键过程。首先,通过向蒸压室注入高温蒸汽来进行加热,这一步骤可以采用电加热或蒸汽加热等多种方式实现。接着,为了进一步提高室内的温度和压力水平,需要将蒸汽源源不断地注入蒸压室,从而推动压力的上升。这种加压过程通常与蒸汽输送系统相结合,确保蒸压操作能够在较高的温度和压强条件下进行。

4. 温度和压力控制

在蒸压工序中,精确的温度和压力控制至关重要。这些参数的设定需依据混凝土的具体配方以及产品的特定需求来决定。在实践操作中,蒸压设备通常能够承受超过 180℃ 的高温,同时也能维持在 1.1MPa 的高压状态,确保蒸压过程的稳定性和材料性能的一致性。

5. 蒸压时间控制

在混凝土生产过程中,蒸压处理的时间需要依据具体的配方和对产品质量的要求来精确调节。通常而言,蒸压时间介于数小时至数十小时不等,这个时间段可以根据施工现场的条件和设备能力灵活调整。蒸压时间的控制直接关系到混凝土中孔隙结构的发展程度以及最终材料的硬化效果。因此，合理安排蒸压时间不仅能够确保混凝土结构紧密、密实，还能提高其耐久性和稳定性。

蒸压养护系统主要由半成品吊机和吊具（或桥式起重机和吊具）、摆渡车、养护小轨道牵引机、蒸压釜、配汽装置、过桥装置、废水废汽回收利用装置和蒸汽余汽吸收装置等设备组成。

5.2.5 出釜入库

出釜分拣和包装贮存入库是蒸压加气混凝土生产的最后一道工序（有些工艺在生产板材时，出釜后还有板材加工工序），包括制品出釜、吊运、掰、分拣、包装、贮存、底板清洁涂油，向市场提供合格产品并保证下一个生产循环的正常进行。随着市场对制品外观要求及城市对管理要求的不断提高，越来越多的生产企业已开始对蒸压加气混凝土制品进行包装，包装方式也由简单打包固定转变到增设包装机械，采用热塑包装。出釜包装和贮存系统主要由摆渡车、成品吊机和吊具（或桥式起重机和吊具）、分模输送机、掰分机、分拣吊机、包装输送机、打包机和运输机械等设备组成。

5.2.6 蒸压加气混凝土板生产

蒸压加气混凝土板是在生产过程中按一定要求配以钢筋后使制品具有结构性能的建筑构件。蒸压加气混凝土板不仅具有蒸压加气混凝土砌块的各种特性，而且具有生产附加值高、大幅提高施工效率和降低建筑物综合造价等优点。蒸压加气混凝土板在生产中除了遵循一般蒸压加气混凝土的生产要求外，也有其特殊要求。

钢筋加工是生产蒸压加气混凝土板的特有工序，现在的自动化大循环系统包括钢筋除锈、调质、切断、焊接、涂料制备等功能。调质应注意钢筋应力的释放，焊接应注意每个焊接点的焊接强度一致。钢筋网（笼）是蒸压加气混凝土板的结构材料，其工序控制不仅影响产品质量，而且直接影响建筑物的结构性能。

钢筋网组装工序是把钢筋网按工艺要求的尺寸规格和相对位置组合，并通过鞍架和钢钎使其固定，组装好的钢筋网称为钢筋网笼。钢筋组装成网笼一般有两种方式，即铁件焊接式和塑料卡固定式，组装好的网笼需经过涂料浸渍和烘干。为避免涂料黏附于钢钎，在进行组网前应先对其进行涂蜡；钢筋网笼置入是将组装好并涂有涂料的钢筋网笼置入模具。钢筋网笼置入方式过去多为浇注前置入，现在均采用浇注后置入。

蒸压加气混凝土板除在板中增加了结构材料钢筋，其他生产过程（包括配料、浇注、静停、切割、蒸压养护）与生产蒸压加气混凝土砌块基本相同，但在工艺控制上有更严格的要求。

钢筋加工系统主要由钢筋调直机或拉丝机、钢筋点焊机、网片焊机、悬挂焊机等设备组成。钢筋网笼组装、浸渍烘干和置入系统主要由钢钎座、网笼鞍架、网笼组装架、鞍架循环机、组装架摆渡车、钢筋浸渍槽和涂料烘干机、网笼置入机（也称为插钎机）和拔钎机等设备组成。

钢筋加工至钢筋置入还有另外一种方式，即先浸渍和烘干，后组网。此方式优点是机动灵活，生产计划可以及时调整，不足是自动化程度较低。

板材后期加工包括切割、铣削、镂刻花纹及其他表面饰面加工和必要且允许的修补等。板材后期加工的工艺和要求可根据产品要求确定。板材的修补一般也纳入板材后期加工工序。

板材后期加工系统主要由成品锯、自动镂刻机、铣槽机等组成。

在蒸压加气混凝土生产过程中，动力供应是必不可少的一个因素。动力供应主要指电力、压缩空气和蒸汽。电力是生产线的主要动力，一般采用380V的低压电，对于较大负荷的用电器，也可采用高压电。压缩空气用于设备的气动元件，如气动阀门、切割机张紧、除尘器振动等，也用于设备清洁。压缩空气压力一般为0.4~0.6MPa；蒸汽主要用于蒸压养护，也用于料浆加热、预养室供热等。蒸压养护采用1.0~1.2MPa的饱和蒸汽，加热则采用0.4MPa的低压蒸汽。

动力系统主要由变压器、空气压缩机、蒸汽锅炉以及配送、安全装置、水处理等设备组成。

5.3 蒸压加气混凝土墙体材料智能制造基础建设

5.3.1 组织战略与人员技能

在蒸压加气混凝土行业推进智能制造，需要以系统性思维重构企业战略架构与人力资源体系。从战略制定、组织变革、技术规划、资源投入及人员能力提升等维度，结合AAC生产工艺特点，构建支撑蒸压加气混凝土行业智能制造的软性基础。

在战略制定方面，AAC行业具有原料配比敏感（硅砂、石灰、水泥等）、蒸压养护工艺复杂（高温、高压）、质量稳定性要求高等特点。传统生产模式下存在以下痛点：① 工艺依赖经验：蒸压曲线（温度、压力、时间）调整多依赖老师傅经验，缺乏数据化支撑；② 能耗较高：蒸压釜蒸汽能耗占生产成本30%以上，优化空间显著；③ 质量波动频繁：原料含水率波动导致成品抗压强度波动较大等。针对上述问题，智能制造战略可聚焦以下目标内容：① 数据驱动的工艺优化：通过实时采集蒸压参数（釜内温度分布、蒸汽压力）实现动态调控；② 全流程协同控制：打通配料、浇注、切割、蒸养、物流等环节的数据断点；③ 资源效率提升：降低单位产品能耗，提高设备整体设备效率（Overall Equipment Effectiveness, OEE）。

在组织变革方面，首先，应成立智能制造推进委员会，由总经理担任主任，下设工艺技术组、IT 实施组、数据分析组，明确各部门职责边界，如设备部负责切割机数据接口部署，质量部主导统计过程控制（Statistical Process Control，SPC）分析；其次，应建立跨职能协作机制，针对蒸压釜自动化项目，组建"工艺工程师＋自动化专家＋数据科学家"联合团队，每周召开数据会审例会；最后，应制定动态优化流程，通过 PDCA（Plan 计划、Do 执行、Check 检查、Act 处理）循环持续改进，如基于蒸压阶段蒸汽消耗的月度分析报告调整控制策略。

在技术架构与资源投入方面，针对蒸压加气混凝土墙体材料生产场景可以采用"四层架构"设计方案，包括设备层、边缘层、平台层和应用层。在设备层，通过对蒸压釜、配料秤、切割机等关键设备加装智能传感器，实现关键设备运行状态的数据采集。在边缘层，通过部署边缘计算网关，实现关键设备的数据汇集和边缘处理，同时，针对异常工况，实现边缘实时毫秒级预警。在平台层，搭建工业互联网平台，集成工艺知识库和 AI 模型服务，实现生产工艺的智能调度和优化。在应用层，开发移动端管理 App，支持管理人员实时查看蒸压能耗热力图、质量异常追溯看板等功能。

在人员能力提升方面，构建覆盖全员的多层次能力升级体系。通过建立"工艺经验＋数字化技能"复合型人才培养机制，针对管理层开展智能制造战略决策培训，技术层强化工业协议配置、数据分析建模等实操能力，操作层掌握智能设备运维及人机交互界面操作技能，同时制定"AAC 智能制造工程师"认证标准，将绩效考核与数据采集完整率、工艺优化贡献度等指标挂钩，并设立专项创新激励基金，鼓励员工通过算法迭代、设备改造等手段持续优化蒸压养护参数调控、原料配比误差补偿等核心工艺环节，实现人员能力与智能制造系统的动态协同进化。

5.3.2　网络与 IT 基础设施建设

在 AAC 智能制造体系中，网络与 IT 基础设施建设是支撑数据流动、系统协同及智能优化的核心骨架。针对其生产工艺中原料配比敏感、蒸压养护工艺复杂的特点，构建高可靠、低时延、易扩展的工业网络架构。

在工业网络架构层面，采用分层隔离与冗余设计相结合的网络拓扑结构。基于生产流程的物理空间分布与业务逻辑关系，将底层设备控制、过程监控、企业运营划分为独立网络域，通过物理隔离或虚拟化技术实现安全边界划分。在蒸压工段等关键工艺节点，部署独立的控制网络，通过工业级交换机连接蒸压釜 PLC、温度传感器和压力变送器，确保关键工艺参数的实时采集与控制指令的毫秒级响应。针对移动生产设备与动态工序衔接需求，采用工业无线网络与 5G 混合组网模式，通过灵活接入与边缘计算相结合，实现浇注车定位、原料输送路径的动态优化。

在数据贯通方面，构建突破传统烟囱式架构，依托统一的光纤骨干网实现全要素连接网络。通过时间敏感网络（Time–Sensitive Networking，TSN）技术解决跨系统时钟同步难题，为振动监测、压力曲线分析等时敏数据建立统一时间基准，解决多系统时钟同步问题，使工艺参数与设备状态能够在毫秒级误差范围内实现关联。例如，切割机的振动频率监测数据（采样率1kHz）与蒸压釜的压力曲线严格对齐时间戳，以便分析切割质量与蒸压工艺参数的关联性。针对复杂环境下的无线覆盖需求，采用异构物联网络融合方案，在常规工业WiFi覆盖区域外，通过低功耗广域物联网技术（LoRaWAN）实现地下原料仓温湿度、气体浓度等慢变参数的可靠回传。通过实施端到端校验机制保障数据完整性，从传感器数据采集到数据中心存储的全流程嵌入校验码与重传规则，消除因网络抖动导致的数据丢包或失真风险。

在IT基础设施层面，建设符合《数据中心设计规范》（GB 50174—2017）等国家标准的模块化数据中心，采用分布式架构实现计算资源弹性扩展，通过虚拟化技术整合服务器集群，为工艺优化模型训练、实时数据分析等业务提供异构算力支持。针对实时性要求高的作业场景，在边缘侧部署具备工业防护等级智能网关，集成协议解析、协议转换与轻量化分析功能，对切割机振动频谱、蒸压釜温度梯度等高频数据进行边缘预处理，有效降低中心节点负载压力，实现毫秒级预警，缩短故障停机时间的设施。基础设施的容灾能力建设需覆盖电力、网络、存储多维度，通过双路供电、离线备份、链路冗余等组合措施，构建分钟级故障切换与数据恢复能力，确保极端工况下的生产连续性。

在多协议兼容方面，建立分层转换机制。针对AAC生产设备的多样化协议兼容问题，在设备接入层部署智能网关集群，支持OPC UA、Modbus TCP、Profinet等主流工业通信协议的无缝转换，利用协议网关实现不同协议设备数据的统一接入，确保不同设备间参数的实时关联分析。对于传统设备的数字化改造，通过加装协议转换模块（如Modbus转MQTT）接入工业互联网平台，用于数据分析。通过搭建AAC行业专用工业互联网平台，集成构建协议转换中间件、实时数据库（如PI System）、关系型数据库（如MySQL）以及时序数据库（如InfluxDB）等。通过数据中台实现多源数据融合并提供标准API通信接口，支持与第三方系统（如MES、ERP、供应链等系统）的数据对接。

在IT基础设施的运维方面，实现IT与运营技术（Operational Technology，OT）运维的深度协同。搭建具备机器学习能力的运维平台，通过采集网络流量特征、设备运行日志、环境监控数据等多维信息，构建基于深度神经网络的异常检测模型。针对蒸压釜密封性劣化、切割钢丝疲劳断裂等典型故障模式，开发专用健康度评估算法，将振动谐波分析、热成像特征提取等机理模型与数据驱动方法相结合，实现设备亚健康状态的早期预警，提前触发维护工单。持续沉淀专家经验与历史案例搭建运维知识库，通过自然语言处理技术实现故障现象与处置方案的智能关联，为现场人员提供精准决策支持。

5.3.3 数据采集与系统集成能力建设

数据采集与系统集成能力建设围绕AAC生产全流程，构建覆盖设备层、边缘层到平台层的全链条数据通道（图5-5）。在物理设备层面，针对蒸压养护、原料配比、切割成型等核心工艺节点，部署耐高温压力传感器、分布式温度探头和高精度称重模块，通过Modbus、OPC UA等工业协议实现实时数据采集，确保关键参数（如蒸压温度梯度、配料误差、切割精度）的连续监测。同时，数据采集频率支持根据工艺需求分级设

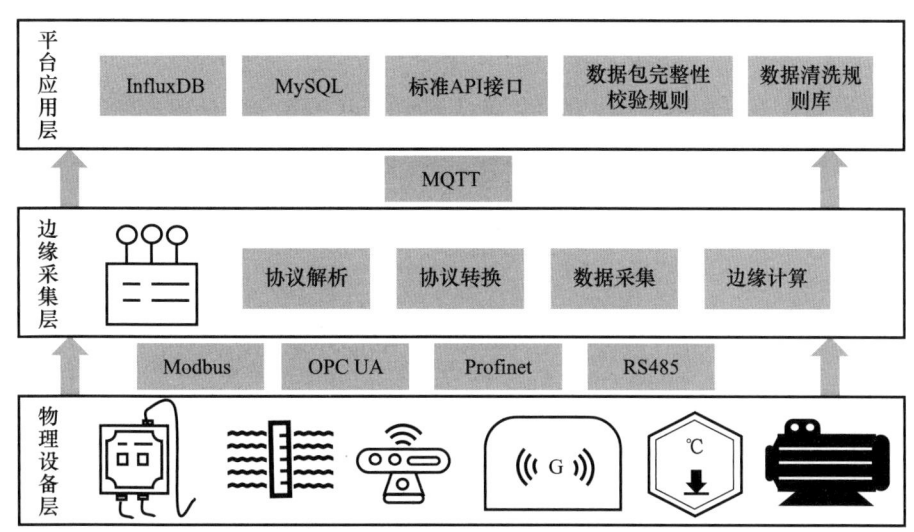

图 5-5 数据采集与系统集成架构

置,形成覆盖全流程的多维度数据资源池。

针对老旧设备的数据接入采取"渐进式升级+边缘智能"的策略。为传统球磨机、切割机加装协议转换终端,将 RS485 等信号转化为 MQTT 等标准物联网协议,实现设备运行数据的云端汇聚。针对完全不具备通信接口的机械仪表,采用非侵入式改造方案,例如通过电流互感器采集电机功耗数据,结合边缘计算节点提取设备运行特征(如振动频谱、启停周期),实现设备健康状态的数字化表征。数据存储架构采用"热温冷"分层设计,高频采集的蒸压曲线存入时序数据库,生产工单等结构化数据存入关系型数据库,历史工艺档案转存至对象存储,通过数据中台统一调度形成完整数据资产。

数据质量管理贯穿采集、传输、存储等数据全生命周期。设备侧部署传感器自校验功能,自动检测零点漂移、信号干扰等问题,并通过冗余传感器部署提升数据可靠性;在网络层设置数据包完整性校验机制,对温度瞬时跳变超过工艺阈值等异常数据包自动拦截,过滤突变异常值;平台侧建立数据清洗规则库,对缺失、重复、超限数据自动标记并触发补采流程。通过数据质量看板实时监控各环节的采集完整率、传输成功率等指标,对未达标节点进行原因分析并优化采集策略,帮助技术人员快速定位采集链路中的薄弱环节。

系统集成以业务流程协同为目标,消除信息孤岛。通过标准 API 接口打通 MES、QMS(质量管理系统)、ERP 等系统。通过标准化接口打通 MES 与控制系统,实现蒸压参数设定值与实际监测值的自动比对,当偏差超限时立即触发工艺调整。针对 ERP 系统与生产数据的格式冲突,开发智能转换中间件,将设备报警代码自动映射为物料编码,实现故障停机与备件库存的智能联动。对于跨系统数据格式不统一问题,开发轻量级数据转换中间件,实现字段映射与格式标准化。在工控网络与信息网络之间部署工业防火墙,配置白名单规则,确保生产指令传输的安全性,同时通过 OPC UA over TSN 协议实现跨系统时钟同步,保证蒸压、切割等工序的时序数据对齐。

同时，历史数据的价值挖掘是系统集成的重要延伸。通过对工厂过去积累的纸质工艺记录、设备运行日志进行数字化处理，利用光学字符识别（Optical Character Recognition，OCR）和人工校验导入数据库，构建 AAC 生产工艺知识库。利用聚类分析、关联规则挖掘等技术，从历史蒸压曲线中提取季节温度、原料含水率等变量与成品强度的关联规律，形成工艺参数优化规则库。例如，建立蒸压时间补偿模型，根据环境湿度动态调整恒温阶段时长，进一步提升产品合格率。

系统集成实施路径遵循"重点突破、分步推进"原则。优先建设蒸压养护、原料配比等核心工序的数据采集能力，再逐步扩展至切割、养护等环节；先实现 MES 与 PLC 控制层的数据贯通，再推进 ERP、SCM 等上层系统集成。采用模块化设计理念，每个功能组件（如数据采集模块、协议转换模块）均预留标准化接口，支持后期灵活扩展。对于中小规模企业，采用低成本边缘计算设备替代大型工业服务器，利用开源数据库降低 IT 投入，有效降低改造成本。

5.3.4　信息安全与网络安全

在信息安全与网络安全建设方面，围绕 AAC 生产系统的数据流与业务流，构建覆盖物理层、网络层、应用层的纵深防御体系（图 5-6）。根据工业控制网络与企业信息网络分层管理原则，在生产区域设置专用工业防火墙，将蒸压釜、切割机等核心设备的控制单元划入独立安全区域，仅开放经过严格验证的 OPC UA 协议通信端口，有效隔离外部网络对工艺参数的非法访问。在工控网络与上层管理系统之间部署单向数据隔离装置，形成物理层面的数据传输单向通道，确保生产状态信息只能单向传递至 MES 系统，从根本上阻断来自管理网络的渗透攻击。

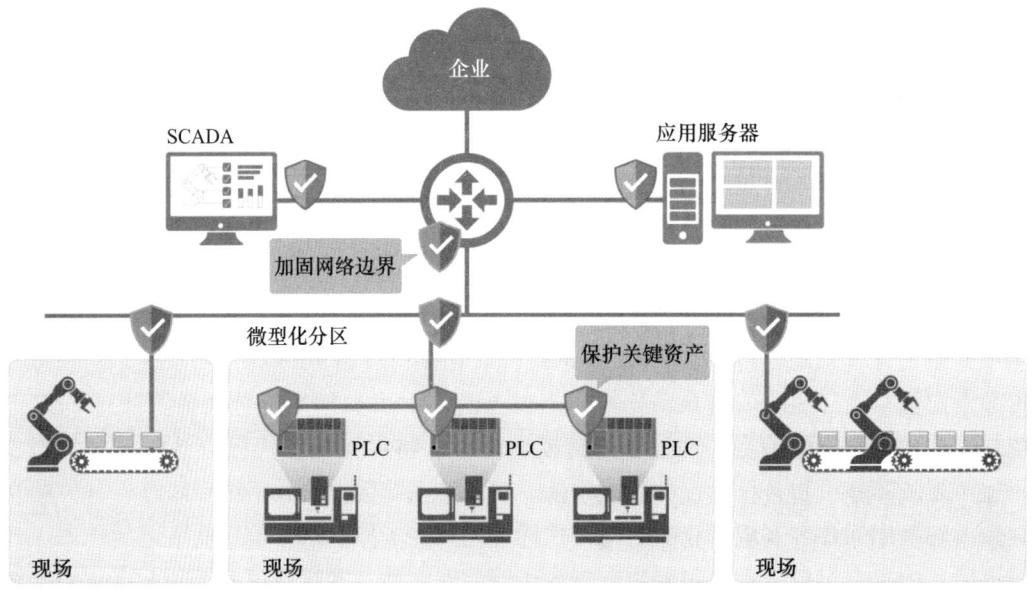

图 5-6　信息安全与网络安全分层保护架构

在数据传输方面，重点加强通道加密与数据完整性保护。对于蒸压温度、原料配比等关键参数采用 AES-256 算法进行端到端加密，并通过工业 VPN 建立专用隧道，防止数据在传输过程中被窃取或篡改。针对无线传感器网络部署场景，采用 WPA3 协议进行链路加密，结合报文校验码（Message Authentication Code，MAC）校验机制保障无线通信数据完整性，确保监测数据的可靠传输。针对跨系统数据交换，如 MES 向 ERP 发送生产日报，采用数字签名技术验证数据来源真实性，有效防范生产数据伪造风险。

在访问控制安全方面，采用分级权限管理模式。利用基于角色的访问控制（Role-Based Access Control，RBAC）模型设置操作员、工程师、管理员、审计员四级权限。明确操作员仅具备设备状态查看权限，工艺参数调整需经具备专业资质的工程师授权执行，系统用户权限由独立管理员账户统一分配，所有操作日志由审计部门单独监控。对于蒸压釜压力调节等关键操作环节，实施"密码 + 物理密钥"双因素认证机制，操作人员需同时通过工控终端密码验证与专用 IC 卡识别方可执行参数修改。远程运维场景下，所有维护操作必须通过专用堡垒机接入，动态访问令牌设置两小时有效期，操作过程全程录像留痕，最大限度降低远程接入的安全风险。

在入侵检测与响应方面，建立多级联动机制。在网络边界部署基于流量特征分析的入侵检测系统（Intrusion Detection System，IDS）系统，实时分析网络流量特征，自动识别异常扫描、非法接入等风险行为，联动防火墙实施 IP 封禁。工控主机安装专用防护软件，严格限制 USB 等外设接入，并通过白名单机制限制可执行程序范围，防止恶意程序植入。建立统一安全事件管理平台，汇聚入侵检测告警、防火墙日志、终端防护状态等多源信息，利用关联规则引擎识别复杂攻击链，实现从威胁检测到处置的闭环快速响应。

在数据存储安全方面，实施分级保护策略。对工艺参数数据库采用透明数据加密（Transparent Data Encryption，TDE）技术，确保存储介质层面的数据保密性。核心业务数据采用"本地增量备份 + 异地全量备份"策略，每日增量备份至本地磁带库，每周全量备份至异地机房，结合 CRC 校验确保备份数据完整性以及突发情况下业务系统的快速恢复。对云端存储的生产数据启用客户端加密，所有数据上传前完成本地加密处理，云端仅存储密文数据，彻底消除云环境下的数据泄露风险。

在物理安全防护方面，覆盖关键基础设施。在生产控制机房部署门禁系统与视频监控，采用 IC 卡与生物识别双重验证，记录所有人员进出痕迹并留存视频数据。对关键网络设备（如核心交换机、工控防火墙）加装机柜电子锁，非授权开启立即触发声光报警并短信通知安全管理员。在蒸压车间等高温高湿区域，使用工业级防护机箱封装网络设备，达到 IP65 防护等级，防止因环境因素导致的设备故障或数据中断，确保极端工况下的设备稳定运行。

在安全运维方面，形成标准化工作机制。建立月度安全检查制度，定期扫描工控系统、数据库、网络设备的已知漏洞，优先处理高危漏洞修补工作。同时，制定涵盖勒索攻击、参数篡改等典型场景的应急预案，每半年组织实战化攻防演练，验证从故障隔离到系统恢复的全流程有效性。通过安全运维看板实时呈现网络安全态势，持续跟踪威胁拦截、漏洞修复、故障响应等核心指标，推动安全防护体系持续优化。

5.4 智能控制的装备数字化及生产自动化

5.4.1 原材料制备工艺数字化智能控制装备及过程控制

1. 原材料制备工艺数字化智能控制

（1）原料预处理装备系统

通过智能化粒度在线监测与调控系统，利用激光粒度仪、振动传感器等实时监测硅质材料（粉煤灰、砂）和钙质材料（石灰、水泥）的颗粒分布，自动调节破碎机、球磨机等设备的运行参数，确保原料细度达标。

在原材料湿度智能调控方面，通过采用红外湿度传感器和检测装置，结合热风干燥系统，实现全自动调节原料含水率，确保进入生产线的原材料符合工艺要求。一旦发现原材料质量不符合标准，系统可以自动报警并采取措施，避免不合格原材料进入生产流程。

（2）智能化处理及预警检测

智能自动化控制系统可以根据原材料的实际情况和生产需求，自动调节生产工艺参数，如磨细程度、混合时间、蒸压温度等，以确保产品质量的稳定性和一致性。并且可通过数据分析和算法优化，找出生产流程中的瓶颈和问题，提出改进建议，从而优化生产流程，提高生产效率和产品质量。

（3）质量追溯与预警

通过智能系统整合原料检测、生产过程及成品检验数据，形成可追溯的电子档案，及时记录原料配比、半成品指标等关键参数，异常时自动触发预警并调整工艺，自动化质量控制追溯与预警，有利于减少人为操作带来的误差和不确定性，提高生产的精确性和稳定性。

2. 原材料制备过程控制措施

（1）在线含水率检测

使用红外水分传感器实时监测砂/粉煤灰、石膏等原料的含水率及浆体的含水率，超过预警值触发预警并自动调整干料与湿料的混合比例。

（2）工艺参数动态优化

基于生产原材料数据库，通过边缘计算实时调整生产工艺（例如搅拌时间、静停温度等参数），实现生产工艺动态优化。

综上所述，利用智能自动化原材料检测系统，通过实时监测原材料质量、自动调节生产工艺参数、优化生产流程以及预防故障和减少人为误差等方式，有效保障了蒸压加气混凝土生产不受原材料的影响，有利于提高产品的质量和生产效率。

5.4.2 配料浇注工艺数字化智能控制装备及过程控制

1. 配料工艺数字化智能控制

（1）智能配料系统

智能化配料系统通过高精度称重与计量装置，使用多通道称重传感器和 PLC 控制系统，根据预设的配方实现水泥、石灰、砂/粉煤灰、石膏、铝粉等原料的动态精准配比（误差不超过 0.5%），确保每一次生产所用原材料比例都保持一致，减少因原材料波动对产品质量的影响。

利用 X 射线荧光光谱仪（XRF）分析系统，实时分析检测原料化学成分（如 SiO_2、CaO 含量），检测结果及时反馈至配料系统修正配比，调整各原材料的实际掺加用量；此外，利用发气剂（铝粉）定量控制装置，通过微流量计和闭环反馈系统，实时调节铝粉添加量，确保发气速率与浆料稠度匹配，避免浆体出现塌模和憋气等一系列质量问题。

（2）智能搅拌系统

通过设置浆料流变特性监测系统，利用旋转黏度计或超声波传感器监测浆料流动性，动态调整搅拌速度和时间。

在浆体温度协同控制方面，利用制浆罐集成电子制冷系统与振动过滤装置，可自动调节温度至预定稳定值（避免铝粉过早或过晚发气），同时清除结块物料，确保料浆稠度稳定在目标值 ±2% 范围内。

（3）智能在线检测与维护系统

通过密度在线检测装置，实时检测料浆密度，有效调节料浆密度至合理范围；利用集成气泡结构成像系统，并结合工业相机和图像分析，可实时监测发气后浆料的孔隙均匀性，为成品质量分析提供有力的技术支持；此外，原材料搅拌完成后可利用自动罐体冲洗系统，配置冲洗装置，实现管壁自动冲洗，减少浇注搅拌机的日常维护。

2. 配料浇注工艺过程的智能控制措施

（1）数据驱动的实时监控

利用数据采集与监控系统，集成生产线的温度、压力、流量等数据，实时采集数据并反馈至控制系统，实现数据实时显示和异常预警。例如，通过温度传感器监测搅拌过程中的水化热，自动调节冷却水或蒸汽供应，维持最佳料浆温度（通常为 38~45℃）。

（2）浇注过程稳定性控制

采用伺服电机或液压系统精确控制浇注速度和均匀性，结合振动设备（如平板振动器）消除气泡，提升制品发泡均匀性。例如，全自动浇注系统可根据模具尺寸自动调整布料路径，并通过压力传感器监测浇注压力，确保填充饱满。

（3）质量在线检测与反馈

利用工业相机和图像识别技术，检测坯体表面缺陷（如塌模、大气孔等缺陷），并反馈至配料系统调整配方。

（4）全流程追溯与优化

记录每批次原材料的来源、工艺参数及质检结果，可实现全过程质量追溯。

综上所述，通过智能化自动配料、搅拌、在线检测及维护系统，可从原材料配料、搅拌、质量控制、原因分析及设备维护等过程确保产品质量的稳定性和生产工艺的规范性。

5.4.3 静停切割工艺数字化智能控制装备及过程控制

1. 静停切割工艺的数字化智能控制

（1）智能静停养护系统

利用分布式高精度温湿度传感器（如电容式湿度计、红外测温仪），精度（±0.5℃）阵列智能控制，保障恒温恒湿的静停养护室环境，实时监控静停室各区域的温湿度，确保坯体均匀发气硬化，还可根据产品密度、类型变化自动切换养护曲线。

养护室顶部安装红外热成像仪，实时扫描坯体表面温度均匀性，当温差超过 3℃ 时自动启动分区加热装置。

（2）坯体强度在线检测设备

引入非接触式强度检测仪（如超声波回弹仪），通过预埋传感器阵列采集坯体弹性模量数据。当检测到坯体表面强度达到 0.3～0.5MPa（切割临界强度）时，系统自动触发切割工序，替代传统人工经验判断，将静停时间波动控制在 ±10min 内，避免因静停时间不足导致切割塌边或开裂。

（3）切割工艺的数字化智能控制

通过高精度定位与智能切割系统，利用激光/视觉定位装置，快速扫描坯体轮廓，自动校准切割基准线，定位精度小于等于 0.5mm，并且切割钢丝张力由压力传感器实时监测，当张力波动超过 5% 时自动调整张紧装置，避免因钢丝松弛导致的切口歪斜；旋转刨槽自动旋转换刀，刮边刀伸缩自动调节，根据追溯系统检测，自动调节旋转刨槽规格和切边进给量，实现纵切尺寸规格自动调节，切割规格尺寸可视化，并且可实现钢丝自动清理及断钢丝自动报警。

2. 静停切割过程的智能控制措施

（1）静停阶段的动态参数优化

建立坯体硬化动力学模型，根据原料配比（水泥、石灰比例，铝粉掺量）、环境温湿度等参数，通过系统预测最佳静停时间，确保坯体硬化速率稳定。

（2）自适应切割参数优化

根据坯体硬度数据（来自静停阶段）自动调整切割速度（通常为 0.5～2m/min）、刀具压力和进给量，避免崩边或毛刺。

（3）质量闭环控制

通过系统记录每块坯体的静停时间（精确到秒）、切割坐标（$X/Y/Z$ 轴误差）、操作人员等信息，当尺寸偏差超过设定值时，系统自动触发工艺评审，及时优化各控制参数，从而提高切割尺寸合格率。

综上所述，利用智能阵列温室装置和多传感器融合定位与智能化切割技术（采用"激光测距+视觉识别"双重定位），确定坯体整体位置（误差为±0.5mm）、视觉识别校准坯体边缘线，修正切割起始点并补偿切割平台振动引起的位移偏差，大大提高了静停和切割阶段的坯体质量。

5.4.4 蒸压养护工艺数字化智能控制装备及过程控制

1. 智能感知与实时监测

（1）实时监测与自动化控制系统

基于多参数传感器与自动化数据采集系统，在蒸压釜内部及外围安装高精度传感器，实时监测温度、压力、湿度、蒸汽流量、冷凝水状态等参数，实现蒸汽流量、压力、温度等多参数的动态调节。此外，通过利用红外热成像技术监测釜内温度场分布的均匀性，避免局部过热或欠温，确保工艺稳定性，结合图像处理技术，实时捕捉蒸压釜内冷凝水液位变化，通过凹面成像原理分析水量，辅助判断养护效果。

利用自动化集成控制系统，实现蒸压养护工艺制度的稳定性和可靠性。如自动配气系统，根据预设参数自动调节阀门开度，确保蒸汽流速稳定，上下温差控制在±2℃以内；自动排污系统，可实时监测冷凝水液位，通过疏水阀自动排出积水，避免"蒸养不熟"现象；自动开门系统，实现一键控制釜门开关，支持任意位置暂停和到位提醒，减少人工干预风险。

（2）余热回收与能源管理系统

利用梯级余热闭式回收系统，将蒸压釜余汽和冷凝水的热量分级利用，通过"余汽-冷凝水双重回收"技术，余热利用率可提高至90%，接近零排放，并且可优化蒸汽喷射方式（如多点喷射）提升热交换效率，降低能源消耗；此外，可利用智能储能压缩增焓技术，将低压蒸汽升压至1.2MPa以上，存储于蒸汽储能罐，可供后续生产循环使用，实现能源的再次利用。

2. 蒸压养护过程的智能控制措施

（1）养护参数动态优化

根据原材料配比（如硅钙比、铝粉掺量）和环境条件（如环境温度），通过系统算法动态调整升温速率、恒温温度和保压时间。

（2）养护分阶段精准控制

升温阶段：控制升温速率（通常不超过20℃/h），避免热应力导致坯体开裂。

恒温阶段：维持目标温度（183~191℃）和压力（1.0~1.2MPa），通过PID智能算法稳定波动范围（±2℃）。

降温阶段：控制降压速率（不超过0.05MPa/min），防止因压力骤降引发产品微裂纹。

（3）能源与环保管理

进行能耗实时监控，显示各工序能耗，生成能源平衡图，帮助识别高耗能环节，优化蒸汽分配，降低单位产品能耗。

综上所述，蒸压养护工艺利用实时监测与自动化控制系统以及余热回收实现能源闭环管理，在保障产品合格率的同时，可实现能耗降低，既是环保要求，也能降低生产成本，符合当前的"双碳"政策。

5.4.5 出釜入库工艺数字化智能控制装备及过程控制

1. 数字化智能控制装备

（1）智能输送与分拣系统

通过部署自动导引车（Automated Guided Vehicle，AGV）或传送带系统，采用激光导航或惯性导航技术，实现出釜后产品自动分拣和路径规划，按规格、等级分类入库，减少人工干预。

（2）智能仓储管理系统

采用智能调度系统，实时同步库存数据、生产计划和物流信息，实现高密度存储和快速出入库调度，提升仓储空间利用率。

（3）在线质量检测设备

采用集成机器视觉系统（如红外热成像仪）对产品外观缺陷（裂纹、缺角）和孔洞等缺陷进行实时识别，自动剔除异常品并反馈至生产系统，实现缺陷检测的准确率提升，并减少人工干预。

2. 出釜入库过程的智能控制措施

（1）全流程数据集成与监控

通过数据采集与监控系统整合蒸压釜、输送线、仓储等设备数据，实时监控出釜温度、产品状态、库存容量等参数，异常时触发报警。

（2）动态工艺参数优化

基于历史采集数据，预测出釜后产品的最佳冷却时间、存储环境条件，动态调整工艺流程，减少能耗并提升质量稳定性。

（3）质量追溯与批次管理

通过智能控制系统记录每批次产品的出釜时间、检测结果、存储位置，支持全生命周期追溯，快速响应客户投诉或质量分析。

5.5 蒸压加气混凝土墙体材料生产综合监控与生产管控系统

5.5.1 数据采集与监控系统（SCADA）

蒸压加气混凝土生产中，SCADA系统用于实时采集、处理、监控和远程控制工业现场的设备和工艺过程。其核心目标是通过集中化数据管理与分布式控制，实现对生产过程的透明化、智能化管理，同时保障系统的安全性和可靠性。

1. 蒸压加气混凝土 SCADA 系统的架构与作用

在工业自动化系统的分层架构（通常分为 5 层）中，SCADA 系统主要位于监控层，向上对接企业管理系统（如 MES、ERP），向下连接现场控制设备（如 PLC、DCS、传感器），如图 5-7 所示。表 5-1 为 SCADA 系统与其他系统及设备的关系。SCADA 系统在整个工厂中是生产执行的中枢，在未来的智能制造工厂中，所有工艺流程和自动化设备的执行需要通过 SCADA 系统进行监控和协同控制。监控层、控制层和现场设备层的详细组成如图 5-8 所示。

图 5-7　SCADA 系统在工厂层级中的位置

表 5-1　SCADA 系统与其他系统及设备的关系

系统/设备	与 SCADA 系统的关系
PLC/DCS	SCADA 系统依赖 PLC/DCS 获取现场数据并下发控制指令，是监控层与控制层之间的桥梁
MES/ERP	SCADA 系统为 MES/ERP 提供实时生产数据，MES/ERP 为 SCADA 系统优化生产目标和资源分配
HMI	HMI 是 SCADA 系统的前端交互界面，用于操作人员监控和干预生产过程
数据集中管控平台	现代 SCADA 系统与集中管控平台融合，支持大规模数据存储、AI 分析和移动端远程监控

2. 蒸压加气混凝土 SCADA 系统的功能

在蒸压加气混凝土生产过程中，SCADA 系统作为工业自动化的核心系统，通过集成传感器、控制器、人机界面（HMI）和网络通信技术，实现对生产全流程的实时监控、数据分析和优化控制。以下是其在 AAC 生产中的核心功能及作用。

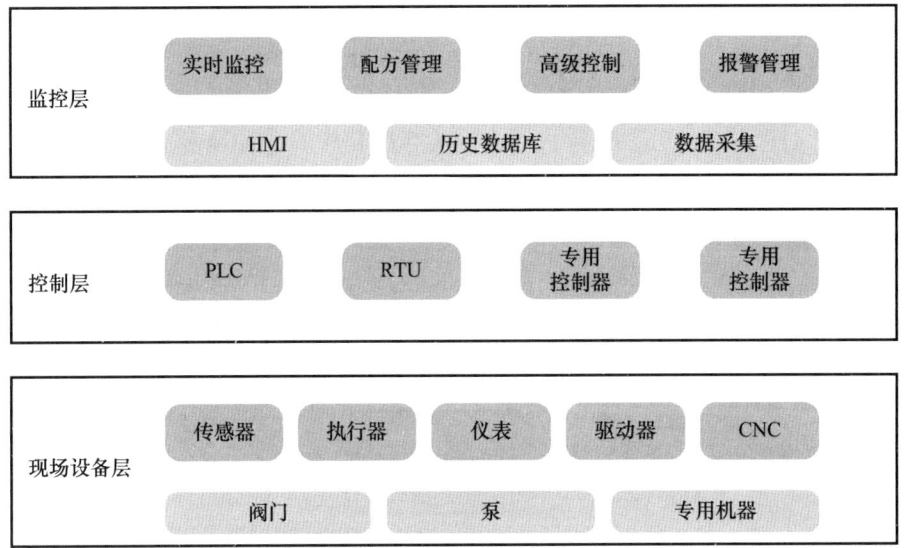

图 5-8　SCADA 系统架构图

（1）实时数据采集与传输

SCADA 系统可通过传感器、PLC、RTU 等实时采集现场设备参数（如蒸压釜温度、搅拌机电流、阀门开度），并存储在历史数据库中。SCADA 系统具有图形化的数据采集配置能力，预制多种设备和系统的数据采集接口，支持多协议兼容，包括 Modbus、OPC UA、Profibus 等，并集成了 ETL 工具，从其他的业务系统采集和抽取数据，以适应异构设备。同时支持实时数据的并发获取和供给能力，建立高频数据缓存区，通常采用内存数据库实现数据的高速存取，为了保证数据异常中断时的连续能力，在本地或边缘侧缓存关键数据（如 1 秒级采样频率的蒸压曲线），避免网络中断导致数据丢失。在实际工厂中需要进行工艺参数的采集，比如原料配比（石灰、水泥、石膏、铝粉）、搅拌时间、浇注温度、预养湿度、蒸压釜内压力/温度（典型值：183～191℃、1.0～1.2MPa）等关键参数。还需进行设备状态的监控，比如切割机、蒸压釜、球磨机等设备的运行状态（如电机电流、振动频率），通过阈值报警（如温度±5%偏差）预防故障。

（2）动态 HMI 界面

通过流程图，SCADA 系统集中所有控制设备的上位机操作界面，并展示蒸压加气混凝土生产的所有工艺流程图，包括浇注、预养、蒸压全流程，以及现场生产设备，包括配料浇注设备、静停切割设备、蒸压养护设备的运行状态和实时工艺参数。通过实时趋势曲线显示工艺的关键参数的变化，比如蒸压压力变化曲线和能源消耗曲线。同时，支持多屏联动和自定义视图。

（3）报警管理

基于预设阈值，报警管理包括范围报警、触发分级报警，报警级别一般分为紧急、警告、提示等。比如蒸压釜压力超过 1.3MPa 时发出警告，并提示操作人员及时处理。在有些场景下，若不进行及时处理，系统报警方式会进一步升级，通过短信或者声光报警等方式通知责任人进行处理报警历史记录与声光提示。

(4) 自动化控制

自动化控制即执行预设的自动化程序，比如按配方自动启动原料称重、搅拌周期控制以及逻辑控制。此外，该程序还支持手动与自动模式切换，比如在蒸压养护阶段，操作员通过 HMI 远程启停蒸压釜。为了保证一些关键参数和关键工艺的安全执行，一些 SCADA 系统设置连锁保护功能，在一些条件下启动设备安全连锁，比如蒸压釜门未闭合时禁止升压，切割机防护门打开时自动停机。进行配方自动执行时，根据预设配方（如硅砂占比 60%~65%），自动调节原料称量系统，误差控制在 ±0.5% 以内。基于时序逻辑控制功能，精确管理浇注静停时间（通常 30~60min）和蒸压养护周期（8~12h），避免人工操作偏差。

(5) 数据存储与检索

生产现场的工艺数据需要存储到 SCADA 系统历史数据库中，比如过去 30 天的温度、压力、能耗等记录，同时系统支持快速查询与回放。系统通过数据压缩技术实现数据的大规模存储，采用的数据压缩技术包括无损压缩存储原始采样点和有损压缩存储长期趋势。

(6) 事件日志

事件日志可记录操作员参数修改、模式切换、报警事件和设备故障发生的时间以及参数改变的数据，用来进行操作的追溯。

(7) 远程监控与通信

SCADA 系统支持通过 VPN 或工业网关实现多工厂数据集中监控，未来，实现无人化工厂后，总部可远程监控多个 AAC 生产基地。

(8) 移动端监控

SCADA 系统可通过安全协议（HTTPS/SSH）提供移动端 HMI，工作人员可实时查看关键指标（如当前蒸压批次进度）。

3. 蒸压加气混凝土 SCADA 系统建设的硬件基础条件

想要实现 SCADA 系统的建设，工厂的设备和基础设备需要具备一定的基础条件，包括设备的数字化水平和基础网络设施等。

(1) 现场设备层

关键设备需要具有感知能力，包括蒸压釜温度传感器、压力变送器、流量计等的工艺参数检测传感器与仪表。设备的控制手段需要具备数字化的能力，执行机构，比如阀门、电机驱动器、继电器等，应该具备数字化接口或者信号接口。控制系统需要具备通信接口，比如支持 Modbus RTU/TCP、Profibus DP 等协议的 I/O 模块或网关。

(2) 控制设备层

设备的执行单元和感知单元与基于逻辑控制的核心控制器已经联通，能实现设备的自动化控制。在 AAC 生产线中，PLC 监控蒸压釜群组进行压力的控制和温度感知。在控制设备层的一些关键工艺参数，比如蒸压釜控制器，应该进行冗余设计，采用冗余 PLC 或双电源模块保证控制的稳定性和安全性。

(3) 监控层硬件

该层需要配备工业级服务器，部署历史和实时数据库，包括工控机作为操作站实现工业触控。搭建公司光纤骨干网，部署从车间到中控室的环网并配备工业级交换机。

4. 蒸压加气混凝土 SCADA 系统建设的软件与网络

(1) SCADA 系统软件平台

核心功能软件是 SCADA 系统，针对小型的工厂可以使用功能比较强的 HMI 软件（如 King View、MCGS、Force Control、Win CC、iFix）或者 SCADA 系统专用软件（King SCADA、Ignition SCADA、Force SCADA）。蒸压加气混凝土工厂一般规模比较小，应该选用小型的 SCADA 系统，避免功能复杂造成维护和管理成本过高。软件需要支持 OPC UA、MQTT、Modbus、OLEDB 等硬件通信和系统数据库采集标准协议。

(2) 网络架构

工业通信网络采用分层架构，分为现场层、控制层和监控层。监控层需要具备各类安全手段，比如单向网闸，实现 T 网络与 IT 网络的隔离。针对一些只需要采集数据的非关键参数，比如远程水表等，可以使用无线网络作为补充。

(3) 数据库软件

数据库软件可存储秒级采样数据（如蒸压釜每 5s 的压力值），容量需满足 3 年以上历史数据保留的需求。

(4) 数据标准化

系统应对工厂中不同关键参数进行统一命名整理，一般按照"区域_设备_参数"格式定义，统一度量单位，比如压力单位统一为"MPa"，温度单位统一为"℃"，避免多系统集成时的单位转换错误。

(5) 人员条件

团队应该具有自动化工程师，熟悉 PLC 编程（如 TIA Portal、RSLogix 5000）和 SCADA 组态，满足工艺工程师提供的工艺参数阈值。蒸压加气混凝土制造工厂一般都具有工艺工程师，但是自动化工程师通常来说没有单独的岗位，建设 SCADA 系统需要补齐该方面的工程师。自动化工程师对智能工厂建设至关重要。

5. CCR 建设规划

CCR（Central Control Room，中央控制室）是工业领域中用于集中监控和管理工厂或企业生产系统的核心场所，尤其在石油化工、电力、燃气、医药化工等行业中具有关键作用，智能制造程度比较高的行业都逐渐建立了中央控制室。CCR 是指通过软件平台与全厂的自动化控制系统（如 DCS、PLC 等）进行通信，对厂内设备、工艺流程及生产数据进行集中监控和管理的场所。所有现场信号通过环网、控制总线等方式汇集到 CCR，操作人员可在此实时查看设备状态、调整参数、处理报警，并协调全厂或区域内的生产活动。

CCR 的建设需要设置操作室、机柜室、配电室等功能区域，要求其相邻但独立，避免交叉干扰，机柜室通常需采用防静电地板和立体电缆敷设设计。CCR 通常具有大屏显示功能，能以可视化的界面显示全厂的生产状态、关键参数以及生产任务完成情况等。

CCR 一般需要建立在距离工厂生产车间相对较近的位置或者在生产车间中单独设立一个区域，实现自动化设备的操控。

5.5.2 制造执行系统 MES

蒸压加气混凝土行业的 MES 系统（制造执行系统）是专门针对该行业生产工艺特点设计的车间级管理信息系统，旨在通过实时数据采集、流程优化和智能化控制，提升生产效率、产品质量和资源利用率。

蒸压加气混凝土行业的 MES 系统是连接企业上层计划系统（如 ERP）与底层工业控制设备（如 DCS、PLC）的"中枢神经"，专注于从原材料配比到成品蒸养的全流程管理。其核心目标是通过信息化手段解决生产过程中的"黑匣子"问题，实现生产透明化、控制精准化和决策科学化。例如，系统通过集成传感器和物联网技术，实时监控原料配比、预养时间、切割精度等关键参数，确保生产过程的可追溯性与稳定性。

1. MES 系统的系统架构

蒸压加气混凝土生产制造工厂的 MES 系统架构以基础数据采集平台为技术底座，遵循"数据驱动、分层解耦、模块化扩展"的设计原则，构建覆盖"端-边-云"协同的多层体系，支撑生产全流程的数字化管控与智能化决策。其架构设计满足蒸压养护、切割成型等核心工艺的实时性与稳定性要求。

物理架构层面，系统采用分布式部署模式，由边缘层、平台层与应用层组成。边缘层部署于车间现场，包含工业传感器（如温度、压力、振动传感器）、PLC 控制器、RFID 读写器及智能终端设备，用于实时采集蒸压釜压力、料浆稠度、切割机状态等工艺数据。边缘计算节点（如工业网关）对数据进行初步清洗、缓存及协议转换，降低平台负载并提升响应速度。平台层部署集成数据中台、业务中台与 AI 算法引擎，实现海量数据的存储、分析与模型训练。应用层则通过微服务架构封装生产计划、作业执行、质量管控、安环管理等业务功能模块，支持 Web 端、移动端及车间看板的多样化访问。

逻辑架构层面，系统采用"五层三域"模型。五层包括数据采集层、网络传输层、数据管理层、业务逻辑层与用户交互层，确保从设备接入到业务应用的全链路贯通。三域则划分为生产执行域（涵盖工艺参数下发、工单执行跟踪）、资源协同域（整合设备、人员、物料调度）与决策优化域（基于数据分析的工艺改进与能效优化）。各域通过数据总线技术实现松耦合交互，支持模块化升级与功能扩展。

技术栈层面，系统依托工业物联网（IIoT）技术实现设备互联，采用 OPC UA、Modbus 等协议兼容多品牌设备；数据中台基于时序数据库（如 InfluxDB）存储设备运行数据，结合关系型数据库（如 MySQL）管理业务数据；业务逻辑层采用 Spring Cloud 微服务框架，保障高并发场景下的系统稳定性；AI 算法引擎集成工艺优化模型（如蒸压养护时间预测）、质量缺陷检测模型，提升智能化水平。

数据流设计层面，系统通过统一数据总线或者消息分发机制实现端到端集成。生产订单从 ERP 下发至 MES 后，经排产引擎分解为工序工单，通过 OPC 指令下发至 PLC 控制设备执行；设备状态、工艺参数实时回传至数据中台，经流式计算（如 Flink）处理后触发异常预警；质量检测数据与安环监测结果同步至业务模块，驱动闭环管理。同时，系统通过 API 与外部系统（如 SCADA、WMS、环保监测平台）对接，消除信息孤岛。

安全架构层面，采用纵深防御策略。边缘侧通过工业防火墙隔离 OT 与 IT 网络，数据传输采用 OPC UA 与 MQTT 协议，实现单向传输，保障通信安全；平台层部署权限管理、审计日志与数据脱敏功能，实现用户操作可追溯；应用层通过 RBAC 模型控制功能访问权限，并结合双因子认证提升账户安全性。

2. MES 系统的基本功能

（1）生产实时监控

通过传感器和工业协议（如 Modbus、OPC UA）实时采集温度、压力、湿度、设备状态等数据，动态显示工艺流程图和实时数据列表。在蒸养环节监控温度和时长，防止因参数偏差导致的产品强度不足。支持跨区域远程监控，例如通过 GPRS 或 TCP/IP 实现多站点集中管理。

（2）生产计划管理

该模块接收 ERP 下达的销售订单后，基于产品规格（如砌块或板材的密度、强度等级、尺寸规格、数量）、工艺路线、原料库存（如硅砂/粉煤灰、水泥、石灰等配比需求）以及设备产能（如浇注节拍、切割机、蒸压釜的可用性），自动拆解为工序级生产任务，并通过算法优化排产顺序，平衡设备负载与交货期优先级。根据不同的工厂可以进行生产计划的进一步分解，分解到生产设备作业。结合实时采集的产线状态（如模具准备情况、蒸压养护进度）、设备运行数据（如故障预警、维护周期）和人员配置，动态调整生产节奏。例如，当蒸压釜因故障停机时，系统可自动重排养护队列，避免窑位空闲或半成品积压。

（3）作业管理

生产作业管理模块是衔接生产计划与车间实际操作的关键纽带，其核心目标是通过标准化、精细化的过程控制，确保每道工序按工艺规范执行，同时实时反馈生产数据，保障产品质量与生产效率。该模块以工单为主线，围绕人、机、料、法、环五大要素，实现从原料投料到成品入库的全流程作业管控，助力工厂实现透明化、可追溯的智能制造。主要包含的功能有作业指令的精准下发与执行，生产过程的实时监控与防错，设备与人员的协同优化等。

（4）设备管理

设备管理模块可建立设备电子台账，记录设备名称、型号、供应商、安装日期、维修历史、技术参数等关键信息。通过二维码扫描实现设备巡检、保养和报修的数字化管理，延长设备寿命。例如，织信 MES 支持日历化保养提醒和实时故障处理。该模块可实时监控设备的运行参数，设备运行异常情况下，根据报警的种类和故障严重性（如模具漏浆、切割精度偏差）触发预警、报警、紧急停机的处理提示；基于振动分析和热成像数据实时监控设备的健康状态，提前安排维护计划，减少停机时间。

（5）质量管理

质量管理模块目的是通过全流程数据监控、智能分析和闭环管控，确保产品符合国家标准［如《蒸压加气混凝土砌块》（GB/T 11968—2020）］及客户需求，降低废品率并提升市场竞争力。通过采集、记录砂、粉煤灰、水泥、石灰、铝粉等原材料的成分、含水率、活性等关键指标，自动比对预设标准（如生石灰消解时间），不合格物料禁止进入生产各环节。在生产过程中实时监测和记录质量数据，比如采集原材料成分及特性、料浆密度、扩散度、发气反应时间、浇注温度、预养室湿度、蒸压釜压力-温度曲线等参数，动态生成工艺参数趋势图，监控发气膨胀高度，避免坯体开裂或塌模。同时产品的化验数据也进入到质量管理模块中，实现产品质量分析和追溯。在养护环节，通过 SPC（统计过程控制）分析质量变异趋势，优化养护参数。同时，质量管理模块提供检验任务的生成管理功能，并管理检验任务的检验时间、检验项、检验人员等信息。此外，该模块还提供质量的统计分析功能，协助管理人员收集质量分析数据。质量管理模块数据分析可以提供进行蒸养工艺优化策略和预养环境调控策略的方向。

（6）能耗管理

蒸压加气混凝土行业的能耗管理模块是针对该行业工艺流程、用能特点设计的智能化解决方案，深度融合生产工艺与能源数据，旨在实现全流程的精细化管控。其核心功能包括实时能耗监测与分析，通过物联网传感器和能源计量装置，对搅拌设备、蒸压釜、切割机等耗能设备进行动态数据采集，并结合蒸压养护阶段的蒸汽消耗量、电力负荷曲线等参数建立多维能耗模型。系统可自动识别生产过程中因设备空转、工艺参数偏差或原料配比不当导致的能源浪费，并生成优化建议。能源监控能实时统计蒸压阶段蒸汽耗量，识别能耗高峰。模块还嵌入了行业特有的能源基准管理功能，依据《蒸压加气混凝土砌块单位产品综合能耗限额和计算方法》（T/HNCAA 021—2020）等标准建立动态能耗限额体系，自动比对不同批次产品的综合能耗指标，对超标工序触发预警机制。

未来，该模块将结合生产排程系统，科技智能调配低谷电价时段的设备运行，通过错峰生产降低电力成本。对于使用太阳能等清洁能源的企业，模块配置了多能源耦合分析功能，实时评估光伏发电与蒸汽锅炉的能源替代效益，辅助决策清洁能源占比提升路径。

（7）成本管理

成本管理模块深度融合了该行业高能耗、多工序、成本依赖原料比例的特点，通过智能化手段实现全流程精细化成本控制。其核心功能聚焦于原材料动态配比优化，依托传感器和算法实时监测砂、粉煤灰、石灰等物料的成分及化学活性，结合历史数据自动生成最低成本配方，支持工业固废（如尾矿、炉渣）替代传统原料，降低材料采购成本。针对行业核心能耗环节，模块集成蒸汽余热回收系统与智能温控算法，动态调节蒸压釜压力曲线，缩短养护时间并减少蒸汽耗量，同时通过错峰用电策略降低电力成本。通过该模块可以实现生产成本的日结功能，同时与 ERP 系统协同，可以实时计算产品的经济成本，并实现工作成本的分析对比，降低物料的损耗。

（8）绩效管理

绩效管理模块是通过量化分析生产过程中的关键指标，驱动工厂持续优化生产效率、质量及成本控制的核心工具。其要义在于以数据为基础，围绕设备、人员、工艺、能源等维度构建动态评价体系，实时监控生产效能，识别瓶颈与浪费，并通过闭环反馈机制将分析结果转化为改进策略，最终实现精益化运营目标。该模块一般统计生产的直接成本，包括原材料成本、能耗成本、生产制造成本等。

（9）安环管理

安环管理模块是以数字化手段保障生产安全与环保合规的核心功能单元，其意义在于通过实时监控、风险预警与过程干预，系统化管控生产活动中的人、机、料、法、环等要素，预防安全事故发生，降低环境污染风险，同时满足国家法规与行业标准要求。该模块以"预防为主、智能管控"为理念，贯穿从原料存储到成品出厂的全流程，构建安全环保一体化管理体系，推动工厂向绿色化、可持续化生产转型。包括风险监测、环保排放监控与管理、应急管理、人员安全培训等业务功能。

（10）工艺管理

工艺管理模块是针对其配方组成及工艺敏感参数特性设计的智能化中枢，通过数字化手段实现从原料配比到蒸压养护的全流程工艺标准化与优化。该模块以生产工艺数据为核心，集成砂/粉煤灰、石灰等全部原料的成分检测、配合比、工艺参数及产品质量之间的关系，结合蒸压釜温度-压力曲线智能优化算法，确保产品发气特性和托勃莫来石及产物各物相质量。实时监控切割精度、静停环境温湿度等关键参数，通过边缘计算预警钢丝磨损或坯体硬化不足等异常，减少尺寸偏差与质量缺陷风险。内置工艺版本管理功能，支持蒸压养护参数（如1.2MPa压力、191℃温度阈值）的标准化配置与审批流程，确保每批次产品符合《蒸压加气混凝土砌块》（GB/T 11968—2020）各项产品指标标准。通过物联网连接制浆工序、搅拌机、数控切割机、蒸压釜、下线翻转机等设备，实现工艺路线与设备状态的联动控制，例如根据坯体硬度自动调节切割速度，提升成模率。质量追溯体系完整记录原料批次、工艺参数及检测数据，可精准定位特定工艺中不足的环节。

3. SCADA 系统与 MES 系统的区别

SCADA 系统的核心功能聚焦于实时数据采集、过程监控、基础控制和报警管理，是连接现场设备与控制层、管理层的纽带。数据一般采用秒级处理，有设备的控制功能。MES 系统（制造执行系统）则侧重生产执行管理（订单排产、质量分析、资源调度）和业务级优化（小时/天级）。

5.6 蒸压加气混凝土墙体材料智能优化系统

5.6.1 智能化配料系统

蒸压加气混凝土墙体材料智能化配料系统是基于工业互联网、人工智能及物联网技术的新型生产控制系统，旨在实现原材料配比的精准化、动态化和标准化管理，替代传统依赖人工经验的配方模式。该系统通过实时数据采集、算法优化与反馈控制，显著提升生产效率和产品质量稳定性，同时降低能耗与人工成本。包括在线成分检测、动态配方生成、工艺参数调整、故障预警与自修复等功能。

智能化配料系统采用四层架构，包括感知层、边缘计算层、控制决策层和执行反馈层。感知层包括工业相机、温湿度传感器、称重模块等物联网设备，实时采集原料含水率、蒸压釜压力（1.0～1.2MPa）、养护温度（183～191℃）等关键参数。在边缘计算层中，通过PLC控制器和边缘计算节点对原始数据进行预处理（如异常值过滤、数据归一化），并运行实时调整算法，确保配方调整延迟低于500ms。在控制决策层中，基于历史配方数据库，利用机理模型或者AI模型预测原料波动对制品强度的影响，并通过数字孪生技术模拟不同配方的制品性能，利用寻优算法，计算当前工况下的最佳原料配比。在执行反馈层中，将优化后的配方指令下发至自动配料秤、发气剂投加装置等执行机构，同时接收质检数据（如抗压强度、导热系数）形成闭环反馈，实现配方持续迭代。

智能化配料系统通过数据驱动重构了传统生产模式，其价值体现在原料利用率优化、工艺稳定性提升及全生命周期管理能力构建。随着墙体材料标准对制品性能要求的提高，该系统将成为行业实现绿色化、高端化转型的核心支撑。未来发展方向将聚焦于多源固废协同利用算法、跨工厂数据共享平台等深度智能化场景。

5.6.2 蒸压养护优化控制系统

智能化蒸压养护优化控制系统是基于工业物联网高级控制系统，该系统针对传统蒸压工艺中参数控制粗放、能耗高、质量波动大等痛点，通过高级控制算法和运行策略控制，实现蒸压养护工艺的全流程精准控制。该模块特别强化了蒸压养护环节的能耗控制，通过集成智能温控算法，使实际温度与设定的温度曲线贴近，避免过高的温度。动态调节蒸压釜内的蒸汽压力与温度，在保证混凝土制品强度的前提下缩短蒸压时间，降低单位产品蒸汽消耗量。该控制算法采用参数协同控制、升压曲线预测控制等算法，预测在大延迟装置中的温度情况，提前进行蒸汽流量的控制。在满足工艺要求的状态下，实现蒸汽流量的最大化利用。

5.6.3 工艺管理与工艺优化

在工艺控制层面，智能优化系统嵌入了质量-成本联动模型，通过机器学习分析蒸压参数与产品强度的关联性，自动优化切割精度、预养时间等关键参数，减少废品率和返工损耗。

系统基于机理和LSTM神经网络的混合模型，结合历史生产数据与实时传感器数据（如蒸压釜温度、压力、坯体硬度等），生成最优蒸压曲线。例如，将升压阶段划分为

15min级时间窗,通过热焓计算动态匹配蒸汽流量,使蒸压时间缩短。结合在线 X 射线荧光光谱仪检测的粉煤灰活性成分数据,实现动态配方调整,误差控制在 ±0.3%。

5.6.4 蒸汽锅炉优化控制

蒸压加气混凝土墙体材料制造过程中,有些单位需要使用锅炉产生的蒸汽来蒸养中间产品。大部分锅炉采用燃气锅炉,燃气锅炉具有负荷调整迅速且清洁的特点。但是作为清洁能源,其成本也比较高。如何高效地利用蒸汽能源,需要针对锅炉进行预测控制,实现精准供气。在生产过程中,蒸养过程一般是间歇式的,这就导致蒸汽用量的变化。蒸汽锅炉的优化控制就是根据蒸养工艺计算蒸养的总体用气量,并与生产计划相结合,准确地预测蒸汽在不同时间段的用汽量和压力需求。根据蒸压釜不同时间的工艺需求(如 1.0~1.2MPa、183~191℃),采用 LSTM 模型预测蒸汽需求,动态调整锅炉燃烧强度。例如,在升压阶段提高燃烧效率,恒温阶段降低负荷,避免无效能耗。在母管制的蒸汽锅炉中,一般采用不同蒸汽发生量组合的锅炉,使不同的蒸汽锅炉运行在最佳性能曲线上,并能在需求侧及时提供足够的蒸汽量。采用 MPC 和协同控制技术,结合实际生产计划,能及时有效地调整蒸汽产生量,避免蒸汽浪费。

6 非蒸非烧墙体材料智能制造

6.1 概述

在墙体材料革新与建筑节能工作的推动下，我国墙体材料实现了跨越式发展，产品体系日趋完善。目前，我国已形成了以砖、板、块三大系列为主体的多元化墙体材料产品体系。其中，非蒸非烧墙体材料作为新型环保建材的重要组成部分，具有显著的发展优势。非蒸非烧墙体材料是指采用非高温烧制工艺，通过现代技术手段制备的墙体材料。其生产工艺主要包含以下关键环节：首先，将含钙材料与含硅材料按特定配比进行混合；其次，加入适量水进行充分拌和；再次，通过机械压制成型；最后，采用常压或高压养护工艺，配合蒸汽养护或自然养护等处理方式，最终形成具有优良性能的墙体材料。常见的非蒸非烧墙体材料包括灰砂砖、粉煤灰砖和炉渣砖等。

随着工业化、城镇化进程加快和消费结构升级，资源消耗量持续攀升，给生态环境带来了前所未有的压力。其中，传统墙体材料生产过程中产生的环境污染尤为突出，已威胁到人类健康与生态安全。绿色墙体材料的研发与应用已成为推动建筑行业转型升级的关键之一，不仅能引领新建建筑从单一节能向整体绿色化发展，更能促进建筑领域从单体绿色向区域绿色协同转变，是推动绿色消费、引导绿色发展、促进产业结构优化升级的必然选择。随着建筑行业对环保和资源节约的日益关注，非蒸非烧墙体材料作为一种新型、绿色环保的建筑材料，得到了广泛应用。非蒸非烧墙体材料因具有节能环保、轻质高强、保温隔热、隔声防潮等优异性能，是替代传统烧结墙体材料和蒸压加气混凝土墙体材料的理想选择。

智能制造是通过深度整合先进信息技术、人工智能、工业机器人、物联网和大数据分析等前沿技术，实现制造过程的自动化、数字化和智能化的现代制造模式。这一技术体系的应用不仅显著提升了生产效率，优化了资源配置，降低了运营成本，还为非蒸非烧墙体材料等新型建材的生产带来了新的发展机遇。在非蒸非烧墙体材料生产领域，人工智能技术与生产工艺的深度融合主要体现在以下几个方面：首先，通过构建智能生产执行系统，实现对生产全流程的实时监控与优化；其次，运用机器学习算法对工艺参数进行智能调节，确保生产过程的精确控制；再次，建立基于物联网的设备互联系统，实现生产数据的实时采集与共享；最后，通过大数据分析技术，对生产运营数据进行深度挖掘，为决策提供科学依据。这种智能化的生产模式不仅实现了生产信息的无缝对接和资源共享，还提升了生产自动化水平，构建了高效、精准的产品制造体系。

在非蒸非烧墙体材料的生产过程中，自动化生产线能够大幅提高生产效率和产品质量。具体而言，通过采用自动化搅拌、成型、切割等先进工艺，不仅大幅减少了人工操作的误差，还确保了各生产环节的精度和一致性。自动化生产线通过集成传感器、监控系统和大数据分析平台，实现了对生产全流程的实时监控与数据反馈，能够及时调整生产参数，有效避免不合格产品的产生。

通过实时检测墙体材料的关键质量指标（如强度、密度、孔隙率、热导率等），并将数据实时反馈至生产系统，能够确保产品质量的稳定性。同时，人工智能技术能够分析历史数据，预测潜在的质量波动，并在生产过程中进行预警和调整，从而将质量风险降至最低。智能化的生产调度系统能够实时监控生产线的工作状态、原材料库存和生产进度，动态优化生产计划，提高生产效率。通过物联网技术，智能仓储系统实现了对物料库存的实时监控，自动化仓储和物流管理减少了人工干预，提高了物料管理精度和库存周转率，降低了生产成本。

6.2 挤压轻质墙板生产智能化方案

6.2.1 挤压轻质墙板智能化配料系统与装备

挤压轻质墙板，即轻质隔墙板，是一种新型节能墙体材料，因其优良的性能在现代建筑领域中得到广泛应用。该材料采用先进的挤压工艺制造，兼具轻质、高强、环保、节能等多重优势，是传统墙体材料的理想替代品。

1. 挤压轻质墙板的产品规格

挤压轻质墙板的生产规格多样，可根据具体建筑和装修需求进行定制化生产。根据最新国家标准《建筑用轻质隔墙条板》（GB/T 23451—2023），其主要有以下几种规格。

（1）标准厚度系列

提供90mm、120mm、150mm等多种标准厚度的墙板，以适应不同建筑结构的承重和保温需求。这些标准厚度的墙板在生产和安装过程中具有较高的通用性和便捷性。

（2）长度与宽度定制系列

除了标准厚度外，挤压轻质墙板的长度和宽度也可根据客户需求进行定制。常见的长度规格有 2.4m、2.8m、3.0m 等，宽度则多为 0.6m，但也可根据具体项目需求进行调整，以实现精准匹配和高效利用。

（3）特殊功能墙板系列

挤压轻质墙板不仅具备基础隔墙功能，还可通过技术创新和材料优化，开发出多种特殊功能，以应对各类建筑场景的独特需求。例如，防火墙板采用特殊的防火材料制成，具有优异的耐火性能；隔声墙板则通过优化材料配比和结构设计，具有良好的隔声效果；此外，还有防潮、防腐、抗风压等特殊功能墙板。

（4）环保与可持续性系列

挤压轻质墙板在原材料选择和制造过程中注重环保和可持续性。利用粉煤灰、建筑垃圾和工业废渣等废弃物作为原材料，不仅降低了生产成本，还实现了资源的循环利用，减少了对自然资源的依赖。此外，墙板在生产和使用过程中均符合相关环保标准，不会对环境和人体健康造成危害。

2. 挤压轻质墙板原材料的要求

为确保挤压轻质墙板的高品质和环保性能，所有原材料均需符合以下严格的技术标准。

（1）水泥

应选用符合《通用硅酸盐水泥》（GB 175—2023）规定的 P·O 42.5 型普通硅酸盐水泥，并确保其强度等级、凝结时间、安定性等各项技术指标满足工程需求。

（2）粉煤灰

应选用符合《用于水泥和混凝土中的粉煤灰》（GB/T 1596—2017）规定的 Ⅲ 级粉煤灰，并检测其烧失量、需水量比、细度等指标，确保其活性满足掺和料要求，且不得影响混凝土的和易性与耐久性。

（3）建筑垃圾

应选择来源可靠、不含黏土及有机杂质的废弃混凝土或砖瓦，经破碎、筛选后粒径控制在 2~5mm。使用前应进行清洗，去除表面粉尘，并检测其压碎指标、含泥量等，确保其作为再生细骨料的质量满足混凝土配合比设计要求。

（4）工业废渣

目前，常用的工业废渣有电炉渣和高炉矿渣两种，粒径一般控制在 6~9mm。使用前需进行破碎、筛选，去除杂质，并检测其化学成分及安定性，确保其无有害成分且具有潜在活性，可作为混凝土的掺和料使用。建议优先考虑粒化高炉矿渣，因其水化活性较高，有利于提高混凝土的密实性和耐久性。

（5）水

应采用符合现行国家标准《混凝土用水标准》（JGJ 63—2006）的工业用水，并检测其 pH 值、杂质含量等指标，确保其不含有害物质，不会对水泥水化及混凝土性能产生不利影响。

表 6-1 为厚度 90mm 标准板的参考配合比。

表 6-1　厚度 90mm 标准板的参考配合比

序号	原材料名称	质量分数/%	面密度/（kg/m²）
1	普通硅酸盐水泥	18	16
2	三级粉煤灰	20	16
3	建筑垃圾	47	33
4	工业废渣	15	10
5	水	—	15

3. 挤压轻质墙板基本工艺流程及设备

轻质墙板自动化生产线是现代化建材生产领域的重大技术突破，其核心在于融合了机械、电子和自动化控制等多项先进技术，实现了从原材料投入到成品输出的全流程自动化生产。该生产线采用模块化设计理念，主要由以下核心系统构成：① 智能原料预处理系统，配备精确计量装置和高效率混配设备；② 高效搅拌系统，采用双轴强制式搅拌，确保物料均匀性；③ 连续成型系统，具有自动调平和精确模压功能；④ 智能温控养护系统，实现可控的养护环境；⑤ 高精度数控切割系统，配备激光定位装置；⑥ 自动包装系统，集成称重和标识功能；⑦ 自动化控制系统，采用 PLC 和人机界面实现生产全过程的精确控制；⑧ 高效模板清洁输送系统，配备自动清洗装置和智能回收功能。通过各子系统的协同作业和信息交互，实现生产流程的全闭环控制，确保产品质量的稳定性和一致性，大幅提升生产效率，为轻质墙板的规模化生产提供可靠的技术保障（图 6-1 和图 6-2）。

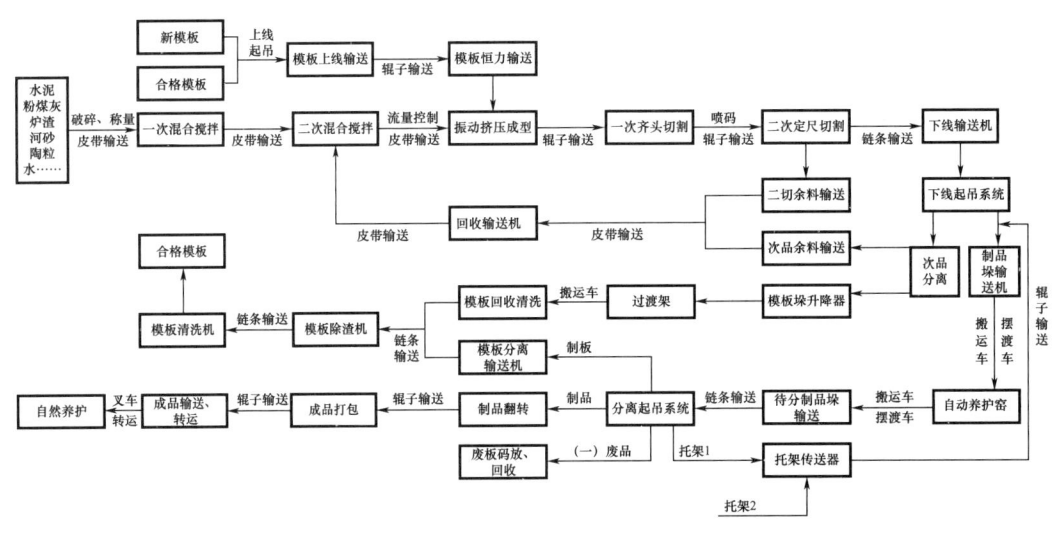

图 6-1　挤压轻质墙板全自动生产线工艺流程

（1）智能原料预处理系统

智能原料预处理系统作为整个生产线的起点，是保证最终产品质量的关键环节。该系统采用先进的传感器和控制算法，对水泥、石膏、轻质骨料、增强纤维等原材料进行实时监测和精确配比。借助高效的自动化输送网络，系统能够根据生产需求，灵活调整配方，确保原材料以最佳比例进入后续工序。同时，大数据分析与预测性维护技术的应用，进一步提升了该系统的智能化水平和运行效率。

图 6-2　国内某轻质墙板自动化生产线

（2）高效搅拌系统

作为生产工艺的核心环节，该搅拌系统采用国际先进的双轴搅拌技术，并集成智能化控制系统，确保物料的高效均质化。该系统配备高精度伺服电机和变频器，实现 0～300r/min 的精确无级调速，并提供高达 5000N·m 的搅拌转矩，确保高黏度物料的充分混合。在搅拌过程中，系统通过传感器实时监测物料黏度、温度等关键参数，并利用 PLC 自动调节搅拌速度和桨叶角度，优化剪切速率，最终在纳米级尺度上实现各组分材料的完全均质化。

搅拌单元采用模块化设计，能够根据不同浆料特性快速更换搅拌臂和桨叶，从而优化混合效率。搭配智能化温控系统，可有效防止材料分层和组分偏析，保证浆料的稳定性。此外，系统集成了多重安全防护装置和故障诊断功能，可确保生产过程的安全性和稳定性，并显著提升整体生产效率。通过统计建模、神经网络和专家系统等先进技术，实现搅拌系统的智能化控制，从而预测搅拌质量，提高产品的合格率。

（3）连续成型系统

轻质墙板自动化生产线的核心在于其成型系统。该成型系统是一个集模具设计、浆料注入、压实或成型技术以及自动化控制于一体的复杂系统。该系统利用先进的模具设计与成型技术，将充分搅拌后的浆料高效、精准地注入模具中。随后，通过诸如振动压实或挤压成型等工艺，使浆料固化成型，最终形成具有特定几何形状与精确尺寸的轻质墙板。这些墙板兼具轻质、高强、隔声及耐火等多重优异性能，是现代建筑墙体材料的理想之选。

成型系统通常包括以下几个关键部分：模具设计决定了墙板的形状、尺寸和表面质量，针对轻质墙板的特点，模具设计需要考虑易于脱模、减少浆料粘连、保证墙板尺寸精度等因素；浆料是轻质墙板的主要原料，其均匀性和流动性对成型质量至关重要，精确的浆料注入系统能够保证每个模具都获得相同数量和质量的浆料，从而确保墙板的性能一致性；振动压实是通过振动，使浆料内部的空气排出，使颗粒间更紧密，从而提高墙板的密实度和强度，精确控制振动频率、振幅和时间等参数可达到最佳压实效果。通过挤压，将浆料连续通过模具，形成具有特定截面形状的墙板。整个成型过程通常由PLC等自动化控制系统进行精确控制，实现参数的自动调节和过程监控。这不仅提高了生产效率，还降低了人为因素对产品质量的影响。

（4）智能温控养护系统

养护系统对于提高轻质墙板的强度和稳定性至关重要，主要负责对成型后的轻质墙板进行特定时间的养护固化。通过精确控制温度、湿度等关键参数，养护系统能够确保墙板在最佳环境下发生充分的水化反应，从而达到设计强度。在养护过程中，自动化控制系统发挥着关键作用，能够实时监测养护环境的各项参数，并根据预设程序进行精确调节，从而保证养护条件的稳定性和一致性。这种自动化控制不仅能提高养护效率，还有助于减少人为因素对养护质量的影响。为了进一步优化轻质墙板的性能，可以考虑以下几个方面：养护制度优化、自动化控制系统升级、内部养护技术应用及模具设计与自动化。

（5）高精度数控切割系统

切割系统则根据客户需求对养护固化后的轻质墙板进行精确切割，以满足不同尺寸和形状的需求。切割过程中，采用高精度的切割设备和先进的切割技术，确保切割精度和表面平整度，提高产品的质量和美观度。轻质墙板在养护固化后，需通过精密切割系统进行尺寸定制，以满足多样化的应用需求。

为确保切割精度和表面平整度，该系统通常采用以下技术手段：高精度切割设备、先进切割技术、切割参数优化、质量控制。首先，使用数控切割机或激光切割机等高精度切割设备，此类设备能够精确控制切割轨迹和切割深度，减少人为误差，提升切割质量。其次，精细等离子切割、金刚线切割和水刀切割是目前常用的先进切割技术。再次，通过试验和模拟，确定最佳的切割速度、进给量、刀具选择等参数，以获得最佳的平衡切割效率和切割质量。最后，质量控制主要包括在线监测和离线检测两个方面。在线监测是采用机器视觉或传感器技术，实时监测切割过程中的尺寸偏差、表面缺陷等，及时调整切割参数。离线检测是使用三坐标测量仪或轮廓仪等设备对切割后的轻质墙板进行精度检测，确保产品符合质量标准。

（6）自动包装系统

轻质墙板切割完成后，需通过高效的包装系统进行处理，以便于后续的运输与存储。该系统应集成自动化包装设备与先进的包装技术，旨在确保墙板在运输过程中的安全性与稳定性。优化的包装流程能够显著降低运输过程中的破损率，同时提升存储效率，从而为企业带来经济效益。考虑到轻质墙板的特性，包装系统需关注以下几个方面：①包装材料应选用具有足够强度和缓冲性能的材料，如高强度纸板、泡沫塑料或可降解的环保材料。②采用自动化包装设备，如自动覆膜机、封箱机和捆扎机，可显著提高包装效率，降低人工成本。③采用集成传感器和数据采集系统，对包装过程中的温度、湿度、压力等参数进行实时监控，确保包装质量符合标准。

（7）自动化控制系统

自动化控制系统是轻质墙板自动化生产线的核心枢纽，如"大脑"般对整条生产线的运行状态进行集中管控与实时监控。该系统集成了先进的传感器、高性能控制器以及高精度执行机构，从而实现对生产流程关键参数的实时监测与精确调节，进而保障生产线的稳定高效运行，并优化墙板的产出质量。

自动化控制系统在轻质墙板生产线中的应用主要集中在以下几个方面：①自动化控制系统通过各类传感器，实时采集生产线上的温度、压力、流量、位置等关键参数。这些数据被传输至控制器，与预设的标准值进行比较，形成反馈信号，为后续的控制决策提供依据。②控制器接收到反馈信号后，根据预设的控制算法，计算出需要调节的量，并向执行机构发出指令。执行机构（如电机、气缸、阀门等）接收到指令后，精确执行相应的动作，例如调节物料配比、控制挤出速度、调整切割尺寸等，从而保证生产过程的稳定性和产品质量。③自动化控制系统具备故障诊断功能，能够实时监测生产线各环节的运行状态，一旦发现异常情况，立即发出警报，并采取相应的保护措施，防止事故发生，减少停机时间。④随着物联网技术的发展，自动化控制系统还可以实现远程监控和管理。管理人员可以通过手机、电脑等终端设备，随时随地掌握生产线的运行状态，并进行远程控制和调节，提高管理的便捷性和效率。

（8）高效模板清洁输送系统

模板在循环使用后，被输送至清洁站。在此，两组清洁刷同步运作，分别负责模板正反两面的清洁作业。清洁过程中产生的废料被收集至刷下方的收集箱中，实现集中处理。完成清洁的模板随后进入脱模剂涂覆工位。在此，上表面的脱模剂通过油辊滚涂的方式进行涂覆。油辊内部采用自动喷油系统，确保涂覆的均匀性和稳定性。同时，为避免浪费，滚涂过程中多余的脱模剂会被回收至滑轮下方的容器中。

该轻质墙板挤压生产线（图6-2）具备高度自动化特性，核心控制系统采用西门子PLC，并基于CC-Link通信协议，实现了与变频器、人机界面等智能化设备的无缝连接。从数据通信到终端生产信息管理，生产线能够高效完成各项任务，实现了对设备动作状态的集中监控和管理，从而显著提升了维修保养效率。目前，国内轻质墙板挤压机设备多采用地面模式，即设备在地面上移动，并将挤出的产品直接铺设在经过特殊处理的地面上。这种方式对地面平面度要求极高（不超过3mm）。然而，此种生产方式易受环境和场地限制，导致生产效率低下，且产品质量难以保证。

相比之下，该轻质墙板挤压生产线采用固定式挤压成型机，产品在生产线上自动运行，无需特殊地面处理。该生产线对安装场地无特殊要求，只需普通光滑的混凝土地面即可，占地面积约500m^2，且不受场地面积限制。养护窑的空间需求则可根据翻班数量和预养护时间灵活调整。同时产品的长期堆放场地可设置在户外，避免阳光直射和雨淋。

该生产线主机的挤出速度为2.5~2.8m/min，且生产线各部位的运行速度可根据实际生产需求进行精细化调整，以达到最佳运行效率。采用PLC控制系统能够实现生产过程的自动化，提高生产效率和产品质量。通过自动化控制，可以减少人工干预，提高生产线的稳定性和可靠性。CC-Link作为一种现场总线技术，能够实现生产线各设备之间的高速数据通信，为生产过程的实时监控和优化提供支持。此外，人机界面的集成使得操作人员方便监控和调整生产参数，进一步提升了生产线的智能化水平。

6.2.2 挤压轻质墙板生产智能化方案

挤压轻质墙板生产智能化方案旨在通过引入先进的智能技术和自动化手段，全面提升生产线的效率、产品质量、定制灵活性以及资源利用率，显著降低生产成本，并致力于实现环境友好的绿色生产目标。

1. 智能化生产系统构建

（1）原料处理系统智能化

① 自动计量与配比：采用高精度的电子计量设备和自动配料系统，实现对水泥、石膏、粉煤灰、轻质骨料等原材料的精确计量和自动配比。通过预设的配方，系统能够自动调整原料的比例，确保生产过程的稳定性和一致性。

② 自动上料与除尘：配备自动上料装置，将原料自动输送到搅拌设备中。同时，安装除尘设备，减少生产过程中的粉尘污染，实现清洁化生产。

（2）搅拌系统智能化

① 高效搅拌设备：采用高效的搅拌机，通过精确的转速控制和搅拌时间设定，确保原料的充分混合和均匀性。搅拌过程中，可以实时监测搅拌效果，调整搅拌参数，提高浆料的质量。

② 自动加水与搅拌：通过传感器监测搅拌过程中的水分含量，自动调整加水量，实现精准控制。同时，搅拌设备配备自动清洗功能，减少人工清洗的工作量。

（3）成型系统智能化

① 自动成型设备：采用先进的挤压成型机，通过精确的模具设计和成型工艺，实现轻质墙板的快速、准确成型。成型过程中，可以实时监测和调整成型参数，确保墙板的尺寸精度和表面质量。

② 自动脱模与码放：成型后的墙板自动脱模，并通过自动码放系统整齐地堆放在指定位置，方便后续的养护和切割处理。

（4）养护系统智能化

① 自动养护窑：采用自动养护窑，通过精确的温度、湿度控制，为墙板提供适宜的养护环境。养护过程中，可以实时监测养护环境参数，自动调整养护条件，提高墙板的强度和耐久性。

② 自动翻转与运输：养护完成后，墙板自动翻转并运输到切割区域，减少人工搬运的工作量。

（5）切割与包装系统智能化

① 自动切割设备：采用高精度的自动切割设备，根据客户需求对墙板进行精确切割。切割过程中，可以实时监测和调整切割参数，确保切割精度和表面平整度。

② 自动包装与标识：切割后的墙板自动送入包装系统，进行打包和标识处理。包装系统可以根据客户需求，自动选择合适的包装材料和规格。

2. 智能化控制系统构建

(1) PLC 与触摸屏控制

① PLC 控制核心：采用 PLC 作为生产线的核心控制系统，实现生产过程的自动化控制和监测。PLC 具备强大的逻辑运算和数据处理能力，能够精确控制各个生产环节。

② 触摸屏操作界面：配备触摸屏操作界面，方便操作人员实时监控生产线的运行状态和生产参数。通过触摸屏，操作人员可以方便地设置和调整生产参数，提高生产线的灵活性和响应速度。

(2) 传感器与数据采集

① 传感器网络：在生产线上安装各种传感器，如温度传感器、湿度传感器、压力传感器等，实时监测生产环境参数和设备状态。传感器将采集到的数据传输到控制系统，为生产决策提供数据支持。

② 数据采集与分析：采用数据采集和分析软件，对传感器采集到的数据进行处理和分析。通过分析数据，可以及时发现生产过程中的异常和故障，提高生产线的稳定性和安全性。

(3) 智能算法与优化

① 智能算法应用：运用智能算法，如遗传算法、神经网络算法等，对生产计划和生产流程进行优化。通过算法优化，可以提高生产线的效率和质量，降低生产成本和能耗。

② 预测性维护：采用预测性维护技术，通过实时监测设备状态和数据分析，预测设备的故障和维修需求。提前进行维护和保养，减少设备故障对生产的影响。

3. 智能化管理系统集成

(1) 生产计划与排程

① 自动排程系统：采用自动排程系统，根据订单需求和生产线能力，自动生成生产计划和排程。通过优化生产计划和排程，提高生产线的利用率和效率。

② 实时调度与监控：采用实时调度与监控系统，对生产线的运行状态和生产进度进行实时监控和调度。通过调整生产计划和排程，应对突发情况和市场需求变化。

(2) 质量管理与追溯

① 质量管理系统：建立质量管理系统，对原材料、半成品和成品进行质量检测和追溯管理。通过在线质量检测和自动化质检设备，确保产品的质量符合标准要求。

② 追溯与反馈机制：采用追溯与反馈机制，对产品的生产过程和质量信息进行记录和追溯。通过追溯和反馈机制，及时发现和解决质量问题，提高产品的市场竞争力。

(3) 能源管理与环保

① 能源管理系统：建立能源管理系统，对生产线的能耗进行实时监测和管理。通过优化生产流程和工艺参数，降低能耗和碳排放，实现绿色生产。

② 环保监测与治理：采用环保监测与治理技术，对生产过程中的污染物进行实时监测和治理。通过治理污染物排放，减少对环境的影响。

4. 智能化生产流程优化

（1）生产流程优化

① 流程再造：对生产流程进行重新设计和优化，减少不必要的环节和浪费。通过流程再造，提高生产线的效率和质量，降低生产成本和能耗。

② 作业：采用并行作业方式，将生产过程中的各个环节进行并行处理。通过并行作业，提高生产线的利用率和效率，缩短生产周期。

（2）生产数据集成与分析

① 数据集成：将生产过程中的各种数据进行集成和整合，形成统一的数据平台。通过数据平台，方便对生产数据进行查询和分析。

② 分析与决策：采用数据分析与决策支持技术，对生产数据进行分析和处理。通过数据分析，为生产决策提供数据支持，提高决策的准确性和科学性。

6.3 混凝土砌块生产智能化方案

混凝土砌块生产的智能优化是一个系统工程，需要综合考虑生产工艺、设备、技术、管理等多个方面。通过采用智能优化算法、自动化生产线、智能化设备和智能制造技术，可以实现生产效率的提升、产品质量的稳定和生产成本的降低。

6.3.1 混凝土砌块成型基本工艺流程及设备

图6-3为混凝土小型空心砌块成型工艺流程，主要包括以下工段：

（1）原材料储存工段

原材料进厂后，先进行质量检验，然后经地磅计量后，水泥按强度等级入水泥库，粉煤灰、砂、石料分别堆放在各自的原材料堆棚里。

（2）配料称量工段

① 砂石处理：用斗式铲车将砂石从堆棚运至对应仓体（中石、细石、中砂、细砂），经皮带秤计量后通过长皮带机和横向短皮带机，分别输送至底料（中石、细石、中砂）和面料（细砂）搅拌机提升斗。若使用颜料，颜料经专用仓计量后与面料细砂混合输送。

② 水泥处理：水泥由库底给料机经螺旋输送机送入电子秤计量。

③ 水计量：通过流量计进行定量控制。

（3）搅拌工段

① 基料搅拌：砂石经提升斗进入搅拌机，与水泥先干拌，再加水湿拌。

② 面料搅拌：细砂（含颜料）与水泥经相同流程干拌后湿拌。

③ 混合料暂存：搅拌完成的基料与面料分别暂存于中间贮料仓。

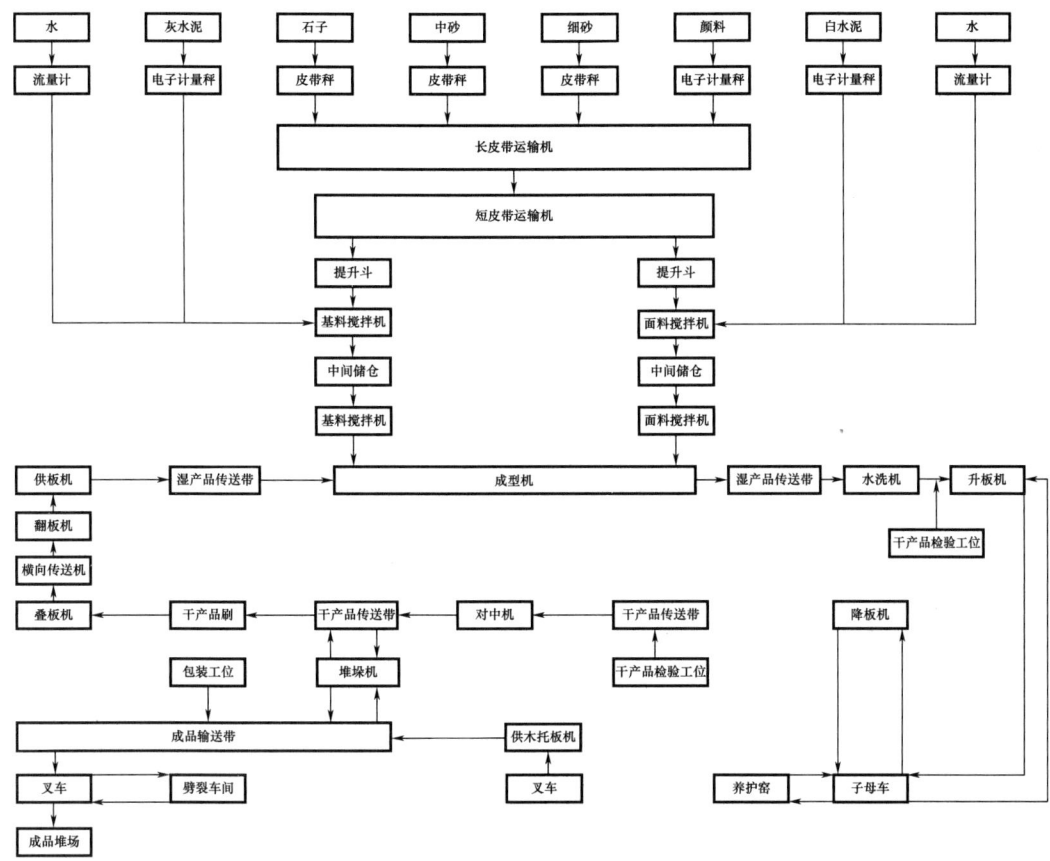

图 6-3　混凝土小型空心砌块成型工艺流程

（4）成型工段

混凝土混合物分别储存于面料中间贮料仓和基料中间贮料仓，要确保供料的连续性。面料和基料通过各自的铺料机精确、均匀地铺设于托板上。托板经供模仓进入湿产品输送线，依次到达成型振动台工位。对中机构精确定位后，阴模下降，底料铺料机进行多层铺料，辅以预振，以保证底层混凝土的密实度。随后，底层铺料机再次铺料，阳模下降，进行二次预振。面层铺料机铺设面层材料，阳模下降，进行主振，确保整体结构的强度和耐久性。最后，采用液压脱模方式，平稳脱模，并将半成品随托板运出，进入后续养护工序。整个过程可采用自动控制系统，并结合传感器进行实时监测和调整，实现智能化生产。

（5）湿产品输送线

混凝土成型制品自振动成型台产出后，经机内降板机构平稳下降，随后由湿成品输送系统向升板工位输送。根据产品类型，输送途中分别采用气吹（用于地面砖生产）或滚动刷（用于砌块生产）清除制品表面的混凝土残渣，确保产品表面清洁。对于水浇石产品，输送至洗石机工位进行表面处理。之后，湿成品继续由输送系统送至检查工位，在此剔除或修补存在缺陷的制品，保证产品质量。合格的半成品最终输送至升板机，待升板机装满后，由养护窑车运送至指定养护窑进行后续养护。

（6）养护工段

装满构件的养护窑关闭窑门后，即进入既定的养护流程，以确保水泥或其他胶凝材料充分水化，达到预期的强度和耐久性。养护周期完成后，开启窑门进行脱模。窑车将完成养护的构件运出，通过子母车系统转运至降板机，以便进行后续的堆放或运输作业。

（7）干产品输送线

产品自养护窑经窑车运出后，首先被输送至降板机处，随后通过干成品输送机进入干成品检验工位。在此工位，二级产品将被剔除，同时对缺损产品造成的空位进行补给，以保证后续流程的连续性。合格产品随后进入对中机构，进行收拢和整理，为后续的成品堆垛工段做好准备。在堆垛工段，产品被自动堆叠至托盘。与此同时，空托盘则沿干成品输送机被送至清扫工位，清除木托板表面的混凝土残渣，确保托盘清洁。完成清洁的木托盘被输送至横向输送机末端，进行两块叠放，再经横向输送机送至翻板机完成翻转。最后，托盘被堆垛至供模仓，通常每个供模仓容纳五块托盘，以满足成型工序的需求。

（8）成品堆垛、包装、贮存工段

叉车将木托盘从堆放区运至自动木托盘解垛机，解垛机将木托盘逐个送至链式输送机。链式输送机采用变频调速控制，将木托盘输送到成品输送机的包装工位。双伸位巷道式堆垛机从干成品输送线取出制品，并精准堆垛到成品包装工段的木托盘上。在包装工位，自动套袋机将产品套入可循环利用的塑料袋中，然后由自动捆扎机进行捆扎。堆垛好后，堆垛包装线的链式输送机将一垛垛制品移动到一个工位，进行套袋打包捆扎。堆垛包装线的输送机再把一垛垛制品移动到车间外，用叉车运到成品堆场贮存。在成品堆场，应按制品的种类、标号分开堆放，采用巷道式堆垛机实现高密度存储。堆垛层数多的成品垛堆应在离主车间较远的成品堆场，以确保安全。木托盘堆放地应离主车间近些，减少叉车运输距离。

6.3.2 混凝土砌块智能化配料系统与装备

混凝土砌块智能化配料系统与装备是一种混凝土砌块生产智能优化方案，它集成了传感器技术、自动控制技术、计算机信息技术和机械传动技术等先进技术。该系统能够根据预设的配方，自动完成原料的称量、配料、混合等工序，确保混凝土砌块生产的精确性和一致性，广泛应用于建筑、道路、桥梁等工程领域，是提升混凝土砌块生产效率和质量稳定性的关键。混凝土砌块智能化配料系统与装备是现代建筑材料生产中的重要组成部分，通过高度自动化的技术，实现了混凝土砌块生产的精确控制和高效运行。

1. 储料装置

混凝土砌块的生产需要可靠的原材料储存系统，以保证生产的连续性和质量的稳定性。混凝土砌块的主要原材料包括水泥、砂、骨料（如碎石或砾石）以及可能的掺和料（如粉煤灰、矿渣等）。这些原材料需要根据生产需求进行精确的储存和计量。理想的储料装置应能满足以下需求：① 独立存储：不同的原材料需要储存在独立的料仓中，避免混合和污染。② 防潮防尘：水泥和掺和料对湿度敏感，骨料容易产生粉尘，因此储料装置需要具备良好的防潮和防尘性能，保证原材料的质量。③ 先进先出：储料系统应设计为先进先出模式，减少原材料的储存时间，避免原材料结块或变质。一个设计合理的储料装置是混凝土砌块生产的重要组成部分，它能够保证原材料的供应，提高生产效率，并最终影响砌块的质量和成本。

2. 称量装置

称量装置在混凝土砌块生产中扮演着至关重要的角色，它通过配备高精度的称重传感器，能够实时、精确地感知物料质量的变化，并将这些数据传输至控制系统。这种实时反馈机制是实现精准原料计量，进而保障混凝土砌块质量的关键环节。为了进一步完善这一系统，目前的研究多集中在以下几个方面：传感器技术升级、控制系统优化、计量方式创新、物料输送与混合、质量监控与追溯等。

3. 输送装置

输送系统是物料处理流程中的关键环节，它通过皮带输送机、螺旋输送机等多种输送设备，将精确称量后的物料高效、可靠地输送到混合设备中。针对不同物料特性（如黏性、流动性、粒度等）及生产工艺的特定需求（如输送量、输送距离、输送高度等），对输送系统的设计进行了周全考量，以确保物料传输过程的顺畅、稳定及精确。皮带输送机是应用广泛的物料输送设备，尤其适用于输送散状物料或成件物品。其设计需考虑输送带的材质选择（如橡胶、塑料、钢丝等）、驱动方式及必要的安全保护措施。螺旋输送机适用于输送粉状、粒状或小块状物料，结构紧凑、密封性好。根据螺旋叶片的不同设计，可分为有轴螺旋输送机和无轴螺旋输送机，后者更适用于输送黏性或易缠绕物料。螺旋输送机的设计需要考虑物料的摩擦特性、螺旋叶片的螺距和转速等参数，以避免物料堵塞或过度磨损。理想的输送系统设计，需综合考虑物料特性、生产工艺、设备成本、维护便捷性等因素，以实现物料输送的效率优化。

4. 控制系统

控制系统以 PLC 为核心，从称重装置实时采集数据，并依据预设的配方和工艺参数，精确控制输送装置的启停与运行速度。该系统旨在实现自动化配料与混合，优化生产流程。PLC 作为系统的核心，具备强大的逻辑控制能力和灵活的可编程性，能够适应不同配方和工艺参数的需求。人机交互界面通过友好的用户界面，操作人员可以实时监控系统运行状态，调整参数，进行故障诊断等操作，提高操作便捷性。系统采用模块化设计，易于扩展和维护，能够根据生产需求进行灵活配置和升级。基于 PLC 的自动化配料和混合控制系统，通过精确控制、故障诊断和数据记录等功能，可显著提高生产线的可靠性和可追溯性。

5. 智能化配料系统的优势

① 提高生产效率：自动化配料和混合过程可减少人工干预，提高生产线的流转速

度，从而显著提高生产效率。

② 保证产品质量：高精度的称量装置和精确的配料控制可确保每种原料的准确计量和均匀混合，提高混凝土砌块的质量稳定性。

③ 降低人工成本：智能化配料系统可减少人工操作的需求，降低人力成本。同时，友好的人机交互界面可简化操作过程，降低对操作人员的技能要求。

④ 改善工作环境：自动化配料和混合过程可减少粉尘污染和噪声干扰，改善操作人员的工作环境。

⑤ 提升管理水平：通过数据记录和分析功能，企业可以实时了解生产状况，优化生产流程，提高管理水平。

6. 智能化配料系统的应用及发展趋势

在混凝土砌块生产线上，智能化配料系统与装备的应用，对提升生产效率、产品质量以及降低生产成本均有显著效果。例如，通过引入先进的自动化控制系统，如 PLC 和 SCADA 系统，可实现对混凝土砌块生产过程的精确控制，提升生产效率。

某建材企业采用智能化配料系统后，混凝土砌块的生产效率提高了 30% 以上，产品质量稳定性显著提高。智能化系统通过优化配料比例，减少水泥等原材料的用量，并利用诸如稻壳灰、粉煤灰、矿渣等工业废料作为补充胶凝材料，在保证砌块性能的同时，降低了生产成本和 CO_2 排放。

同时，智能化配料系统通过减少人工干预，降低了人为操作误差，并减少了因配料不准确导致的原料浪费，企业的生产成本也得到了有效降低。此外，智能化的质量监控系统能够实时检测混凝土砌块的各项性能指标，如抗压强度、吸水率等，及时发现并纠正生产过程中的问题，以确保产品质量的稳定性。

某建筑工程项目使用配备了智能化配料系统的混凝土砌块生产线，不仅加快了工程的施工进度，还降低了因质量问题导致的返工成本。智能化配料系统能够根据工程的具体需求，精确调整混凝土砌块的配方，从而生产出满足特定性能要求的砌块。此外，智能化系统还能够实现生产过程的可追溯性，为质量问题的分析和解决提供数据支持。

随着工业互联网和人工智能技术的深入发展，混凝土砌块智能化配料系统与装备正朝着更高集成化、数据驱动、智能决策和绿色节能的方向演进，具体发展趋势如下：

① 高度集成与全面自动化：未来的智能化配料系统将不再局限于单一的配料环节，而是与原料储存、输送、产品包装等生产环节实现无缝集成，构建全流程自动化和智能化的生产线。这种集成化不仅提升了生产效率，也降低了人为干预带来的误差，确保产品质量的稳定性。

② 数据共享与云端监控：借助工业互联网平台，智能化配料系统能够实现生产数据的实时远程监控与共享。企业管理者可以通过云平台随时掌握生产线的运行状态、物料消耗、设备健康状况等关键信息，实现远程诊断、优化和决策，提升运营效率和响应速度。

③ 智能决策支持与优化：未来的配料系统将深度融合大数据分析与人工智能技术，

具备更强大的决策支持能力。系统能够根据历史生产数据、市场需求预测、物料特性分析等信息，自动优化生产计划、调整配方参数，甚至预测潜在的设备故障，从而实现生产过程的智能化控制和精益化管理。

④ 绿色节能与能源优化管理：智能化配料系统将集成先进的能源管理模块，通过优化配料工艺、改进设备能效、实施能源回收再利用等措施，实现能源消耗的精细化管理和控制。这不仅降低了生产成本，也符合可持续发展的要求，有助于企业实现节能减排目标，践行绿色生产理念。

6.3.3 混凝土砌块生产智能化方案

混凝土砌块生产的智能化方案涵盖多个方面，旨在提高生产效率、降低成本、减少环境影响并提升产品质量。以下是一些关键的智能化策略和技术：

(1) 自动化与机械化

① 生产流程自动化：采用自动化技术，例如机器人和自动化设备，可以显著提高混凝土砌块生产的效率和一致性，包括自动配料、搅拌、成型和养护等环节。

② CAD/CAM 系统：计算机辅助设计（CAD）和计算机辅助制造（CAM）系统的集成对于实现混凝土砌块生产的自动化至关重要。这些系统能够优化设计、减少材料浪费并提高生产精度。

③ 机器人技术：利用机器人进行砌块的搬运、堆垛和质量检测，可以减少人工干预，降低劳动强度，并提高生产线的灵活性。

(2) 智能制造系统

① 传感器网络与物联网：部署传感器网络以实时监控生产过程中的关键参数，如温度、湿度、振动等。通过物联网技术，将这些数据上传到云平台进行分析和优化。

② 云计算与边缘计算：利用云计算平台进行数据存储、处理和分析，实现生产过程的远程监控和管理。边缘计算则可以在生产现场进行实时数据处理，减少数据传输延迟，提高响应速度。

③ 数字孪生：构建混凝土砌块生产线的数字孪生模型，可以在虚拟环境中模拟和优化生产过程，预测设备故障，并进行远程维护。

(3) 绿色生产与工业固废利用

① 工业固废替代：将工业固废，如粉煤灰、矿渣、尾矿等，作为混凝土砌块的替代原材料，不仅可以降低生产成本，还能减少环境污染。例如，可以使用蒸压加气混凝土生产过程中产生的废料作为多孔骨料来制备轻质混凝土。

② CO_2 封存技术：采用微生物固碳技术，将 CO_2 转化为碳酸盐，并将其添加到混凝土砌块中，实现 CO_2 的封存和利用。此外，还可以利用矿渣基泡沫混凝土进行 CO_2 的封存。

③ 再生骨料：采用建筑拆除产生的混凝土废弃物作为再生骨料，用于生产新的混凝土砌块，实现资源的循环利用。

(4) 智能化质量控制

① 机器视觉检测：利用机器视觉技术对混凝土砌块的尺寸、外观和缺陷进行自动检测，提高产品质量和一致性。

② 人工智能（AI）与机器学习：应用机器学习算法对生产数据进行分析，预测混凝土砌块的强度和耐久性，优化配合比设计。

③ 虚拟现实（VR）：利用 VR 技术进行设备维护培训和操作模拟，提高操作人员的技能水平，减少操作失误。

(5) 智能化调度与管理

① ERP 与 MES 系统集成：将企业资源计划系统（ERP）与制造执行系统（MES）集成，实现生产计划、物料管理、设备维护和质量控制的协同管理。

② 知识图谱：构建基于知识图谱的智能制造系统，实现对生产过程的知识表示和推理，提高决策效率和智能化水平。

③ 多智能体强化学习：应用多智能体强化学习算法，优化生产调度和资源分配，提高生产效率和灵活性。

(6) 智能化监控和维护

① 嵌入式智能监控模块：在生产线上设计嵌入式智能监控和维护模块，用于远程数据采集、处理和状态识别。

② 预测性维护：利用传感器数据和机器学习算法，预测设备故障，实现预防性维护，减少停机时间。

6.4 非蒸非烧墙体材料生产智能化方案

6.4.1 非蒸非烧墙体材料养护工艺智能化方案

非蒸非烧墙体材料养护工艺智能化方案旨在通过集成物联网、大数据、人工智能等先进技术，提升养护作业的效率、质量和安全性，实现精细化、智能化的养护管理。总体思路是以数据驱动为核心，利用智能设备和技术手段，实现养护工艺的实时监测、数据分析、智能决策和远程控制，提高养护作业的科学性和精准性，降低养护成本，提升养护效果。

1. 智能化监测系统

(1) 智能监测与数据采集

① 部署智能传感器：在养护区域部署高精度传感器，实时监测路面、桥梁、隧道等基础设施的运行状态和环境参数，如裂缝、沉降、温度、湿度等。

② 应用无人机和智能机器人：利用无人机进行高空巡查，快速获取大面积区域的

图像和数据；智能机器人则可以在复杂和危险环境中执行近距离检测任务，提高检测的准确性和效率。

③ 集成物联网技术：通过物联网技术，将传感器、无人机、智能机器人等设备采集的数据实时传输至养护管理中心，实现数据的集中管理和分析。

（2）数据分析与智能诊断

① 建立大数据分析平台：利用大数据技术对海量监测数据进行分析，提取有用信息，发现潜在问题和规律。

② 应用人工智能算法：通过机器学习、深度学习等算法，对采集的数据进行智能分析，识别故障模式、预测故障风险和评估剩余使用寿命。

③ 建立知识库和专家系统：将历史养护数据和专家经验转化为知识库和专家系统，为养护决策提供科学依据。

（3）智能决策与优化养护方案

① 预测性养护：基于数据分析结果，利用预测算法和专家系统，预测设备和基础设施的故障发生时间和类型，提前制订养护计划，实现预防性养护。

② 优化养护资源配置：根据实时监测和预测结果，合理调配人力、物力等资源，降低养护成本，提高养护效率。

③ 个性化养护方案：针对不同基础设施类型、不同的结构构造、不同的损坏情况，制订个性化的养护方案，提高养护效果。

2. 智能化养护设备

（1）混凝土砌块养护窑的分类

混凝土砌块养护窑是一种用于改善砌块性能的建筑材料处理设备。它通过一个封闭空间，并利用内部的蒸汽发生器，精确控制温度和湿度等关键参数，为砌块提供优化的养护环境。根据结构形式，养护窑可分为钢结构和混凝土结构两种；根据布局，则可分为大腔室、单腔室和双腔室三种。养护窑的主要作用包括加速固化与缩短周期，增强强度与耐久性，提升耐腐蚀性与致密度，减少风化，降低破损率，节约水泥成本等。通过对养护窑内温度、湿度等参数的精确控制，可显著改善混凝土砌块的各项性能，实现更高效、更经济、更环保的生产。不同的养护方法，例如蒸汽养护、标准养护等，对混凝土的性能有显著影响。蒸汽养护虽然可以提高早期强度，但也可能对长期强度产生不利影响，因此需要根据实际需求选择合适的养护方式。

（2）智能化养护系统构建

智能控制系统在混凝土砌块养护窑中的应用，能够精确控制温度和湿度，实现对固化过程的持续监测和调整，确保产品获得最佳养护环境。这种智能化不仅体现在养护窑本身，更体现在多个关键子系统的协同运作上。

① 智能化养护架系统：采用创新的冷成型技术，保证了高精度、承载能力和稳定性。卡夹式和螺纹连接的设计使得组装快速且安全，即使是不熟练的操作人员也能轻松完成。嵌入式连接方式简化了安装流程，配备的传感器和测量系统能够实时监测养护架的状态。此外，该系统易于维修，并具备足够的承载能力，确保生产的稳定进行。

②智能化空气循环系统：通过建立隔离墙，有效隔离湿侧和干侧的热量，从而实现养护窑内部湿度和温度的均衡分布，减少冷凝现象的发生。这种设计不仅能缩短混凝土砌块的固化时间，还能提高颜色一致性，改善产品外观。集成温度控制系统和最大化的循环容量配置，有助于降低运营和维护成本。

③智能化隔声保护系统：配备隔声保护，通过夹层结构保证隔声效果，可将养护窑内噪声降低至85dB（A），控制室内噪声降至75dB（A），为工作人员创造更佳的工作环境。程控机电房提供多种配置方案，进一步增强降噪功能，同时采用防火结构，保障员工和设施设备的安全。

④智能化除尘系统：采用带自动清洁功能的电子除尘装置，从源头进行高效过滤。结构设计坚固紧凑，过滤元件可更换，方便维护。通风系统通过压力控制，最大限度地节省能耗，同时减少灰尘对设备的磨损，延长设备使用寿命。

⑤智能化加热系统：通过对骨料和搅拌机温度的智能化跟踪，以及对加热系统的精确控制，加快水化作用，使生产线在恒定条件下运行。即使在波动的环境条件下，系统也能自动调整可变设定点，使养护窑中的温度保持恒定，从而提高产品质量的可重复性。在停止生产期间，空气燃烧室自动关闭，达到节能效果。

这些智能化系统的协同运作，不仅提升了混凝土砌块的养护效率和质量，也降低了生产成本，改善了工作环境。在混凝土砌块的生产过程中，温度和湿度的精确控制至关重要。温度直接影响水泥的水化反应速率，进而影响混凝土的强度发展。湿度则影响水分的蒸发，对混凝土的早期强度和耐久性产生重要影响。智能控制系统通过传感器实时监测窑内温湿度，并根据预设参数自动调节加热、加湿或通风设备，确保混凝土始终处于最佳养护状态。

3. 智能化管理系统

混凝土砌块的智能化管理系统，旨在提高生产效率、质量控制和资源优化，是智能制造在建筑材料领域的具体应用。这类系统通常集成多种技术，包括传感器网络、数据分析、自动控制和信息管理，以实现对混凝土砌块生产过程的全面监控和优化，具体可通过以下措施实现：

（1）远程控制与自动化作业

①实现远程控制：通过云计算和物联网技术，实现远程对养护设施、环境和设备的控制，方便养护人员远程管理，降低养护成本。

②推广自动化养护设备：使用道路维护机器人、自动化维修设备等智能设备，根据养护计划，自主完成道路清扫、修补和维护工作，提高养护作业的安全性和效率。

③建立应急响应机制：通过智能监测系统，及时发现并处理突发事件，如交通事故、自然灾害等，保障公路的畅通和安全。

（2）信息化平台与数据共享

①构建养护管理平台：建立基于云计算和大数据的养护管理平台，实现养护数据的实时采集、传输、存储和分析，为养护决策提供数据支持。

②促进信息共享：通过平台实现各部门之间的信息共享和协同办公，打破信息孤

岛，提高养护管理的科学性和效率。

③ 提供决策支持：利用可视化工具展示公路养护的各种数据和信息，为养护管理人员提供直观的决策支持。

（3）加强人才培养和技术创新

① 培养复合型人才：培养既懂传统养护技术，又掌握智能化养护技能的复合型人才，推动养护工艺的智能化发展。

② 产学研结合：加强与高校、科研机构的合作，开展智能化养护技术的研发和应用，提升养护技术的创新能力和竞争力。

③ 持续技术更新：关注行业发展趋势，及时更新和升级养护设备和系统，以适应不断变化的养护需求。

4. 智能化养护工艺的优势

混凝土砌块智能化养护工艺的优势体现在多个方面，它通过科技手段优化传统养护流程，从而提升混凝土的性能和生产效率。

智能化养护能够精确控制养护过程中的关键参数，例如温度和湿度。传统的人工洒水养护方式依赖工程师的经验，时间和水量具有随意性，容易导致混凝土早期开裂，降低材料的耐久性。智能养护系统能够基于预设的参数，自动调节喷淋的频率和水量，保证混凝土始终处于最佳的养护状态，减少甚至消除早期裂缝的产生。例如，可以利用湿度传感器实时监测混凝土的湿度，并根据设定的湿度范围自动启动或停止喷淋系统。这种精确控制可显著提高混凝土的强度和耐久性。

智能化养护有助于节约资源，实现可持续发展。传统养护方法需要大量的水资源，在水资源日益紧缺的今天，这无疑是一种浪费。智能化养护系统可以根据混凝土的实际需水情况进行精确喷淋，避免过度浇水造成的浪费。此外，一些研究还探索了利用物联网技术来优化养护过程，通过远程监控和控制，进一步提高养护效率，减少资源消耗。

智能化养护可以提高生产效率。传统的养护方式需要人工进行，劳动强度大，效率低。而智能养护系统可以实现自动化控制，无需人工干预，从而大大提高了生产效率。例如，可以利用传感器网络对预制混凝土板的养护过程进行远程监控，实时掌握混凝土的强度增长情况。结合自动化设备，可以实现混凝土砌块的批量化、高效化生产。

智能化养护也面临一些挑战。例如，不同类型的混凝土砌块对养护参数的要求不同，需要建立相应的数据库和模型，才能实现精准养护。同时，智能养护系统的成本相对较高，需要考虑经济效益。未来的发展方向可能包括：开发更加智能化的养护控制算法，实现对养护过程的自适应调节；研发低成本、高可靠性的智能养护设备，降低应用门槛；以及探索将智能养护与BIM（建筑信息模型）等技术结合，实现对混凝土砌块全生命周期的智能化管理。

6.4.2 非蒸非烧墙体材料生产的智能化系统平台

非烧结墙体材料的智能化系统平台旨在提高生产效率、降低成本，并实现绿色环保生产，是建材工业转型升级的重要方向。这类平台通常整合多种技术，实现从原材料配比、成型、养护到质量检测等生产过程的自动化、智能化和标准化，以适应定制化生产的需求。该平台通常包含以下几个关键组成部分：

（1）智能控制系统

采用 PLC 等技术，对生产线的各个环节进行精确控制。通过传感器网络实时监测温度、湿度、压力等关键参数，并利用模糊逻辑等算法进行智能决策，优化生产过程。

（2）自动化生产线

采用机器人、机械臂等自动化设备，替代人工完成物料搬运、混合、成型、切割等重复性工作，提高生产效率，降低劳动强度。例如，在轻质墙板的生产过程中，通过电气自动化控制系统实现配料、挤压成型、切割等工序的自动运行。

（3）数据驱动的优化

利用大数据分析技术，对生产过程中的各项数据进行挖掘和分析，识别潜在的优化空间。通过建立神经网络模型等方法，预测产品质量，优化工艺参数，实现生产过程的智能化控制。同时，可将智能制造应用于绿色发展效率的提升，实现可持续发展。

（4）绿色生产技术

优先选择环境友好型的原材料，如利用农作物废弃物生产绿色墙体材料，或采用改性膨胀玻化微珠无机保温砂浆等新型材料，减少对环境的负面影响。采用节能设备和工艺，降低能源消耗和碳排放。同时，注重生产过程中的粉尘、噪声等污染物的治理，实现清洁生产。

（5）质量检测与追溯

集成在线检测设备，对产品进行实时质量检测，确保产品符合标准。利用物联网技术，建立产品质量追溯系统，实现对原材料、生产过程、销售渠道等环节的全程追溯，提升产品质量保障能力，为用户提供更可靠的产品。

（6）智能化仓储物流

采用自动化立体仓库、AGV（自动导引运输车）等设备，实现原材料和成品的自动存储和运输，提高物流效率，减少人工干预，降低仓储成本。

（7）云平台与远程监控

将生产数据上传至云平台，实现对生产过程的远程监控和管理。通过手机 App 等终端，管理者可以随时随地了解生产情况，及时调整生产计划，提高管理的灵活性和响应速度。

（8）智能制造云

利用智能制造云构建数字化生态工厂，整合设计、生产、销售等环节的信息，实现生产过程的透明化和协同化。通过信息共享和协同工作，优化资源配置，提高生产效率和产品质量。

非烧结墙体材料智能化系统平台是实现绿色建材生产的重要手段。通过整合自动化、智能化和信息技术，可以显著提高生产效率、降低生产成本，并实现节能减排，为建筑行业的可持续发展做出贡献。未来的发展方向应侧重于 AI 赋能、数字孪生、区块链技术、柔性化生产线以及全生命周期管理，以进一步提升智能化水平和可持续发展能力。

(9) 案例分析

全自动生产线的核心在于集成了自动化控制系统，该系统通过集中控制、全自动化操作和远程维护功能，实现了生产线的高效、智能运行。福建泉工股份有限公司为我们理解和构建此类系统提供了典型的案例。该公司的全自动生产线集成了多个关键子系统，每个子系统均可在中央控制室进行集中控制，同时也能独立运行，体现了系统的高度灵活性和可靠性。这些子系统包括：

① 配料搅拌全自动程序控制子系统：实现配料和搅拌过程的自动化，确保物料的准确配比和均匀混合，为后续生产环节提供质量保障。

② 成型主机全自动程序控制子系统：控制成型主机的运行，实现产品的自动化成型，提高生产效率和产品质量。

③ 程控窑车全自动程序控制子系统：控制窑车的运行，实现产品的自动化烧制，保证烧制过程的稳定性和一致性。

④ 输送系统全自动程序控制子系统：负责物料在各生产环节之间的自动输送，减少人工干预，提高物流效率。

⑤ 码垛系统全自动程序控制子系统：实现产品的自动化码垛，减轻工人劳动强度，提高码垛效率和准确性。

这些子系统通过高性能的数字逻辑控制系统在总控制台上实现全自动控制，同时具备联动和互锁的安全功能，确保生产过程的安全可靠。这种集成化的控制方式，能够优化生产流程，提高生产效率，降低生产成本。

福建泉工股份有限公司以建设数字化智能工厂为目标，在以下几个方面进行了深入的探索和实践：

① 数字化中心：构建公有云、私有云和混合云相结合的数字化中心，实现数据的集中管理和共享，为生产决策提供数据支持。

② 工业互联安全体系：采用新一代防火墙、主动威胁感知、零信任、数据防泄露等工业安全技术，保障生产线的网络安全。

③ 自动化生产中心：引入大型数控加工中心、自动焊接中心、焊接机器人、自动化立体仓库、AGV+物流机器人等设备，实现生产过程的自动化和智能化。AI视觉检测技术的应用，进一步提高了产品质量的检测效率和准确性。

④ 设计制造一体化协同平台：通过参数化设计和数字孪生等多平台的集成，实现设计、制造、管理等环节的协同，提高生产效率和产品质量。其中，SCADA系统在数据采集、监控和过程控制中发挥关键作用。

⑤ 精益生产体系：实施"PM（生产维护）+TQM（全面质量管理）+JIT（准时化生产）+均衡生产+精益价值流+目视化+人机协同自动化+柔性生产"等精益生产方法，优化生产流程，提高生产效率和产品质量。

通过上述举措，福建泉工股份有限公司构建了以产品智能化、快速定制化、设计协同化、计划弹性化、制造柔性化、供应敏捷化、服务主动化、决策智能化为目标的精益数字化工厂。这种模式代表了未来自动生产线的发展方向,即将人工智能、大数据、云计算等先进技术与传统的生产制造相结合,实现生产过程的全面优化和智能化。值得注意的是,PLC 在自动控制系统中扮演着核心角色。PLC 具有强大的控制能力、高精度、高可靠性以及复杂的逻辑运算能力,能够满足生产线控制的各种需求。同时,HMI(Human Machine Interface)作为人机交互的界面,为操作人员提供了便捷的监控和操作平台。该案例表明,建设数字化智能工厂是制造业转型升级的重要方向。通过集成自动化控制系统,应用先进的数字化技术和精益生产方法,企业可以实现生产效率、产品质量和客户满意度的全面提升。

6.4.3 MES 系统在非蒸非烧墙体材料中的应用

MES 系统在非蒸非烧墙体材料的生产过程中,主要应用于生产过程控制、质量管理、物料跟踪以及设备管理等方面,旨在提高生产效率、降低成本并确保产品质量。结合非蒸非烧墙体材料的特性,MES 系统的应用可以体现在以下几个方面:

1. 物料管理与库存控制

MES 系统能够对非蒸非烧墙体材料生产过程中的物料进行精确管理,包括原材料的入库、领用、库存盘点以及成品的入库、出库等环节。对于掺有多种工业废料的非烧结砖,MES 系统可以跟踪每种废料的使用情况,实现对废料来源、批次、用量等信息的全面追溯,符合循环经济的理念。通过 MES 系统的库存控制功能,可以合理控制原材料和成品的库存量,避免积压或短缺,降低资金占用成本。

(1)库存管理

原材料库存管理对于制砖行业至关重要,而 MES 系统的应用不仅仅局限于简单的库存追踪,它在更深层次上优化了库存管理流程。MES 系统的库存管理功能包括以下几点(图 6-4):

① 实时库存监测:MES 系统能够提供对原材料库存的实时可见性,超越了传统库存系统的简单记录功能。通过集成物联网设备,如传感器和射频识别(RFID)标签,MES 系统可以精确跟踪每种原材料的实际库存量、到货日期、最后使用日期以及存放位置。这种实时监测能力使得企业能够迅速响应生产过程中的物料需求变化,减少因信息滞后导致的决策失误。

② 自动补货建议:MES 系统利用先进的算法和数据分析技术,能够基于当前的生产计划、历史消耗数据以及预测需求,生成自动化的补货建议。例如,系统可以根据生产排程自动计算所需原材料数量,并考量交付提前期,从而生成精确的采购订单建议。此外,部分 MES 系统还能够分析不同供应商的供货能力和价格,从而推荐最优的采购方案。这不仅减少了人工干预,还提高了补货的效率和准确性,降低了库存积压和短缺的风险。

③ 供应商关系管理:MES 系统整合供应商信息,维护详细的历史数据,有助于制造商优化供应链并与供应商协商更有利的合同条款。系统可以记录每个供应商的交货准

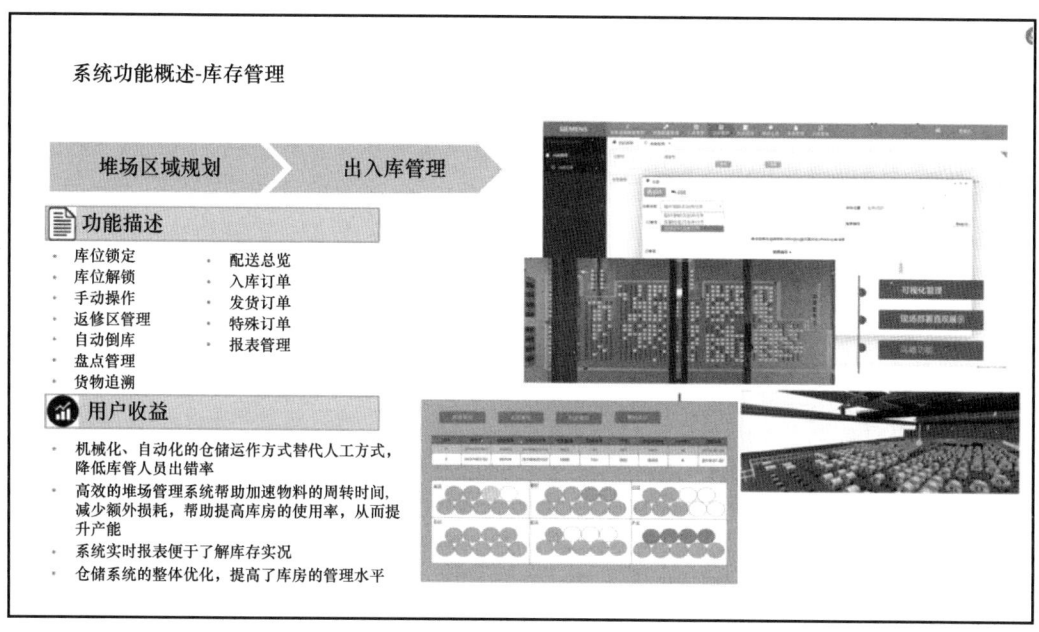

图 6-4 库存管理

时率、产品质量、价格波动等信息,从而评估其绩效。此外,MES 系统还能促进与供应商之间的信息共享,例如生产计划和库存水平,从而实现更紧密的协同和更高效的供应链运作。这种集成化的供应商关系管理有助于建立长期稳定的合作关系,降低采购成本,并提高原材料供应的可靠性。

(2) 原材料质量控制

MES 系统在原材料质量控制中扮演着关键角色,尤其是在制砖等对原材料质量高度敏感的行业中。其应用主要体现在质量参数监测、质量追溯和自动质量警报等方面。

① 质量参数监测:MES 系统能够连接各种质量控制设备,实现对原材料关键质量参数的实时监测,例如颗粒大小、含水率和化学成分。通过在线分析,系统可以智能控制水泥生料的质量。例如,在引擎的缸体和缸盖生产线上,MES 系统可以充分利用大量数据,通过调用合理的分布模型计算机器能力指数,从而预测产品质量并实现提前预警。当监测到任何异常情况时,系统会立即发出警告,提醒操作人员注意。

② 质量追溯:MES 系统不仅能够监测当前的原材料质量,还能记录每个原材料批次的历史数据。这种质量追溯能力为质量问题的溯源提供了有力的支持。例如,通过载体识别和评估模块以及质量追溯系统,可以解决因成本问题而无法建立生产履历的问题。区块链技术也为供应链管理提供了可追溯性和去中心化,增强了供应链的弹性。通过质量追溯,可以快速定位问题根源,采取纠正措施,避免类似问题再次发生。

③ 自动质量警报:当原材料的质量参数超出预设范围时,MES 系统会自动生成质量警报,并通知相关人员采取纠正措施。这种自动化的质量警报机制能够显著提高响应速度,减少因原材料质量问题导致的生产损失。为了确保警报系统的有效性,需要适当地分

配警报，并在参数偏离期望值过高时发出警报，从而避免不合格材料的生产。在风险管理中，通过传感器和自适应缓解措施，可以监测和调整过程变量，从而实现质量控制。

（3）供应链管理

MES系统在供应链中扮演着关键角色，通过优化不同环节来确保原材料的及时交付并降低库存成本。MES系统通过需求预测、供应链可视化和供应商绩效评估等功能，优化供应链管理，从而确保原材料的及时交付，降低库存成本，并提高整体运营效率。MES系统与各种信息技术相结合，对供应链管理起到了至关重要的作用。

① 需求预测：集成MES系统的供应链可以通过分析历史销售数据、市场趋势以及实时销售信息，运用先进的预测模型，实现更精准的需求预测。这使得供应商能够提前规划原材料采购和生产，避免因需求波动导致的短缺或过剩。通过精确的需求预测，企业可以优化库存水平，减少持有成本，并提高对市场变化的响应速度。

② 供应链可视化：MES系统能够构建供应链各环节的实时可视化平台，实现对物料流动的全面监控。制造商可以清晰地追踪从原材料采购、生产加工、库存管理到最终交付的全过程，及时发现潜在瓶颈。这种高度的可视化能力有助于快速识别并解决问题，例如，预测潜在的延迟交付并启动应急预案，从而确保生产计划的顺利执行。

③ 供应商绩效评估：MES系统可以集成供应商绩效评估模块，对供应商的交货准时性、产品质量、价格竞争力以及响应速度等关键指标进行量化评估。通过客观的数据分析，制造商能够识别表现优秀的供应商。此外，该系统还有助于建立更具韧性的供应链，通过引入备选供应商来降低依赖单一供应商的风险。

2. 生产计划和排程

MES系统的生产排程功能是制砖生产的核心环节，它通过优化生产顺序、实现自动化排程和平衡资源利用，显著提升生产效率和客户满意度（图6-5）。

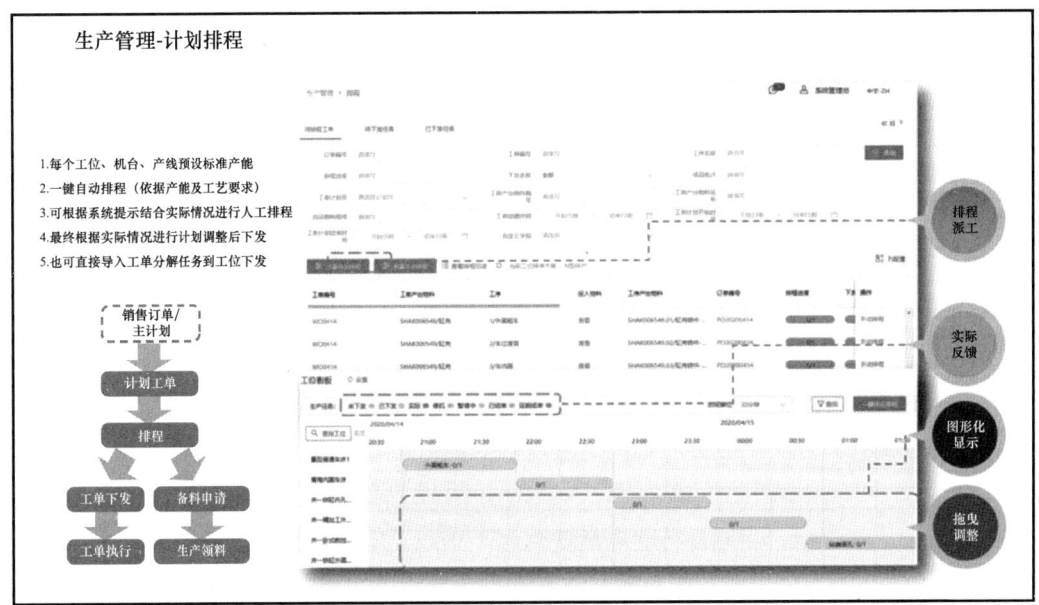

图6-5 生产管理-计划排程

(1) 优化生产顺序与降低生产成本

MES 系统利用智能算法，综合分析生产需求、设备可用性、物料齐套情况以及生产时间等多重因素，生成最优化的生产顺序。通过精确的排程，MES 系统能够有效减少产品生产周期，降低在制品库存，并最终降低生产成本。例如，通过合理的任务排序，可以减少设备调整时间，提高设备利用率。MES 系统还能根据实时数据，如设备状态、物料供应等，动态调整生产顺序，确保生产过程的流畅性和高效性。

(2) 自动化排程与增强排程灵活性

MES 系统具备自动化排程能力，能够根据实时变化（如新订单的下达、原材料交付延迟、设备突发故障等）自动调整生产排程。这种自动调整能力显著增强了排程的灵活性和对突发事件的反应速度，避免了因人工调整带来的延误和错误。例如，当某台设备发生故障时，MES 系统能够迅速将该设备上的任务转移到其他可用设备上，从而最大限度地减少对生产的影响。

(3) 资源平衡与提高整体生产效率

MES 系统能够协调各项生产任务，实现原材料的准时供应、设备的充分利用和员工的高效工作。通过对生产资源进行统一管理和优化配置，MES 系统能够避免资源浪费和瓶颈，从而提高整体生产效率。此外，MES 系统还能实时监控生产过程中的各项指标，如设备利用率、物料消耗率、人员效率等，为生产优化提供数据支持。

3. 配方管理与质量检测项目配置

配方管理与质量检测（图 6-6）是制砖生产中至关重要的环节。有效的配方管理能够确保产品的一致性和可重复性，而严格的质量检测则能保证产品符合既定的标准和规范。两者结合可以显著提高生产效率，降低废品率，并最终提升产品质量和客户满意度。

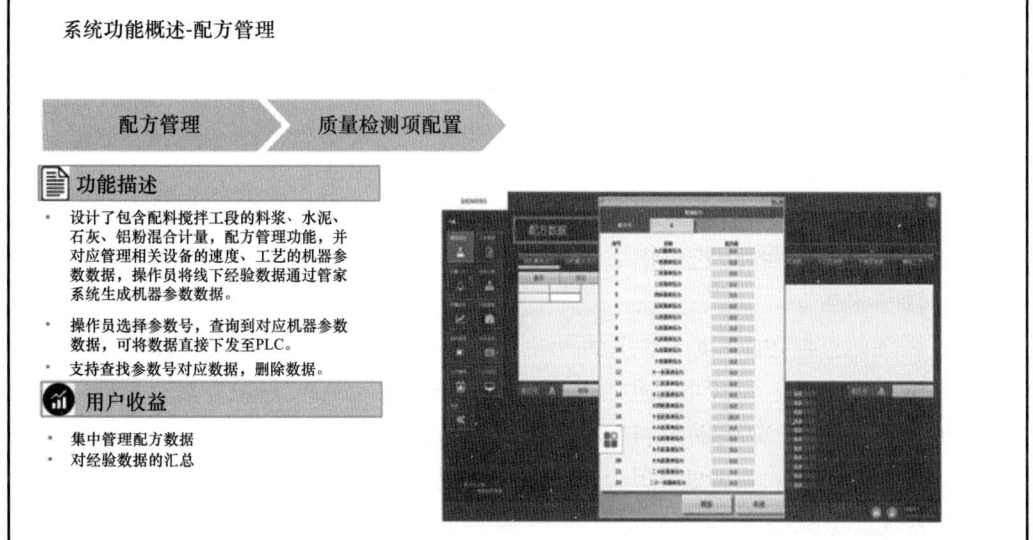

图 6-6 配方管理与质量检测

（1）原材料比例精准控制

MES 系统通过集成数据采集模块，能够实时监测各种原材料（如黏土、页岩、粉煤灰、石粉等）的流量、质量及配比。系统可设定目标配方，并根据实时数据自动调整各组分进料速度，确保混合物料的化学成分和物理特性符合预设标准。例如，若石粉湿度增大，MES 系统可联动烘干设备，或调整石粉用量，以保证混合料的干湿一致性。这种闭环控制显著提升了混合物料的均匀性和稳定性。

（2）混合过程智能化监控

MES 系统不仅限于简单的设备参数监控，还能实现对整个混合过程的深度管理。系统能够实时采集搅拌机转速、电机负荷、混合时间、物料温度、水分含量等关键参数，并将这些数据与预设工艺参数进行对比分析。一旦检测到设备运行异常（如搅拌机过载、温度超限等）或混合效果不佳（如物料结块、湿度不均等），MES 系统会立即发出警报，并提供潜在原因分析和处理建议。通过对历史混合数据进行统计分析，MES 系统能够识别影响混合效果的关键因素，并优化搅拌速度、混合时间、加水方式等工艺参数。

（3）质量追溯与批次管理

MES 系统将混合物料的制备过程与批次信息关联，实现质量追溯。一旦砖坯出现质量问题，可以迅速查明所用混合物料的配方、制备时间、操作人员等信息，为质量改进提供依据。

（4）生产调度与物料平衡

MES 系统与企业的 ERP 系统对接，可根据生产计划智能安排混合物料的制备任务，避免物料积压或短缺。同时，系统可以优化原材料的库存管理，降低仓储成本。

4. 质量管理

质量管理（图 6-7）是制砖行业的关键环节，而 MES 系统在这方面的应用可以大大提高生产效率。

（1）自动检测

MES 系统可以自动检测产品的质量问题，如裂缝、颜色不均匀或尺寸偏差。通过视觉识别系统和传感器，系统能够迅速检测并识别问题。

（2）实时质量数据收集

系统记录每块产品的质量数据，包括尺寸、含水率、颜色等。这些数据可立即用于分析和质量报告，为持续改进提供数据支持。

（3）质量报告

MES 系统的报告功能有助于制造商更好地理解产品质量趋势和问题的根本原因。

① 质量报告生成：系统可以生成定制的质量报告，包括产品质量统计数据、质量趋势分析和异常报告。这有助于制造商全面了解产品质量。

② 质量趋势分析：系统使用历史数据进行质量趋势分析，识别产品质量问题的根本原因。这为质量改进提供了方向。

（4）追溯性

质量追溯是法规合规性和质量保证的关键要素，MES 系统在这方面发挥了关键作用。

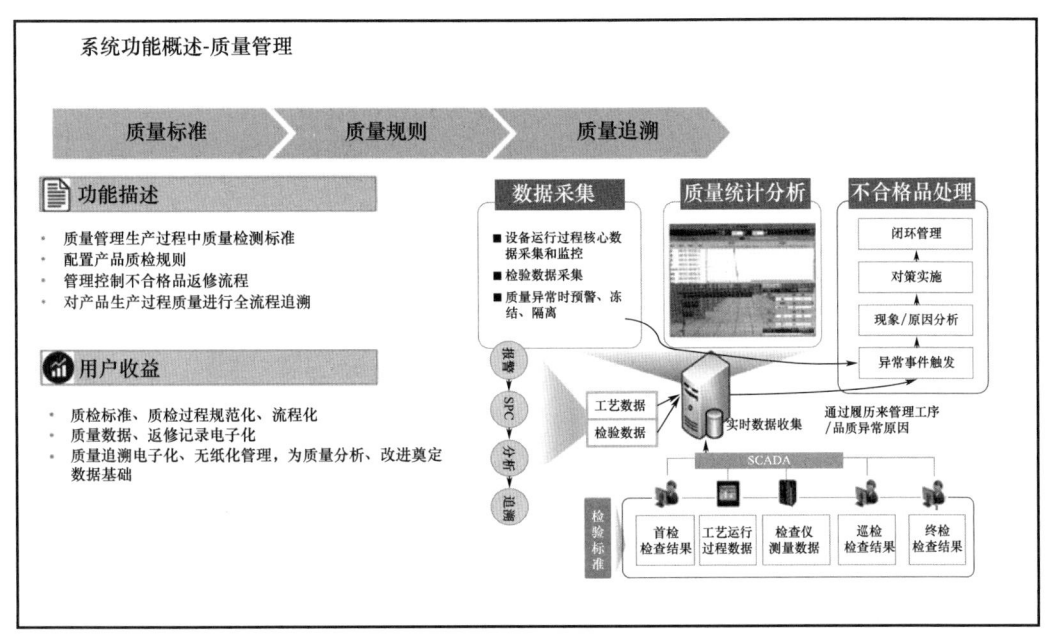

图 6-7　质量管理

① 追溯性数据记录：MES 系统确保每块产品都有追溯性，从原材料到最终产品都有记录，包括原材料批次信息、生产时间戳和操作员信息。

② 溯源查询：系统可以快速执行追溯查询，以确定产品的来源、生产过程和相关数据。这对于产品召回和质量问题的调查非常重要。

5. 能源管理

能源管理（图 6-8）是指通过系统化的方法来优化能源的生产、分配和使用，以达到节能减排、降低成本和提高能源利用效率的目的。它涵盖了从能源消耗的监测、分析到优化决策的整个过程，并借助先进的技术设备与系统来实现有效管理。在当前全球应对气候变化的背景下，能源管理对于实现碳中和目标至关重要。

（1）能源监测

能源管理是现代制砖生产的不可或缺的一部分，MES 系统在能源管理中的应用包括以下内容：

① 能源消耗监测：系统实时监测电力、燃气和水等能源的消耗。这有助于制造商了解生产过程中的能源成本以及能源消耗的分布情况。

② 能源效率分析：MES 系统使用数据分析技术，识别能源浪费和低效率问题。这有助于制造商降低能源成本和减少环境影响。

（2）合规性报告

制砖行业受到法规和标准的监管，MES 系统有助于确保行业合规性并生成相关报告。

① 合规性数据记录：系统记录生产过程中的数据，以确保符合法规和标准。这包

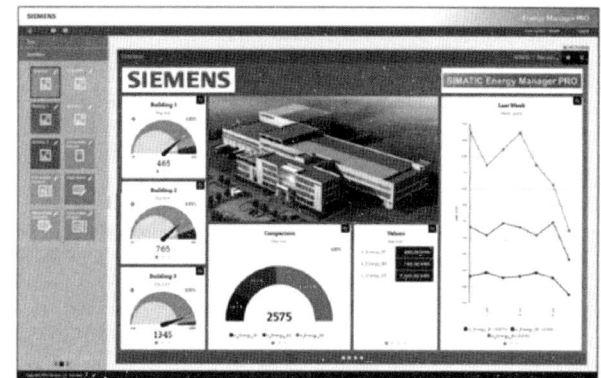

图 6-8 能源管理

括操作记录、生产参数和质量数据。

② 合规性报告生成:MES 系统可以生成合规性报告,用于审计和监管目的。这有助于制造商遵守法规,减少合规性风险。

7 墙体材料智能制造典型案例

7.1 轻质墙板生产线数字化解决方案

7.1.1 项目简介

轻质墙板生产线数字化解决方案以绿色轻质墙体材料智能制造技术及其装备的研发与应用示范为目标，着力突破信息技术和自动化控制技术在绿色轻质墙体材料生产全过程中的应用，建立新型绿色轻质墙体材料生产流程智能集成优化控制系统，实现效率与质量双重提升，达到节能降耗的目的。本项目案例由山东天意机械股份有限公司提供。

7.1.2 智能工厂建设

1. 智能工业传感器信息采集系统

绿色轻质墙体材料生产线上需要多种传感器，包括工件定位、液位高度及压力测量等。传感器信息获取技术已经从过去的单一化渐渐向集成化、微型化和网络化方向发展。该项目研制智能传感器，开发嵌入式软件平台，实现智能化的数据采集、数据处理等功能，具有物联网主流工业现场总线和无线通信功能，提高整机平均无故障时间和采样精度，满足低功耗设计要求且符合工业级应用要求。

生产线上数据类型众多，传感器数量众多，从传感器获取的原始数据需融合处理。与单一的传感器系统相比，多传感器融合系统容错能力强、可靠性高，从多传感器获取的信息具有互补性和关联性的特点。

2. 柔性生产及节拍均衡分析系统

生产系统的柔性是指其加工多种零部件、生产多样化产品的能力。这种能力与系统设计时确定的设备与运输系统等硬件有关，也与生产管理中各种计划决策相关。柔性生产系统配有质量检测和反馈控制装置，工序集中，可以减少加工时间，易于和管理系统、技术信息系统及质量信息系统结合，实现高度自动化，在生产效率、生产质量和产品多样化等方面具有优势。

该柔性生产系统中检测环节的执行使得生产线中的不确定性因素对产品质量的影响降低，并找出能够改进生产线效率的相关思路与方法，进行生产节拍的平衡，减少生产线整体的作业过程浪费，达到提高作业效率的目的。

3. 基于物联网架构的设备互联系统

该系统构建一个庞大物联网络，局部采用多种通信方式，生产线上的各类传感器采用 ZigBee（或 WiFi）通信，各个工位之间采用 CAN 通信，通过以太网组网汇总数据到监控中心。

生产线各个阶段需要对多源、海量状态信息进行感知及监控，需要在控制成本的前提下，构建由大量无线传感器网络节点组成的网络，建立节点与现场物理实体之间长期稳定有效的关联，通过实时信息的交互，达到全面监控。各种类型的传感器作为系统的"触手"，全面感知生产线状态，进行相关数据采集并处理，用户可远程监测生产线状态，不受地域限制。

7.1.3　智能生产运行状况

1. 生产线动态监测信息追溯系统

绿色轻质墙体材料生产过程的信息感知主要是指生产线各阶段状态的数据采集，涉及生产执行状态、生产质量管理等方面。基于 RFID 电子标签技术，实现绿色轻质墙体材料生产从组装、喷脱模剂、穿芯、铺设网格布、浇注下料、压槽清理到抽芯、开模、出板所有工序的全过程追溯，从而进一步提高产品生产安全和质量。

2. 生产线优化控制与智能决策系统

该项目建立了面向用户的绿色轻质墙体材料智能制造技术及其装备的数据分析、决策平台，实现了轻质墙体材料智能制造技术及其装备运行状态的在线推理、诊断以及控制参数的全程监测，建立了典型轻质墙体材料智能制造技术及其装备全系统工作流程的系统模型，并对其进行优化设计，提高轻质墙体材料智能制造技术及其装备的信息处理和决策能力。

轻质墙体材料智能制造技术及其装备统筹管理系统解决了不同设备间的兼容性问题，实现了关键设备远程信息传输及关键参数调整，通过物联网实现对关键设备工作过程中相关数据的理解与分析，通过大数据决策系统进行轻质墙体材料智能制造技术及其装备协同作业管理，合理规划作业进度，提高效率，降低成本。

3. 生产线故障诊断实时监控系统

关键生产设备及工序运行情况直接影响生产顺利进行及产品质量，其状态需要实时检测，以便及时发现异常并做出处理，避免事故发生。连续监测关键性能参数可以有效地实现异常检测和故障预防，性能参数监测的实时性保证了异常监测和故障排查的精确性。利用大数据技术可有效获取、传递、处理和利用检测信息，实现对给定环境下的被测系统特征参数的状态识别和状态预测。对于绿色轻质墙体材料生产这样的复杂系统，智能检测技术是实现对其综合管理的关键，可以提高异常检测和故障诊断的精度和鲁棒性。

该项目将异常信息问题转化为相似性视频检测来解决，对关键生产设备、场景等的正常状态，采集相应的视频段，作为标准或者参考视频。在整个生产过程中，对关键生产设备、场景等持续采集视频段，采用张量模型、度量学习等技术，将所采集的视频段与代表正常状态的标准视频或者参考视频进行相似性检测与比较，如果相似性低于一定的阈值，即可判定出现了异常，进行自动报警。

7.2 精益生产智能制造云服务平台

7.2.1 项目简介

该项目利用智能装备的先发优势，协同"精益生产+实时协同+数据驱动+自动决策"，构建"软硬一体"与"业财一体"双链路的智能智造架构，实现了单工厂聚合式运营管理和多工厂分布式运营管理。项目以智能制造理念提升整体制造能力，建立符合订单结构的柔性化敏捷化生产机制；基于工业物联思维整合业务数据，打破信息孤岛，建立制造营运管理平台，支持定制化开发和面向未来的扩展。本项目案例由福建泉工股份有限公司提供。

7.2.2 智能工厂建设

1. 总体设计

MES 自研系统分步开发并上线各个功能模块（图 7-1），重构了生产管理模式，有效实现降本增效。MES 系统基于装备制造行业的管理特点，结合企业个性化管理需求，以可落地为首要原则进行设计开发。项目建立了智能生产数字化系统，以智能制造 MES 系统及车间无纸化图文管理系统辅助制造现场并开展业务。

MES 与关键系统全面集成，赋能 ERP、OA，形成完善的业务闭环。以泉工 MES 系统为例，该系统以实现规范、效率、准确性、无纸化、有序排产、可视化管理及成本核算便利性等目标展开系统开发。建立了智能生产数字化系统，以智能制造 MES 系统及车间无纸化图文管理系统辅助制造现场并开展业务（图 7-2）。

电子图纸的导入可替代传统纸质图纸，加速图纸发放、变更、回收效率，并加强了图纸的保密和溯源管理。电子工艺卡片取代传统的纸质工艺卡，使操作指导更直观，操作使用更高效。装配动画 SOP（标准作业程序）实现了以动画形式展示装配标准操作程序，为员工培训和生产操作提供了直观的指导和支持。电子化派工及报工有利于生产管理者与车间现场进行实时交互，掌控生产实时进度，提高生产信息及物料的流通效率。

制程检验无纸化可以及时传递产品质量信息，提高质量信息统计效率，加强了质量信息的可追溯性。物料管控系统能监测物料在生产过程中的流动和转移，集成 ERP 自动生成物料流转单据，提高物料流转效率。工艺工时核算管理在统计和评估每个工序的工艺工时的同时，帮助企业了解生产周期和成本结构，提高了产能分析的准确性和利润水平。物料齐套分析管理则实现了对可能存在的物料短缺和供应风险的预测和预防，及时采取措施保证物料的及时供应，避免因物料缺失而影响生产进度和质量。

图 7-1　MES 系统架构图

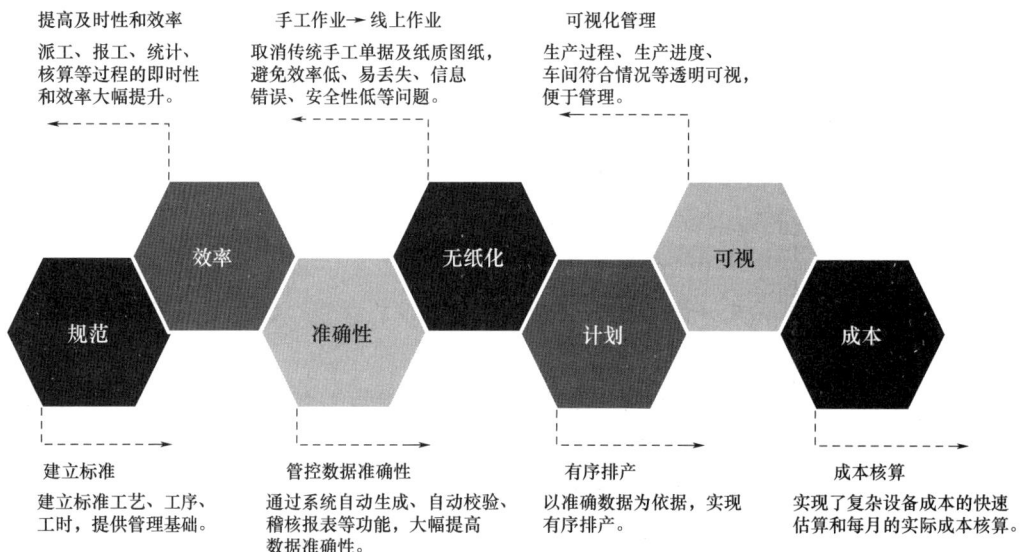

图 7-2　MES 系统业务简介

2. 物联网控制系统

物联网控制系统可提高设备的智能化运维水平,将分布在全球各地的砖机等设备的运行数据通过互联网实时采集到云平台上。授权用户登录云平台就可以对全球范围的设备分布、状态进行监控和远程调试。工程师能够远程对设备进行诊断调试,随时了解设备的运行情况和历史维修情况及售后服务情况,辅以远程视频和远程控制,实现对设备的预测性维护。

SaaS 模式（Software as a Service,软件即服务）应用平台（图 7-3）是利用云技术、数据协议通信技术、移动互联网技术、装备数字化建模与仿真、大数据等技术,对企业装备运行数据与用户使用习惯等数据进行采集和分析处理,智能装备云服务平台数据通过数据采集点汇集并接入到数据采集器,采集器对采集接入的数据进行校验整合,并按照标准编码要求,进行编码与加密,上传到云服务平台数据中心。智能装备云服务平台对于工程机械、注塑机械、石材机械、包装机械等典型行业也有非常好的示范作用。

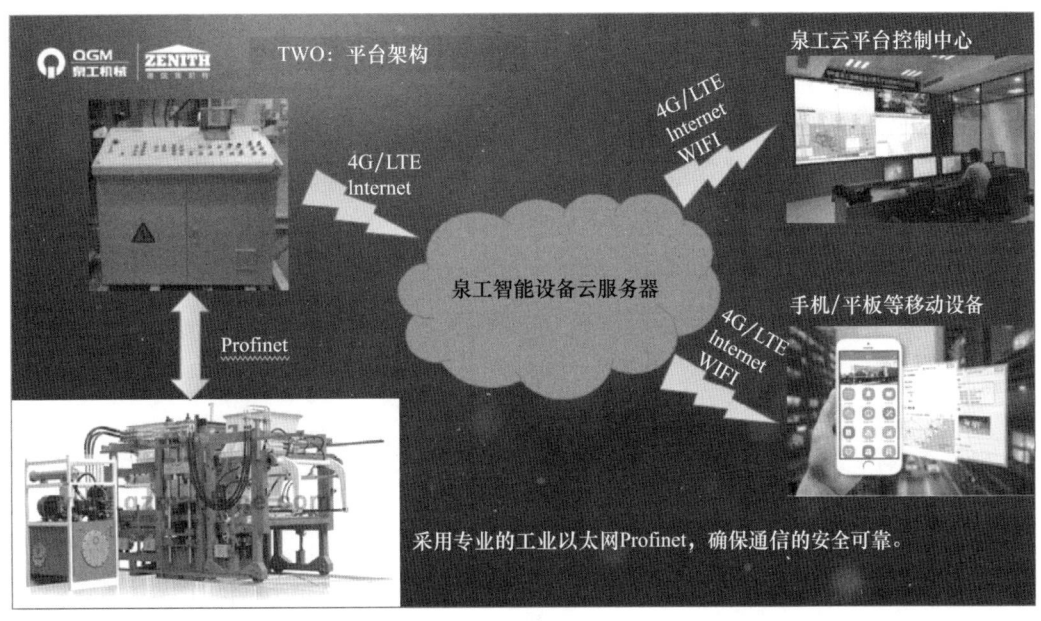

图 7-3　SaaS 应用平台

砌块生产线的数字孪生系统是指以数字化方式拷贝现实中的砌块生产线,模拟砌块生产线在现实环境中的行为动作,对生产线的设计、工艺、制造乃至整个制砖工厂进行虚拟仿真,从而提高产品研发、制造的效率,提前预判出错的可能,实现节约生产成本和降低生产损耗的目的,达到"黑灯工厂"的效果。

总体设计如下:首先进行设备同步,就是以真实的生产线为基础,引入智能设备和传感器;然后以真实生产线为基础搭建一套虚拟生产线,通过对真实生产线上的每一台设备进行 3D 建模,并将建好的设备 3D 模型放到虚拟的场景内,接入真实数据,实现真实生产线和虚拟生产线一一对应,形成数字孪生系统（图 7-4）;最后是进行数据同步,真实的生产线通过 PLC 驱动,让设备实现一些既定动作。通过采集 PLC 数据来驱动虚拟环境下的相应设备模型，进行同样的既定动作，实现真实设备与虚拟设备的实时联动。

图 7-4　数字孪生系统

3. 智能安全系统

泉工股份设置了事件通知机制，可以在信息化平台上报现场异常情况，或由设备故障自动触发，相关责任人在平台上接收异常任务并处理或委托他人处理，支持多级循环处理，直至异常处理完成关闭或再重新指派进行处理，如图 7-5 所示。同时，泉工股份日常定期识别内部危险源，通过信息化平台跟踪推进问题的整改。消防系统引入进行二维码扫码点检，通过信息追踪管控，确保不漏检。

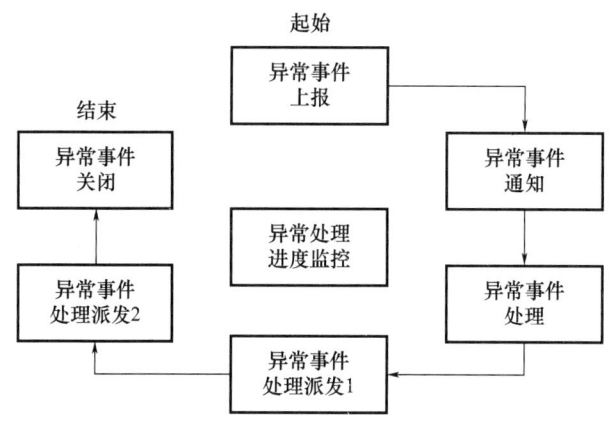

图 7-5　智能安全系统

泉工股份以持续建设数字化智能工厂为目标，不断完善数字化中心（公有云 + 私有云 + 混合云）、工业互联安全体系（新一代防火墙、主动威胁感知、零信任、数据防泄露等工业安全技术）、自动化生产中心（大型数控加工中心 5 台、大型自动焊接中心 2 台、焊接机器人 5 台、自动化立体仓库 1 套、AGV + 物流机器人若干、AI 视觉检测技术）、设计制造一体化协同平台（CRM + PLM + CAE + CAM + ERP + APS + MES + SCADA + SCM + WMS + WCS + BI + 参数化设计 + 数字孪生）、精益生产体系（PM + TQM +

JIT+均衡生产+精益价值流+目视化+人机协同自动化+柔性生产）、云服务平台（远程监控、安装管理系统、主动服务），实现以产品智能化、快速定制化、设计协同化、计划弹性化、制造柔性化、供应敏捷化、服务主动化、决策智能化为目标的精益数字化工厂。

7.2.3 智能生产运行状况

某公司的建筑垃圾资源化利用项目总占地面积72.27亩，总建筑面积$25948.5m^2$，处理对象以建筑垃圾为主，设计处理规模为每年50万t，主要处理建筑垃圾生产墙体标砖、空心砖，以及市政路面砖、植草砖等水泥制品，制砖生产线采用福建泉工德国原装策尼特ZN1500全自动高位窑生产线。

1. 制砖工艺流程

（1）原料储备装载

原材料采用库存的形式进厂后分别进入料库储存备用。普通硅酸盐水泥进厂后打入料仓水泥筒仓使用及备用；骨料在使用时由装载机从物料储存料库装取，并运至配料仓卸入，再根据需求将物料装入相应的配料仓中。

（2）配料搅拌

按照混凝土制品的相关工艺配方，对原材料分别计量，各级骨料由配料系统计量后，由输送皮带将物料输送到骨料搅拌机的提升斗，再由提升机提至骨料搅拌机，水泥通过螺旋输送机输送至水泥计量秤计量后卸入搅拌机。物料进入搅拌机后先干搅一定时间（根据物料调整），然后，水控制系统计量注入一定的小剂量水，搅拌机自动开启搅拌，1~2min后，通过湿度测试仪对物料拌和物进行自动水量调节，即可出料并使用皮带输送机运至主机的骨料斗。

（3）面料配料搅拌

按照面料层的相关工艺配方，对原材料分别计量，各级面料由配料系统计量后，输送皮带将物料输送到面料搅拌机的提升斗，由提升机提至面料搅拌机，水泥通过螺旋输送机输送至水泥计量秤计量后卸入搅拌机。物料进入搅拌机后，操作程序与配料搅拌相同。

（4）制品成型

拌和好的骨料被运至混凝土制品成型主机后，骨料从料斗下到料车中，料车将骨料输送到模框上进行布料，经振动成型后，砖（砌块）坯体初步成型。随后，主机执行脱模动作，将砖从模框中脱模，再由成型机的送板机将制品（含托板）送出到降距站上。当生产带面料层的砖时，须使用面料机的二次布料打拌，拌和好的面料被运至混凝土制品面料机。完成骨料布料后，压头执行预压动作，面料斗下料到面料车，面料车将料输送到模框进行二次布料，上下振动并加压成型，砖（砌块）坯体进一步密实成型后，主机执行脱模动作，将砖从模框中脱模，再由成型机的送板机将制品（含托板）送出到降板机上。

（5）产品从主机输出

降板机下降将制品（含托板）放置到湿产品输送机上，湿产品输送机将砖输送到升板机。湿产品输送机中段设置有清扫器，经过清扫器将砖（砌块）坯体表面的浮渣清扫干净，产品输送至升板机后，即进入下一个工序养护工段。

（6）制品转运养护

制品（含托板）进入升板机，当两块托板完全进入承载支板后，升板机将通过链条转动自动升起一层，直至装满十二层，在最底层开始进入升板机承载支板时，多层叉板子车开始驶进升板机内，待最底层完全进入升板机后，多层叉板子车一次将24板砖（砌块）全部从升板机上取出，子车满载制品后倒退驶进转运母车，子车在母车上柔性定位停稳后母车启动，母车携带子车及制品运动至养护窑窑道入口处柔性定位停止。通过母车定位装置使母车轨道与养护窑轨道对齐，子车再次启动驶入养护窑将托板及其承载的制品送入养护窑中，利用蒸汽养护系统使得制品在一定的湿度和温度下养护10h，再由子车将制品取出，母车将装载养护好制品的子车送至降板机处柔性定位停稳后，通过母车定位装置使母车轨道与降板机轨道对齐，子车启动将制品送至降板机中，然后子车返回母车。最底层的制品（含托板）由子车直接放置到纵向节距输送机上，纵向节距输送机将两板制品（含托板）分开输送到后续的工位，降板机下的制品完全输出降板机后，降板机再次下放一层制品，直至降板机里的制品完全输送出来，制品在干产品输送机上流转，依次通过预夹、预码垛（需求时动作）、码垛工位。

（7）码垛打包

托板上的砖经预夹装置将整板砖合拢，消除中间的间隙，标砖、路面砖通过预码垛装置将两层砖先叠起来，制品（含托板）输送到码垛位，通过码垛机将制品与托板分离，码垛机将砖转移到重型输送链的托盘上进行码垛，空托板在干产品输送机上继续流转，通过刮板机、栈板刷等方式清除托板上的残料，然后转入横向节距输送机。码垛好的砖（含木托盘）通过重型链流转到薄膜打包工位，打包机旋转臂围绕砖垛360°旋转将打包薄膜覆至砖垛竖向外表面。打包好的砖垛（含木托盘）通过重型链输送到成品输送工位，等待叉车转运到产品堆放区。打包好的产品垛由转运叉车人为送至成品自然养护堆场。砖（砌块）在养护堆场自然养护28d后，可检验出厂。

（8）托板回用

使用后的托板经由干产品输送机输送到横向节距输送机上，横向节距输送机上设置有翻板机，可将托板进行翻面，使托板两面轮流使用，提高托板的使用寿命。翻板后的托板输送到送板机的板仓中，等待继续使用。

（9）托板缓存

在横向节距输送机上设置有一个托板缓存的工位，配置有托板码垛机及托板输送装置，作用为在开始生产时将托板自动添加到生产线中及在紧急情况下将生产线中的托板转运出来。

2. 生产线特点

配料系统、搅拌系统、生产线成型系统分为三个独立的车间进行隔离，不同系统车间的生产环境互不影响，使各操作区域能够高效运营。骨料输送、搅拌系统做外封包装及除尘措施，主机设计隔声降噪房，达到降噪防尘的效果。对不同生产系统进行有效隔离，通过架设过桥及门有效连通各个车间，保证了各作业区的安全操作。

智能装备云服务平台应用基于工业以太网的系统网络通信方式，实现了远程运维及信息化的采集和管理。采用西门子高端带安全型的PLC及高性能模块，对生产过程进行控制，保证人员设备安全。主机设备上可扩展混色功能、劈裂功能、侧模开合功能、抽芯（抽板）装置、水洗装置、泡沫装置等，实现制砖的多样性。

7.3 蒸压砖智能制造生产线

7.3.1 项目情况简介

蒸压砖智能制造项目是面向新型建材行业的数字化转型工程，旨在通过工业互联网、大数据技术等打造集智能生产、绿色制造与全流程管控于一体的现代化蒸压砖生产线，推动传统建材行业向高效、低碳、智能化方向升级。蒸压砖生产全流程采用智能协同系统，动态优化配方，远程控制生产线，实时监控生产故障并诊断修复。本项目案例由东岳机械股份有限公司提供。

7.3.2 智能工厂建设

1. 智能化生产装备控制系统

蒸压砖的智能制造生产线依次由原料制备系统、石灰处理工段、钢筋网笼制备系统、配料浇注系统、预养—翻转—切割系统、编组入釜和釜前预养系统及出釜—成品分辨打包系统组成。

（1）原料制备系统

首先将砂子或粉煤灰等物料加到四仓料斗内，分别通过皮带计量后由皮带输送机输送至球磨机进行研磨（水通过流量计及调节阀控制，保证料浆的水料比），研磨后的料浆细度要求达到180目以上，然后进入球磨机后的制浆池内（图7-6），由渣浆泵将研磨好的料浆输送到料浆罐内储存待用，料浆罐区域分为三个原浆罐和两台废浆罐。

（2）石灰处理工段

将块状石灰加入到石灰料斗内进行破碎（图7-7），然后通过斗式提升机将破碎后的块状石灰提升至粒状石灰仓内储存待用，整个过程配备收尘系统，由干式球磨机将粒状石灰研磨至200目细度，然后通过提升机提升至粉状石灰仓内储存待用（水泥通过水泥罐车输送至水泥仓内储存待用）。

图 7-6　原料制备系统

图 7-7　石灰处理系统

(3) 钢筋网笼制备系统

将盘圆钢筋通过全自动网片焊机进行调直、切断、焊接等加工处理（图 7-8），焊接完成后的钢筋网笼经防腐烘干后储存待用。完成拔钎后的网笼框架及钢钎经调整清理后进行网笼挂网组装，组装后的网笼框架由摆渡车及网笼框架输送机输送转运至插钎工位，然后由插钎吊运行车对等待浇注好的模框进行插钎。

图 7-8　钢筋网笼制备系统

(4) 配料浇注系统

精确计量后的物料自动配比，在浇注搅拌机高速搅拌下充分混合后，浇注搅拌机下方的气泡梳理机下降至模箱内,料浆浇注过程中(图7-9),气泡梳理机进行振动并缓慢提升,使料浆内的气泡均匀分布。生产板材时,浇注好的模箱通过浇注摆渡车转运,经摩擦轮传送至插钎位置,将制备好的网笼安放到模箱内完成插钎,继续运送至预养室。

图7-9　配料浇注系统

(5) 预养—翻转—切割系统

完成插钎后的模箱由摩擦轮运输至预养摆渡车上,通过高速预养摆渡车转运到空模箱位,坯体经过发气、初凝、硬化等过程完成预养(图7-10)。当生产板材时,坯体出预养室后首先经过拔钎工序,即将框架和钢钎从模具中拔出。卸载后的框架连同鞍架返回。拔钎后的模具运行至脱模位置,由空翻脱模机完成坯体脱模并精确置放在1号切割小车的定位锥销上,之后空翻脱模机将空模箱与侧板回程系统上清理完成的侧板进行重新合模。合模后的模箱返回至模箱返回轨道,继续进行下一循环的涂油与浇注。

图7-10　预养—翻转—切割系统

对于坯体而言,首先由侧面切割机中的破碎刀、粗刀、精刀对坯体侧面进行切割,同时对板材槽口进行加工,然后经过水平切割机对板材及砌块厚度进行精确切割(生产板材时配备板材刮刀,调节侧面切割机的刮刀行程,可以满足400~600mm尺寸的产品生产制造需求),切割后的坯体输送至垂直切割机下方进行垂直切割,垂直切割机框式摆动切割单元为固定式,靠坯体提升完成切割需要的相对运动,从而保证切割的耐久精度和重复精度(切割后的顶皮由真空吸罩吸起,待坯体移走后,掉至切割沟内回收利用)。

（6）编组入釜和釜前预养系统

釜前由半成品搬运机将坯体搬运至蒸养小车上，再由釜前摆渡车转运至预养室前进行编组，然后由牵引机将完成编组的蒸养小车牵引至预养室等待入釜（图 7-11），入釜完成后开始蒸养，蒸养过程中通过全自动蒸养设备对蒸压釜进行配气。

图 7-11　编组入釜和釜前预养系统

（7）出釜—成品分掰打包系统

坯体完成蒸养后，首先对蒸压釜进行排气降压，然后由出釜牵引摆渡车将蒸养完成的小车及坯体拉出，转运至回车轨道上（图 7-12），再由牵引机传送至卸载分掰位置，由成品搬运吊机将单模坯体搬运至侧板回程系统上，侧板回程系统将坯体输送到分掰机下进行分掰，之后继续由侧板回程系统将坯体输送至单模夹具下，由单模夹具夹送至并垛平台上，然后将侧板吊运至存放区备用。在生产板材时，侧板上的废料由废料处理系统进行回收清理。两模坯体夹送完成后，由并垛平台进行并垛，双模夹具将并垛完成的坯体夹送至砌块输送链条上（板材经夹送机搬运至板材输送线或转运车上由叉车下线）。由自动打包机对砌块进行分批打包，最后由叉车下线至成品摆放区。

图 7-12　出釜—成品分掰打包系统

2. 本套生产线控制系统的关键技术

（1）自动化控制

使用先进的自动化控制系统，包括 PLC（可编程逻辑控制器）和传感器网络，实现对生产过程的精确监控和调节，确保原材料混合、发泡、浇注、固化等各个环节的自动化和精准控制。

（2）精准控制配料系统

通过流量计、配料秤等设备，实现对原材料配比的精确调控，确保混凝土配合比的准确性和稳定性。

（3）搅拌、发泡、浇注工艺的控制技术

该技术包括搅拌时间、搅拌速度、搅拌温度等参数的自动调控，发泡剂的添加量、发泡时间和发泡均匀性控制以及浇注速度、振动频率和强度的控制技术，是智能生产的关键环节。

（4）配备质量检测系统

该系统对生产过程中的关键参数进行在线监测和实时反馈，及时发现和解决问题，确保产品质量符合标准要求。

3. 高强度蒸压加气混凝土生产线控制系统

高强度蒸压加气混凝土生产线控制系统是一个复杂的自动化系统，涵盖了从原料处理到产品成型的整个生产过程。该系统包括控制中心、传感器、执行器、通信网络和电气系统等关键部分。

控制中心由 PLC（可编程逻辑控制器）、SCADA 系统（数据采集与监控系统）和 HMI（人机界面）组成。PLC 是整个系统的核心，通过编程实现对生产线各环节的自动控制，具备逻辑控制、数据处理、通信功能、故障诊断与报警功能。SCADA 用于对整个生产过程进行实时监控和数据采集，并将采集到的数据存储在数据库中进行统计分析，同时具备报警管理和报表生成等功能。HMI 则是操作人员与控制系统的桥梁，操作人员可以通过触摸屏或计算机界面设置生产参数，如温度、压力、配料比例等。

传感器和执行器是控制系统的重要组成部分，负责将物理信号转化为电信号并执行控制指令。如温度传感器用于监测生产过程中的温度变化，压力传感器用于监测设备的压力，流量传感器用于监测水、气体和浆料的流量，液位传感器用于监测容器的液位。执行器如电动阀控制流量，电动机驱动设备，气缸控制机械臂和切割机，加热器控制生产过程中的温度。

网络通信系统通过各种先进的通信技术，实现各控制单元之间的数据传输和信息共享，确保生产过程的高效协调和实时监控。VPN（虚拟专用网络）技术用于远程监控和故障诊断，确保数据传输的安全性和可靠性。通过高级加密标准（AES-256）和多因素认证（MFA），网络通信系统有效防止未经授权的访问和数据泄露。使用 TCP/IP、IPsec、OpenVPN 和 SSL VPN 等协议，实现数据传输和设备互联。网络安全措施如防火墙、入侵检测系统（IDS）和入侵防御系统（IPS）确保生产线的安全运行。

电气系统是保障设备正常运行的基础设施，包括电源、配电柜、电气保护装置和电气控制单元。电源系统提供稳定的电力供应，包括主电源、备用电源和不间断电源（UPS）。配电柜用于分配和管理电力，具备电气保护功能。电气保护装置如漏电保护器、过载保护器和短路保护装置，防止电气故障对设备和人员造成伤害。电气控制单元通过接收传感器的数据，控制执行器的动作，实现生产过程的自动化控制。

现代化的电气系统和网络通信系统通常配备了先进的监控与诊断功能，通过 SCADA 系统和各种监控工具，操作人员可以实时监控系统的运行状态并及时处理异常情况。定期的维护与保养确保系统长期稳定运行。高强度蒸压加气混凝土生产线控制系统的主要优点是提高生产效率和产品质量，减少生产成本，提高工作效率，减少人工操作。然而，控制系统也面临一些挑战，如需要处理大量数据、准确监测和控制各种参数，以及在恶劣环境下稳定运行等。随着技术的发展，未来的控制系统可能会更加智能和互联，通过人工智能和机器学习技术自动优化生产过程，并通过物联网技术实时监控和控制生产线的各个环节。

4. 基于 VPN（虚拟专用网络）的生产线远程监控与故障诊断

基于 VPN 的生产线远程监控与故障诊断技术在高强度蒸压加气混凝土生产线中，应用极为广泛。VPN 技术通过在公共网络上建立加密通道，实现了生产线与远程监控中心之间的安全通信，使得远程操作、监控和故障诊断成为可能。在具体的生产线远程监控应用中，操作人员通过 VPN 客户端连接到企业的内部网络，然后登录 SCADA 或 HMI，实时查看生产线的运行状态。这种远程监控方式极大地提高了管理和维护的灵活性。无论操作人员身处公司内部的控制室，还是在外地的分支机构，甚至在家中，都能够实时监控生产线的各项参数，如温度、压力、流量、设备状态等，及时发现和处理异常情况。远程监控不仅提高了工作效率，还减少了现场操作的风险和成本。

在故障诊断方面，技术人员基于 VPN 技术，可以通过远程连接，直接访问生产线的控制系统，进行故障诊断和排除。在远程诊断过程中，技术人员可以查看设备的运行日志、历史数据和实时状态，通过对比分析，快速定位故障原因。在某些情况下，技术人员可以通过远程控制，对设备进行重新配置或重启，解决问题而无需到现场。基于 VPN 的远程监控与故障诊断还支持专家系统的应用。当生产线出现复杂故障时，企业内部的技术人员可能无法独立解决，这时可以通过 VPN 连接，邀请设备供应商或外部专家进行远程协助。专家通过 VPN 连接到企业内部网络，访问生产线的相关数据和系统，提供专业的诊断和解决方案。

基于 VPN 的远程监控与故障诊断技术还具有很强的扩展性和兼容性。随着物联网和工业 4.0 技术的发展，越来越多的生产设备具备联网功能，能够通过互联网进行数据传输和远程控制。VPN 技术可以与这些设备无缝集成，为其提供安全的通信通道。此外，VPN 技术可以与云计算、大数据分析等先进技术结合，通过对生产线数据的实时分析和处理，提供更加智能化、精细化的监控和故障诊断服务。例如，通过云计算平台，企业可以将生产线的海量数据上传到云端，利用大数据分析技术，对生产过程进行全面的监控和优化，及时发现潜在的故障隐患，并提出预防性维护建议。

在未来，随着网络技术和工业自动化技术的不断发展，基于 VPN 的远程监控和故障诊断技术将进一步得到完善和推广。可以预见，基于 VPN 的远程监控与故障诊断技

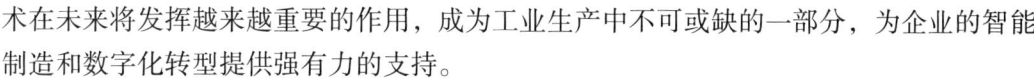

术在未来将发挥越来越重要的作用,成为工业生产中不可或缺的一部分,为企业的智能制造和数字化转型提供强有力的支持。

7.3.3 智能生产运行状况

1. 智能生产线工艺流程

高强度蒸压加气混凝土生产线的运行状况是一个复杂而精密的过程,涉及多个环节的紧密配合和协调。整个生产线通常由原料准备、配料、搅拌、浇注、静停、切割、蒸养等多个步骤组成,每一个环节都需要精确的控制和监测,以确保最终产品的质量和生产效率。

首先,原料准备阶段包括石灰、水泥、石膏、铝粉和其他添加剂的储存和预处理。石灰和水泥需要经过破碎和磨细处理,以确保颗粒的均匀性和反应的充分性。石膏在使用前需要进行干燥处理,以防止在生产过程中产生多余的水分。铝粉作为发气剂,其质量和用量直接影响到蒸压加气混凝土的孔隙结构和强度,因此需要特别注意其纯度和粒度分布。

接下来是配料和搅拌阶段,各种原材料按照一定的比例通过自动化配料系统进行精确计量和混合。在这个过程中,PLC 和 SCADA 系统发挥着重要作用。PLC 控制系统通过预先编写的程序,自动完成各原料的计量和输送,并将数据传送到 SCADA 系统进行实时监控和记录。搅拌是一个关键环节,搅拌时间和速度的控制直接影响到料浆的均匀性和发气效果。通常,搅拌时间控制在数分钟内,搅拌速度则根据料浆的黏度和温度进行调整。搅拌完成后,料浆被输送到浇注机进行浇注。

浇注是蒸压加气混凝土生产的重要步骤,料浆在浇注机中均匀地注入模具。在这个过程中,必须确保料浆的均匀分布和无气泡,以防止成品中出现孔洞或裂纹。浇注完成后,料浆进入静停阶段,静停时间通常为数小时。在静停过程中,铝粉与碱性物质发生化学反应,释放氢气,形成均匀分布的气泡,使料浆膨胀并逐渐凝固。静停时间的长短和环境温度、湿度密切相关,需要通过温控系统进行精确控制。静停结束后,半成品进入切割阶段。切割机通过多刀系统将大块料坯切割成所需规格的砌块或板材。在这个过程中,切割精度和速度至关重要。切割精度直接影响到成品的尺寸和外观质量,而切割速度则影响到生产效率和设备的磨损。切割完成后,料坯进入蒸养车间进行蒸养处理。蒸养是通过高温高压的蒸汽环境,使蒸压加气混凝土的强度和稳定性得到进一步提升。蒸养时间通常为数小时,具体时间根据产品的规格和质量要求进行调整。在蒸养过程中,蒸汽压力和温度的控制非常关键,通过自动化控制系统进行实时监测和调节,以确保蒸养效果。

蒸养完成后,成品通过脱模、检验和包装等工序,最终成为合格的蒸压加气混凝土产品。脱模时,需要注意防止对成品造成损坏,检验环节则包含尺寸测量、外观检查和强度测试等,确保每一块蒸压加气混凝土产品都符合质量标准。包装环节通常采用自动化包装设备,将成品整齐堆放并固定,便于运输和存储。整个生产过程中,电气系统和网络通信系统提供了坚实的保障。电气系统通过配电柜和各种电气保护装置,确保生产设备的稳定运行和安全操作。网络通信系统通过工业以太网和 VPN 技术,实现各控制单元之间的数据传输和信息共享,确保生产过程的高效协调和实时监控。

2. 数据的实时采集和分析

在现代化的蒸压加气混凝土生产线中,数据的实时采集和分析是提高生产效率和产品质量的重要手段。通过 SCADA 系统,操作人员可以实时监控生产线的运行状态,及时发现和处理异常情况。数据分析系统则对生产过程中的各种数据进行统计分析,提供详尽的报表和趋势图,帮助管理人员进行科学决策和优化。

数据分析系统对收集到的大量数据进行处理和分析。通过数据挖掘和机器学习技术,系统能够识别出生产过程中潜在的问题和规律。例如,系统可以分析不同批次产品的质量数据,与生产参数进行关联,找出影响产品质量的关键因素。基于这些分析结果,管理人员可以调整生产工艺参数,优化生产流程,提高产品的一致性和合格率。此外,数据分析系统还可以预测设备的维护需求,通过对设备运行数据的分析,提前发现设备的磨损和故障征兆,安排预防性维护,减少设备故障和停机时间,提高生产线的整体效率。数据分析系统还通过生成详尽的报表和趋势图等方式,为管理决策提供有力支持。这些报表和图表可以覆盖生产线的各个方面,如原材料消耗量、设备利用率、生产效率、产品质量等。管理人员可以根据这些数据,评估生产线的运行状况,制订科学的生产计划和资源配置方案。此外,数据分析系统还支持生产过程的持续改进。通过对历史数据的分析和总结,系统可以发现长期存在的问题并找到改善方向。

总体来说,现代化的蒸压加气混凝土生产线通过 SCADA 系统和数据分析系统的协同工作,实现了生产过程的精细化管理和优化,两者相辅相成。在未来,随着物联网(IoT)、大数据和人工智能(AI)技术的进一步发展,生产线的数据采集和分析能力将不断提升,为企业的智能制造和数字化转型提供更多的可能性和机遇。

7.4 烧结墙体材料 DCS 系统工艺控制及集中管理智能制造

7.4.1 项目简介

烧结墙体材料如墙板、空心砖、多孔砖和标砖等的生产,均可由 DCS 智能制造分散系统执行。该系统有 11~16 个子系统;DCS 智能制造集中管理计算机系统由 1~6 台服务器完成,每台配有计算机显示液晶屏。数据库存储生产和环保信息,DCS 上位机可以与几十台下位机分散控制系统和摄像头图像监控网络通信,可以远程网络管理,配置显示大屏,建成全厂中心控制室。本项目案例由四川成都桔丰山砖厂(生产墙板)和甘肃大森砖厂(生产空心砖、多孔砖、标砖)提供。

7.4.2 智能工厂建设

工艺过程采用分散控制、生产信息集中调度管理的 DCS 集中分散式计算机控制系统，实现智能制造。DCS 记录保存 16 个系统工艺参数和减排排放参数，包括温控参数、脱硫除尘参数和排放参数，原料统计，煤料统计，产品产量统计，窑炉自动烧窑运行状态，生产线生产实时监控（设备运行状况），窑车自动运转状态，无人远程控制多斗工作状态，环保运行状态，排放参数状态。

对重要参数故障报警，例如，对温控高温和低温故障报警处理，对排放参数超标报警处理，对脱硫除尘设备故障报警，对脱硫除尘重要运行参数故障报警等。

DCS 上位机与脱硫除尘控制、烘干焙烧控制系统、排放监测、原料配料、陈化加水、成型加水、挖斗行走控制等 16 个 DCS 下位机控制系统通信联网，信息集中，调度管理实现智能控制。对脱硫除尘精确度要求如下：PM、SO_2、NO_x 排放浓度分别不高于 $10mg/m^3$、$35mg/m^3$、$50mg/m^3$，要达到 A 级严格的排放指标，全厂工况必须运行正常，氧含量不超过 18%。

7.4.3 智能生产运行状况

工业绩效 A 级的智能管理控制的运行情况如下。

1. 烘干窑塌坯引起 PM 超标

一旦出现烘干湿塌，烘干排潮风道受阻，负压增加，造成 PM 超标。拉出塌坯车处理塌坯，拉车过程吸入空气更多，导致 PM 增加，氧增加，进而 PM 更超标；塌坯后 PM 超标，解决的唯一方法是对塌坯早预测，早处理。

DCS 智能制造专家系统处理方法如下：首先调节改变排潮口抽风位置和开大排潮段送热闸门，使排潮温度升高 5℃，不增加风量会使排水能力增强，排潮湿度降低，不再塌坯，增加排潮温度 5℃，同样的风量增加 30% 的排水能力；接下来按烘干要求重新设定送热风机、排潮风机的上限和下限值；在自动运行控制中设置自动报警处理，在砖坯成型时自动检测砖坯水分，含水率大于要求的 1% 时，砖坯不合格，回泥头中重做。

2. 烘干砖坯不干导致焙烧窑炸坯

烘干砖坯不干会导致焙烧窑不能进车，引起焙烧窑最高温度前移，砖坯开裂或者高温预热段炸砖，可能导致 PM 超标。

DCS 智能制造专家系统处理方法如下：焙烧窑炸砖点窑顶进冷风降低炸点车位的温度，防止炸砖，2h 内有效果；减少在低温预热段的风量，加大在冷却余热带的抽风量；减少预热段抽烟量，目的是减慢火速；加大在冷却余热带的抽风量，增加烘干房的风量，让砖坯干透，4~8h 内有效果；拉预热段烟热闸为桥型闸，把焙烧窑前 2~5 个车位温度降低到 60~150℃，2~5 个车位变位来烘干，增加烘干时间 2~5h，5h 内有效果。这三个应急处理方法都会增加烟氧含量，PM 可能超标。

预防砖坯不干的炸坯故障的控制方法如下：抽烟风机风量和温度不能低于烘干要求的风量下限和温度下限。当不能从焙烧窑预热段抽风来满足烘干风量下限时，拉冷却段余热闸可解决烘干要求大风量、焙烧只能小风量的问题。烘干大风量从冷却余热闸抽部分热风，余热风含氧21%，烟热余热混合氧含量增加时，配合使用提高排潮温度的方法来增加排水能力，降低排潮风量。

3. 发热量低外投煤 PM 超标

环保 A 级达标，因外投煤粉尘大（除非像锅炉一样增加烟气除尘设施）不能外投煤，可以通过燃烧天然气补充热量，还可以把窑上头燃料改成入窑热值进而调配正确的智能管理方案。

4. 发热量高时的压火 PM 超标

温度高时应进行压火，其灭火方法来自燃烧三要素：可燃物质、烟气、温度。砖瓦压火用揭开火眼加冷风（21%氧）会增加烟氧含量，导致 PM 超标；环保达标的压火办法是关窑门供氧风机，揭开火眼降温但不调小排烟风机，按烘干窑的压力和湿度要求调小排潮风机，按此方式压火不会引起氧增加。

5. 脱硫除尘关键参数集中管理控制

当焙烧控制系统的排潮风量变化时，DCS 系统发出指令给脱硫控制系统调节脱硫喷淋泵的流量；当脱硫喷淋液 pH 值低于下限时，发出指令给脱硫控制系统，加碱液调节 pH 值；当 PM 超标时，发指令给除尘控制系统，调大除尘液体喷淋量，或者其他可以减小 PM 的电流等指标；当排放检测烟氧含量超过 18%，并且 PM 或者 SO_2 超标时，发指令给温控系统，调高排潮温度，减小排潮风量；调大喷淋泵后如果 PM 增加，说明喷淋液含硫酸钙高，报警提示置换新碱液。

该系统可以实现热量管理。通过实时输入检测在 DCS 上记录的各区发热量，记录各区粉料发热量；当成型砖坯热值高于标准要求值时，在成型挤出使换仓调节发热量；低于标准时，计算几车低热砖坯配一车高热砖坯；当发热量高时，计算高热，配一车少码几层，并下指令使成型多斗和码坯执行，不再在窑顶外投煤引起 PM 超标或加大风降温引起烟氧量增加。该系统可采集每车进焙烧窑的发热量，记录每车砖的合格率；成型质量管理指标增加内燃合格和水分合格指标；控制增加内燃参数检测和砖坯含水率自动检测。

7.5 蒸压加气混凝土智能制造案例

7.5.1 项目简介

蒸压加气混凝土智慧工厂整体解决方案通过"工业互联网+生产与工业互联网+安

全技术"理念，构建安全可靠的智慧生产线，涵盖方案设计、部署实施及全生命运维优化，可为客户提供从工艺优化到设备健康管理的全链条服务，推动行业从"自动化"向"智能化"跨越。本项目案例由芜湖誉路智能装备有限公司提供。

7.5.2 智能工厂建设

蒸压加气混凝土智慧工厂的解决方案，集成了设备自动化、数字化系统、企业云、大数据分析、智慧化等技术和智能系统（图7-13），实现了智能化人-机交互，使用工业互联网技术和边缘计算对生产线进行在线监测，应用大数据和人工智能。

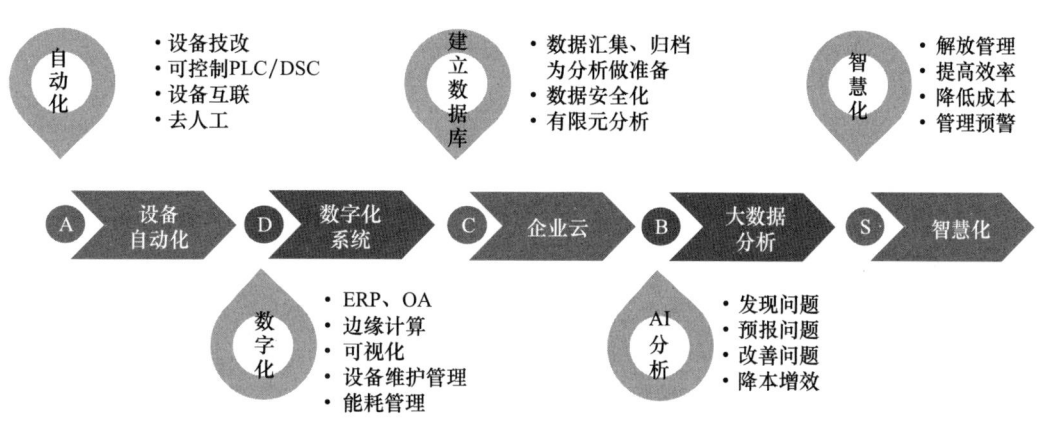

图 7-13　智慧化解决方案

蒸压加气混凝土制造企业需要智能化的人-机交互系统，实时获取生产线上各类设备的生产数据，及时同步相关生产线的运行状态。该系统配有相关的检测装置，可以主动提示设备的各类需求并实现对重要设备的"健康"状态的监控。

该项目采用前端开发技术，创建 Web 页面和 App 等前端界面，帮助用户实现生产线可视。通过主流计算机编程语言以及衍生出来的信息技术、框架、解决方案，来构建蒸压加气混凝土制造企业的人-机交互系统。其主要功能有：① 在生产线上安装综合数据可视化大屏，该大屏可以实时反馈生产信息，包括原材料使用、原材料库存、当前生产数据、设备健康、能耗、碳排放、安全监控、成品库存、物流及销售等，让关键信息从人工被动获取转变为系统主动传达。② 企业运营管理者及其他部门通过 Web 平台或 App 终端可实现协同办公，比如：生产、销售以及库存等数据整理分类和可视化；各类报表在线预览或下载；设备健康状态、保养信息提示；备品备件管理；销售数据整合及客户资源归类等。用户可随时掌握企业运营状态，不受地域或时间的限制。

自主研发嵌入式分析模块（以下简称"分析模块"），通过不同的传感器采集数据（例如振动、扭矩力、温度、压力等），将采集到的数据通过协议传输至分析模块中，分析模块根据不同设备和部件特征将传感器数据进行校准、学习，并建立专用数据库，从而达到设备自诊断、自决策，实现设备预警及动态健康监测。

本智慧工厂系统通过建立源数据库，对过程数据进行收集、归类，并结合理论算法和相关结果数据打造出 AI 分析模型（图 7-14），可以得到更科学的工艺配方，例如，通过 AI 分析模型的内置算法，依靠各种数据的不同组合去不断反馈并修正配方，从而帮助企业在确保原材料性能确定和产品质量达标的前提下，获得最为经济可靠的配方。

数据库搭建——AI 大数据分析

第1步：数据治理
1) 分析主题和意图；
2) 数据准备；
3) 主数据/元数据管理；
4) 数据分类和标注；
5) 质量评估（需做二次开发）

第2步：数据建模
1) 关键指标识别：轴温、油压、电流、电压；
2) 现象和因果关系分析：
①电流长时间保持比额定电流高40%以上；
②不正常噪声，电流/电压突然变大；
③轴温偏高，振动声音有偏高。

BIG DATA

第3步：开发与训练
1) 模型编程实现；
2) 模型训练；
3) 投入使用，持续迭代。

常见工业大数据场景：
1) 故障相关：故障识别、故障关联性分析、故障预测等；
2) 工艺技术相关：工艺关联性分析等；
3) 生产异常识别：管理异常捕捉、操作异常捕捉等。

图 7-14 AI 大数据分析

工业互联网平台通过构建大数据分析能力，在积累数据的基础上，搭建企业生产运营各个环节的模型，包括单台设备的运转优化模型、生产线的协作模型、成本要素最优模型等。

企业的生态由两个循环组成：企业内部的小循环、企业与外部间的大循环。在信息技术一日千里的今天，只有保证双循环协同驱动，企业才能有更好的发展。企业如若想要拥有双循环协同驱动的优质生态，则需要有一套智慧系统能衔接供应端、企业内部、销售端，使其成为一个有机的整体。在这个系统中，数据可以同步实际业务，经过系统自动处理后交给相应人员或部门，数据自动存储备份，系统自动生成报表等。

7.5.3 智能生产运行状况

1. 智慧生态的组成

智慧生态包括轻量化企业管理系统（ERP-Lite）、客户关系管理系统（CRM）、排单派产系统（MES-APS）、制造执行信息流系统（MES-IF）、设备生态系统（IoT）、库存管理系统（WMS）。

（1）轻量化企业管理系统（ERP-Lite）

该系统化繁为简，从工作场景出发，全流程轻简化，提升管理工作的效率。在工厂管理方面，ERP-Lite 可实现管理流程的透明呈现，实现无纸化办公。用户可以随时随地登录平台，清楚了解企业运行的状态，例如生产信息、财务信息、设备状态、备品备件管理等。

(2) 客户关系管理系统（CRM）

CRM 对客户信息进行汇集和管理，优化了销售部门与生产部门的数据传递，为生产部门依据客户订单生产时提供数据源头，达到无纸化办公。提高销售人员工作效率，降低销售人员工作强度。

(3) 排单派产系统（MES-APS）

MES-APS 依托云算力，为蒸压加气混凝土板材生产企业实现多样化生产订单的最优排布，解决人工排单时间长，效率低，模具利用率未被充分发掘的问题。APS 可提升成模率，充分利用工厂产能。

(4) 制造执行信息流系统（MES-IF）

MES-IF 通过部署专业硬件实现对蒸压加气混凝土产品制造过程的全流程追踪和反馈，使生产信息流贯穿于整个工厂，附加 AI 对数据的采集和分析，MES 可实现对生产线工艺和设备的智能控制，最大限度减少人工干预，提升产品质量，同时为问题溯源提供精准信息。集成的碳监测系统可以真实反馈生产企业的碳足迹，为可持续性发展提供有力支撑。同时可以实时监测物料的实际用量，为财务核算、工艺配方的调整提供最直接的依据。

(5) 设备生态系统（IoT）

自主开发的物联网 IoT 硬件可实现对生产线设备的故障检测和预警，提示设备的健康状态，降低设备故障带来的停产风险，提高设备的利用效率。

(6) 库存管理系统（WMS）

WMS 通过动态库存解析，产品类目明确，彻底解决货场混乱、成品查询困难、库存盘点数据不准确等众多问题，有效提升货场周转效率，减少重复生产的浪费。WMS 可以智能管理货场，清楚呈现发货动态，降低货场管理成本，降低库存成本。

2. 数据接驳

该智慧生态系统可对接大部分品牌管理软件，如用友、金蝶、甲骨文、泛微等，也可对接外部管理软件或系统，如 ERP、SAP、OA 等，共享数据库。智慧生态系统外延与对接框架图如图 7-15 所示。

3. 数据库搭建

私有云数据库可对采集的数据进行分类。数据直接进入私有云进行存储分析（图 7-16），非机密数据由现场网关转发到公有云进行存储。建立高可靠的分布式存储系统以满足日常的数据处理和保存需要。同时注意做好异地数据备份。由于所有原始数据都在私有数据中心，在做数据分析时数据传输会产生一定的延时，同时对数据的调度管理有一定的成本，企业网络安全规范需要重新设计。

4. 智能工厂的优势和亮点

智能生产运行呈现出如下优势：实时数据透明、生产全流程可视化、设备智能预警、工艺精准优化、自动化排产、碳足迹追踪等，精益管理库存、无缝对接外部系统的高兼容性扩展以及基于大数据的设备优化与成本模型，可提升决策科学性。

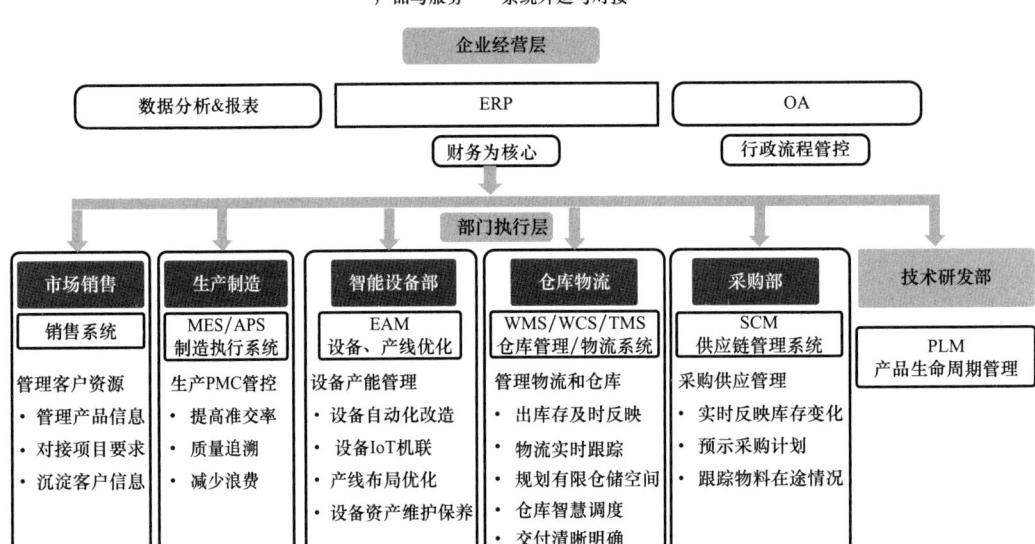

图 7-15 智慧生态系统外延与对接框架

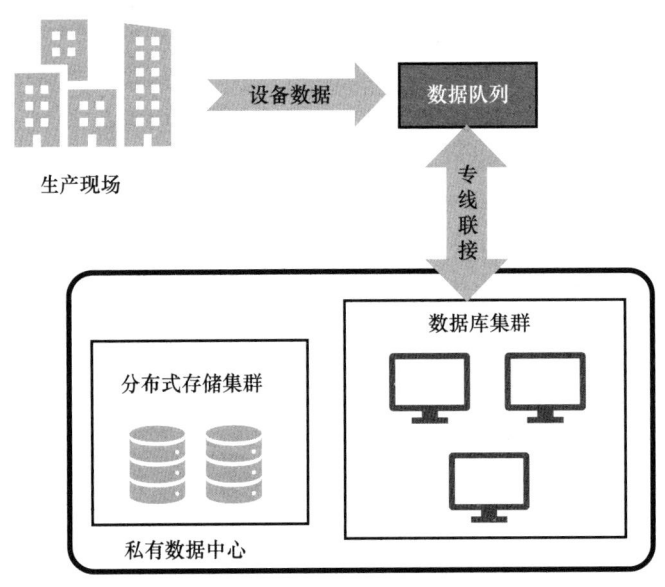

图 7-16 私有云数据库的搭建图示

参考文献

[1] 武永，班乃明，周强．绿色建筑节能新材料在城市发展中的应用研究［J］．智能城市，2016（10）：1.

[2] 裘雨晓，孙杰，何林琴．论我国新型墙体材料的发展［J］．砖瓦，2023（9）：35-39，43.

[3] 浙江省经济和信息化委员会．垒起生态墙：浙江省"十一五"墙体材料改革纪事［M］．杭州：浙江科学技术出版社，2012.

[4] 浙江省人民代表大会常务委员会．浙江省人民代表大会常务委员会关于修改《浙江省发展新型墙体材料条例》等五件地方性法规的决定［J］．浙江人大（公报版），2021（2）：20-37.

[5] 董波．浙江省发布新型墙体材料"十三五"发展规划［J］．新型建筑材料，2016（7）：10.

[6] 闫开放，林永淳．我国墙材烧结制品"十四五"及未来发展方向的思考［J］．砖瓦，2021（8）：45-50.

[7] 张栋．"双碳"目标下新型墙体材料的应用现状与发展趋势研究［J］．新城建科技，2025，34（3）：107-109.

[8] 建材工业智能制造数字转型行动计划．建材工业智能制造数字转型重点任务［J］．江苏建材，2021（1）：82.

[9] 沈斌．数智化供应链赋能建材企业运营管理升级策略探析［J］．中国物流与采购，2024（6）：79-80.

[10] 张海利．计算机在新型墙体材料研发中的应用［J］．电脑迷，2023（20）：28-30.

[11] 文凯，蔡博．"5G+智能工厂"烧结墙体材料工厂解决方案［J］．砖瓦，2022（12）：24-28.

[12] 中华人民共和国住房和城乡建设部．蒸压加气混凝土制品应用技术标准：JGJ/T 17—2020［S］．北京：中国建筑工业出版社，2020.

[13] 本刊讯. 建筑节能与绿色建筑发展"十三五"规划出台［J］. 墙材革新与建筑节能, 2017, 221（04）: 11.

[14] 编辑部.《"十四五"智能制造发展规划》：建设钢铁行业应用标准体系［J］. 柳钢科技, 2022（4）: 51-51.

[15] 张宝英, 林若云. 5G背景下中国制造业"十四五"时期发展趋势与应对［J］. 经济研究参考, 2020（10）: 12.

[16] 吴秀华. 混凝土墙体结构缺陷检测技术研究［J］. 科技创新与应用, 2025, 15（13）: 169-172.

[17] 王琼. 绿色建筑墙体材料在墙体保温工程中的应用分析［J］. 石材, 2025（5）: 122-124.

[18] 阎昶充. 复合保温材料在节能建筑外墙保温中的应用研究［J］. 合成材料老化与应用, 2025, 54（2）: 67-69.

[19] 马滕飞, 郅培培, 史勤亮. 新型建筑墙体材料及建筑节能保温技术研讨［J］. 住宅与房地产, 2025（8）: 50-52.

[20] 丘琦, 王庭. 墙体材料质量检测中人工智能技术应用研究［J］. 砖瓦, 2025（3）: 112-114.

[21] 丁春晓. 房屋建筑工程外墙保温施工技术探究［J］. 城市建设理论研究（电子版）, 2025（5）: 136-138.

[22] WAGH S D. Implementation of Manufacturing Execution System（MES）to Increase Productivity and Competitiveness in the Manufacturing Sector［J］. International Journal for Research in Applied Science and Engineering Technology, 2024, 12（4）: 3703-3714.

[23] LIU X, REN X, SHAO Y, et al. Unveiling Reduction of NH_3 Production in Pd-Based Three-Way Catalyst Modified by Ru［J］. Catalysis Letters, 2025, 155（3）: 101.

[24] 卢蒙. 绿色建筑材料在墙体保温工程中的应用［J］. 绿色中国, 2025（2）: 142-144.

[25] LE D S, TON T N N, SEENIVASAN K, et al. High-throughput screening of multimetallic catalysts for three-way catalysis［J］. Science and Technology of Advanced Materials: Methods, 2024, 4（1）: 11.

[26] 郑天宇. 建筑节能材料在室内装修工程中的应用［J］. 佛山陶瓷, 2024, 34（12）: 80-82.

[27] 袁绍雨, 何庆生, 范景福, 等. CO_2捕集与转化一体化技术发展现状［J］. 炼油技术与工程, 2024, 54（12）: 1-4, 17.

[28] LI S, ZHAO Y, WANG W, et al. Synthesis of stable CeO_2-ZrO_2/Al_2O_3 material with abundant oxygen vacancies for Pd-only three-way catalyst through two synergistic lanthanum doping processes［J］. Separation and Purification Technology, 2025, 359（P3）: 130677.

[29] GOMES S M S, MONTANI S D S, PALACIO A L, et al. Performance of copper-aluminum catalysts impregnated with potassium in NO and N_2O reduction by CO [J]. Catalysis Today, 2025, 447: 115140.

[30] ZHOU Y, LIU Z, KATO T, et al. Decoding the mechanisms influencing public acceptance of carbon dioxide capture and storage technology in China [J]. Energy, 2024, 313: 133888.

[31] SEO O, TAYAL A, KIM J, et al. Atomic behaviors in PdRu solid-solution nanoparticles on CeO_2-ZrO_2 support for the three-way catalytic reaction [J]. Materials Today Catalysis, 2024, 7: 100078.

[32] HE W, KONG Y, ZHANG L, et al. Advanced Pd/Al_2O_3 three-way catalyst with the modification of CeO_2 for passive selective catalytic reduction operation [J]. Materials Today Communications, 2024, 41: 111093.

[33] 丘琦,王庭. 墙体材料质量检测中人工智能技术应用研究 [J]. 砖瓦, 2025 (3): 112-114.

[34] GUO L, ZHANG Y. Review on Application Progress of Digital Twin in Manufacturing [J]. Mechanical Science and Technology for Aerospace Engineering, 2020, 39 (4): 590-598.

[35] 谢海红. 信息化时代决算管理变革 [J]. 中国会展, 2025 (9): 182-184.

[36] 叶得强,赵转霞,张彦龙. 我国精细化工自动化控制的现状与发展趋势 [J]. 当代化工研究, 2023 (17): 17-19.

[37] 贺绍鹏,朱文立,戴梦,等. 绿色现代数智供应链"一库两字典"数据管理体系建设与创新 [J]. 中国集体经济, 2025 (15): 117-120.

[38] 边晓颖. 企业绿色转型对制造业供应链韧性的影响研究 [J]. 物流技术, 2025, 44 (5): 85-96.

[39] 叶功辉. 绿色供应链对企业竞争力的影响机制 [J]. 全国流通经济, 2025 (8): 93-96.

[40] 段晨雨,沈忠明. 绿色供应链研究文献综述 [J]. 现代商贸工业, 2025 (10): 59-61.

[41] 许昕,刘东来,游景茗. 数字化技术在物流系统中的应用 [J]. 电子技术, 2025, 54 (2): 118-120.

[42] 钟繁阳. 智慧物流信息系统及其经济性评价研究 [J]. 商讯, 2024 (18): 171-174.

[43] 王姝蕊. 企业客户关系管理策略优化研究 [J]. 商场现代化, 2025 (8): 113-115.

[44] 王辰曦,李海宾,杨天华. 客户关系管理技术革新面临的挑战与对策探讨 [J]. 企业改革与管理, 2025 (5): 21-23.

[45] 李翠翠,吕春辉,张同波. 养护方式对大体积混凝土墙体温度场影响试验研究与分析 [J]. 施工技术, 2016, 45 (18): 88-92.

[46] 丘琦, 王庭. 墙体材料质量检测中人工智能技术应用研究 [J]. 砖瓦, 2025 (3): 112-114.

[47] 吴本飞. 建筑工程新型墙体节能材料检测要点 [J]. 工程技术研究, 2024, 9 (12): 118-120.

[48] 岳小波. 绿色建筑施工智能传感技术应用分析 [J]. 建设科技, 2025 (7): 42-45.

[49] 王秋凤, 于恒, 范贵鑫. 建筑工程中智能化系统集成技术研究 [J]. 新城建科技, 2025, 34 (4): 19-21.

[50] 王立久, 李洪义. 我国新型住宅结构体系及其墙体材料现状 [J]. 房材与应用, 2001 (5): 3-7.

[51] 孙国凤. 引领中国墙体材料科技智能化绿色化健康发展: 祝2019第22届 (义乌) 国际墙体屋面材料技术交流大会暨生产装备博览会圆满成功 [J]. 砖瓦, 2019 (10): 32-37.

[52] 杜磊. 页岩气水基钻井岩屑制备烧结类墙体材料性能研究 [D]. 绵阳: 西南科技大学, 2023.

[53] 张斌. 新型建筑墙体节能材料的制备与性能研究 [J]. 江西建材, 2022 (10): 44-46.

[54] 霍金海. 控制系统国产化改造实践与成果分析 [J]. 河南化工, 2025, 42 (5): 45-48.

[55] 陈志生. 集散控制 (DCS) 技术在多炉窑石灰生产线的实践与应用 [J]. 耐火与石灰, 2025, 50 (2): 37-40.

[56] 党荣国. DCS控制系统的运行与维护 [J]. 中国高新科技, 2023 (10): 71-73.

[57] 杨希民, 王泽彪, 李红军, 等. DCS控制系统升级改造实践 [J]. 中国水泥, 2023 (1): 87-89.

[58] DUBALE M, GOEL G, KALAMDHAD A, et al. An investigation of demolished floor and wall ceramic tile waste utilization in fired brick production [J]. Environmental Technology & Innovation, 2022, 25: 102228.

[59] PITAK I, BALTUŠNIKAS A, KALPOKAIĖ-DIČKUVIENĖ R, et al. Experimental study effect of bottom ash and temperature of firing on the properties, microstructure and pore size distribution of clay bricks: A Lithuania point of view [J]. Case studies in construction materials, 2022, 17: e01230.

[60] HÄGGLUNDT, SHINDE S, THEORIN A, et al. An industrial control loop decoupler for process control applications [J]. Control Engineering Practice, 2022, 123: 105138.

[61] THAI-DAI L H, TAN L N, LE D N, et al. CAOC: Cooperative adaptive optimal control algorithm for networked direct current servo systems [J]. Mechatronics, 2025,

108：103312.

[62] SUN L, XU M, JIA Y, et al. Optimization study of low-NO_x combustion in boiler based on pulverized coal preheating solution［J］. Case Studies in Thermal Engineering, 2025, 65：105647.

[63] ZOU L, QI D, YANG Z, et al. Research on Intelligent Water Treatment Strategy based on DCS Control System［J］. IOP Publishing, 2024, 2800（1）：012006.

[64] CHAUDHARI S S, BHOLE K S, RANE S B. Industrial Automation and Data Processing Techniques in IoT-Based Digital Twin Design for Thermal Equipment：A case study［J］. Journal of the Institution of Engineers (India)：Series C, 2025, 106（2）：553-569.

[65] VERA S, FIGUEROA C, CHUBRETOVIC S, et al. Improvement of the thermal performance of hollow clay bricks for structural masonry walls［J］. Construction and Building Materials, 2024, 415：135060.

[66] CHEN L, ZHOU Y, ZHANG Z, et al. Research on improving thermal performance of prefabricated sintered hollow wallboard with optimizing filling materials［J］. Journal of Building Physics, 2025, 48（6）：922-953.

[67] 赵镇魁. 烧结砖瓦工艺及实用技术［M］. 北京：中国建材工业出版社, 2020.

[68] 曹德光 陈益兰. 新型墙体材料教程［M］. 北京：中国建材工业出版社, 2022.

[69] 姜勇, 齐子刚. 蒸压加气混凝土生产技术［M］. 北京：中国建材工业出版社, 2021.

[70] 陶有生, 王柏彰. 蒸压加气混凝土砌块生产［M］. 北京：中国建材工业出版社, 2018.

[71] 中国加气混凝土协会. 加气混凝土创新与发展（2017）［M］. 北京：中国建材工业出版社, 2017.

[72] 张继能, 顾同曾. 加气混凝土生产工艺［M］. 武汉：武汉理工大学出版社, 1992.

[73] 申干强. 浅谈加气混凝土生产线规划及设备［J］. 砖瓦, 2020（9）：42-44.

[74] 臧冀原, 刘宇飞, 王柏村, 等. 面向2035的智能制造技术预见和路线图研究［J］. 机械工程学报, 2022（4）：285-304.

[75] 全国建材装备标准化技术委员会（SAC/TC 465）. 蒸压加气混凝土生产成套装备技术要求：GB/T 44301—2024［S］. 北京：中国标准出版社, 2024.

[76] 陈潇, 张浩宇, 薛鑫, 等. 固体废弃物在蒸压加气混凝土中的应用现状综述［J］. 硅酸盐通报, 2023, 42（2）：541-553.

[77] 顾城名, 刘品德, 夏理想, 等. 固体废弃物在蒸压加气混凝土中的利用与研究进展［J］. 砖瓦, 2020（6）：82-85.

[78] 王剑. 加气混凝土砌块生产线智能化控制系统研发［D］. 南京：南京理工大学, 2022.

[79] 蔡博, 文凯. 加气混凝土工厂5G相关技术应用探究［J］. 砖瓦, 2022（11）：

16-21.

[80] 陈伟, 杨万全, 李军, 等. 加气混凝土砌块智能打包技术改造实践 [J]. 砖瓦, 2024 (10): 23-25.

[81] 冯其坤. MES 信息系统在加气混凝土自动化工厂的应用与研究 [J]. 电子元器件与信息技术, 2020, 4 (5): 96-97, 134.

[82] 刘江文, 沈莉, 鹿毅. 加气混凝土砌块生产配料称重系统的智能控制研究 [J]. 工业控制计算机, 2017, 30 (3): 85-86.

[83] 曹丽萍, 郑慧君, 王文博. 加气混凝土制备全过程的控制分析 [J]. 住宅与房地产, 2017 (35): 100.

[84] 王聪浩. 基于数据驱动的热连轧机轧制过程工艺参数深度优化研究 [D]. 太原: 太原科技大学, 2023.

[85] 黄鹏鹏, 罗佳, 蔡芷榕, 等. 企业设备综合效率分析与提升研究 [J]. 制造技术与机床, 2018 (2): 6.

[86] MA Z, ZHANG Y, GUO C, et al. Construction and practice of equipment on cloud industrial internet platform for mining and metallurgy industry [J]. Mining & Metallurgy (10057854), 2024, 33 (4): 1005-7854.

[87] 许方敏, 伍丽娇, 杨帆, 等. 时间敏感网络 (TSN) 及无线 TSN 技术 [J]. 电信科学, 2020, 36 (8): 81-91.

[88] 张国杰, 肖金超, 李元, 等. 多协议边缘计算网关研究与设计 [J]. 制造业自动化, 2024, 46 (12): 163-170.

[89] 黄涵钰, 毛柯夫, 苑明海, 等. 数据驱动的生产线数字孪生系统构建与应用 [J]. 制造技术与机床, 2024 (2): 67-74.

[90] 李伟琴, 杨亚平. 基于角色的访问控制系统 [J]. 电子工程师, 2000 (2): 16-21.

[91] 陶峥. 监控与数据采集系统在能源管理中的应用研究 [D]. 重庆: 重庆大学, 2009.

[92] 周福平. 车间现场制造"局域"物联网海量数据管理研究 [D]. 南京: 南京航空航天大学, 2025.

[93] 张铖林. 基于 SPC 的在线检测及质量监控系统研究及应用 [D]. 柳州: 广西科技大学, 2015.

[94] ZHOU T, LUO X, LIU X, et al. The green and low-carbon development pathways in the urban and rural building sector in Shaanxi Province, China [J]. Energy and Buildings, 2024, 306: 113952.

[95] 孟德才, 陈继文, 高晓明, 等. 基于 Plant Simulation 的轻质挤压墙板生产线优化设计 [J]. 机械设计与制造工程, 2023, 52 (2): 30-33.

[96] CHEN J, LI W, FANG P, et al. Innovative design of automatic demoulding device for lightweight wall panels [J]. Journal of Physics: Conference Series, 2022, 2262

（1）：012007.

［97］ZOU D F, WEN S Y, YU W D, et al. Technique and outfit of large-scale intelligent PC external wall panel mixing production line［J］. IOP Conference Series：Materials Science and Engineering, 2018, 399：012062.

［98］赵婧. 智能电气控制在化工企业生产过程中的应用与挑战分析［J］. 天津化工, 2024, 38（1）：152-154.

［99］杨璇. 智能化原料场自动供料系统数据库与编码的设计与实现［J］. 今日自动化, 2021, 3：77-79.

［100］LI D, LIU P, HUANG G, et al. Design and application of intelligent equipment management platform［J］. Journal of Physics：Conference Series, 2021, 1983（1）：012098.

［101］WANG C. Application and Performance Optimization of Intelligent Control System in Electromechanical Equipment［J］. 2024 International Conference on Telecommunications and Power Electronics（TELEPE）, 2024, 43：555-559.

［102］YANG Z, CHEN B, ZHOU J, et al. Improve the Intelligent Convenience of Multivariate Optimization of Concrete Mix Ratio and the Development of Corresponding Applications［J］. Advances in Civil Engineering, 2024, 2024（1）：7433303.

［103］WEERAPURA V, SUGATHADASA R, DE SILVA M, et al. Feasibility of Digital Twins to Manage the Operational Risks in the Production of a Ready-Mix Concrete Plant［J］. Buildings, 2023, 13（2）：447.

［104］YE H M, SUN Q T, LU S Q, et al. Design of Brick Machine Control System Based on PLC［J］. Applied Mechanics and Materials, 2014, 494-495：1350-1353.

［105］WANG S, XIA P, GONG F, et al. Multi objective optimization of recycled aggregate concrete based on explainable machine learning［J］. Journal of Cleaner Production, 2024, 445：141045.

［106］CAO L, SONG X. Concrete structure assembly technology based on 3D intelligent image analysis［J］. Advanced Control for Applications, 2024（3）：6.

［107］ZHOU F, CHEN Y. Research and Design of MES System for Intelligent Production Line of Prefabricated Building Components［J］. Journal of Physics：Conference Series, 2021, 2029（1）：012048.

［108］ILINA L, RAKOV M, Velichko B, et al. Technology and Automation of Non-Autoclaved Aerated Concrete Production［J］. IOP Conference Series：Materials Science and Engineering, 2020, 953（1）：012050.